트랙터의 세계사

인류의 역사를 바꾼 철마들

트랙터의 등장과 발전은
농업에만 큰 변화를 가져온 것이 아니라,
국가와 세계를 그리고
인간의 삶까지 크게 바꾸어 놓았다.

역자서문

　우리나라에서 트랙터는 가격이 비싸고 어느 정도 규모화 된 농가에서 사용하는 것이고 경운기는 웬만한 농가에는 한 대 정도는 구비하고 있는 운반수단 겸 농사용 기계로 친숙하게 인식되고 있다. 역자도 어렸을 때 고모네 집에 놀러 가면, 대중교통이 별로 없었던 관계로 경운기를 타고 읍내에 나갈 때 울퉁불퉁한 비포장도로의 덜컹거림을 온몸으로 견디면서도 자동차 타는 느낌에 재미있어 했던 기억이 있다. 또 산간 오지 마을에서 옥수수 도정 요청이 오면, 경운기에 소형 도정기계를 싣고 뒤에서 밀며, 산을 넘어 도착한 마을 마당에서 경운기 앞부분과 도정기계를 벨트로 연결하여 하얗게 가루를 내는 장면이 아직도 머릿속에 선명히 남아있다.

　이렇게 우리 농촌생활에서 친숙한 경운기를 세계사적인 관점에서 개관한 일본어판 소책자를 지난해 연말쯤에 협동조합 농장과 식탁을 통해 소개받았다.

　마침 우리나라도 농업이 가지는 가치와 농촌에서 발생하는 제반 사회문제의 해결에 정부와 관련단체가 고민을 하고 있는 시점에, 이 책의 내용이 시사하는 바가 있을 것이라는 제안도 있어 우리말로 옮기게 되었다.

　'트랙터'라는 특정 주제를 가지고 16년간이나 자료를 수집하고 체계적으로 분류·나열하며, 다양한 시각에서 트랙터의 발전과 현대문명과의 관계를 날카롭고 비판적으로 분석한 저자의 견해에 공감되는 내용이 많았다.

저자는 영국의 증기기관 발명으로 세계의 산업이 급격히 변화 발전되는 과정에서 농촌인구의 감소에 따른 농사의 기계화는 역사의 필연이라고 주장한다. 자동차 산업이 가장 먼저 발달하게 된 미국에서 트랙터가 본격적으로 개발되고 그것이 전세계로 전파되기 시작했다. 가축을 이용한 농사에 오랫동안 익숙해진 농촌 사람들이 기계에 대한 거부감도 재미난 에피소드를 소개하며 흥미진진하게 전개한다. 스타인벡의 소설 『분노의 포도』에 묘사된 트랙터와 그 작업자에 대한 내용은 기계화에 따른 인간성의 단절과 황폐화를 거침없이 비판하기도 한다.

1,2차 세계대전에서는 트랙터가 전쟁도구로 전용되기도 하고, 동서진영의 이데올로기 차이로 인한 극명한 농업규모 형태의 차이도 논리적 모순 없이 차분히 증명한다. 공산주의 진영에서는 트랙터가 체제 선전으로 이용되었다는 것과 국가주도 농업정책의 실패사례도 제시한다.

농업의 기계화 진전으로 이미 1931년 미국에서는 트랙터가 가져온 토양 황폐화에 따른 문제가 발생했다는 것과 그것이 아프리카에 그대로 전파되어 사막화를 초래한다는 사실은 충격이었다. 생산량 증대를 위해 추진한 기계·화학비료의 무분별한 사용에 대해 향후 진지하게 고민해야할 과제라고 생각한다.

역자서문

서양과는 농업환경이 다른 일본에서의 경운기 발명 및 발전은 일본인 특유의 기질이 바탕이 되었다는 것을 새삼 알게 되었고, 환경이 비슷한 우리나라 농업에도 많은 시사점을 주고 있다. 아울러 북한과 우리나라 농업을 언급한 부분에서 동서 이데올로기의 대립이 녹아있다는 지적은 분단현실의 서글픔을 느끼기도 했다.

『우크라이나어판 트랙터 소사』에서 트랙터 기사 니콜라이가 전하는 『기술자가 개발한 테크놀로지는 크게 활용되어야만 한다. 다만 겸허한 마음과 내적 반성을 결코 잊지 말아야 한다. 테크놀로지에 지배되어서는 안 되고, 테크놀로지를 정복의 수단으로 해서는 안 된다』는 메시지는 현재도 유효하다고 공감한다. 또한, 요즘 유행하는 화두인 『스마트 농업』을 추구하는 농업 전자동화는 인간과 자연의 조화를 이룰 수 있는 기계의 재배치를 진지하게 고민해야 되다는 제언은 우리나라 농업정책의 수립 전개에도 고려할 가치가 있다고 생각한다.

아무쪼록 이 책이 현재 우리가 직면하고 있는 농업의 고령화, 도시 근로소득 대비 농업소득의 비대칭 문제 등 제반 문제점 해결을 위해 고심하고 있는 농업관계자분들께 조금이라도 참고가 되었으면 하는 바람이다.

우리 글로 옮기면서 나름대로 최선을 다했지만, 워낙 천학비재라 저자의 의도를 완전히 전달하였는지는 독자여러분의 판단에 맡기겠다. 본문에 충실하다보니 중국 지명이나 이름은 현지 발음이 아닌 우리나라 한자 발음으로 그대로 표기하였음을 밝히며, 나름대로 문맥의 이해를 돕기 위해 역자주를 간단한 내용으로 괄호 안에 추가했다.

마지막으로 오랫동안 농축산업 관련 업무에 종사했던 역자로서는 이번 작업을 통해 농업에 대한 새로운 시각을 갖게 되어 개인적으로 큰 배움의 기회가 되었고, 아울러 그것을 우리말로 옮기는데 소중한 기회를 주신 협동조합 농장과 식탁에 감사드린다.

2018년 3월 1일
황병무

머리말

경작은 지구의 표면을 긁어 파는 행위이다. 인간들이 긁어 파헤치고 있는 것은 땅 위의 일부에 해당하며 양파의 얇은 겉껍질과 같다. 이 얇은 껍질을 우리는 토양이라고 부르고 있다. 토양은 풍화된 암석이나 분해된 생물의 퇴적물로 생물이 자라기 위해서는 필요하다.

만약 농경을 모르는 외계인이 지구에 와서 토양을 경작하는 행위를 본다면 무의미한 장난으로 생각할지도 모른다. 그러나 지구 표면의 얇은 껍질인 토양에 집착하여 살아갈 수밖에 없는 지구인으로서는 생사가 달린 행위와 다름없다. 경작은 자연으로부터 식량을 지속해서 획득하기 위해 인류가 걸어온 역사이며, 역사학자들의 용어를 빌면 지금으로부터 약 1만 년 전에 시작된 신석기시대에 발명된 기본적인 생활 영위 방식이다.

종자를 뿌리기 전에 토지를 갈아엎는다. 땅을 가는 것으로 수확물의 양과 질이 개선된다는 것을 농업을 하는 사람들은 경험적으로 알고 있다.

땅을 가는 행위는 토양의 하부에 있는 영양을 상부로 끌어올리고 토양 내에 공간을 만들어 보수력과 영양분의 저장능력을 높여 다양한 생물 작용과 먹이사슬을 활성화한다. 토양의 활성화는 거기에 뿌리를 내리는 식물의 식용 부위를 야생에서는 불가능할 정도의 영양가를 높여 그 식물의 용량을 증가시키는 것과 연결된다.

이러한 사실은 토양학의 발전과 함께 과학적으로 증명이 가능한 데, 훨씬 옛날부터 땅을 가는 것이 줄곧 농업의 중심으로 자리 잡아 왔다는 사실이다.

토지를 갈아엎는 도구는 농경사회 초기에는 뾰족한 나뭇가지나 뼛조각이었으나 시대가 지남에 따라 철이 주류가 되어 간다. 철의 종류도 주철에서 강철로 변화하여 인성(靭性)이 강화되고 있다.

일본에서 땅을 갈아엎는 도구는 크게 세 종류로 나뉜다. 인간이 직접 손으로 잡고 하는 괭이, 호미와 가축이 끄는 쟁기이다. 수 천 년에 걸쳐 쟁기를 끌어온 가축은 주로 소와 말인데, 지역에 따라서는 당나귀와 노새, 혹은 사람 자신이었다. 가축과 쟁기를 밧줄이나 사슬로 얽어맨 다음, 쟁기 손잡이를 잡고 채찍으로 가축의 움직임을 제어하면서 땅을 갈아엎었다. 이러한 수 천 년 불변의 패턴이 붕괴하고 농업의 풍경이 극적으로 변한 것은 불과 최근 100년이 지나지 않는다.

이 변혁의 주인공이 트랙터이다. 특히 중요한 것은 견인력의 에너지원이 가축이 먹는 사료에서 석유로 변한 것이다. 트랙터의 등장 이후 농업은 이미 석유 없이는 영위할 수가 없게 되었다. 석유가 없으면 우리는 마음 놓고 먹을 수 없게 될 정도로 의존도가 높아졌다.

머리말

1892년 미국의 아이오와주에서 존 프로리치(1849~1933)라는 독일계 미국인 기사가 내연기관을 탑재한 트랙터를 개발했다. 1859년에 이미 영국에서 내연기관을 이용해 스스로 이동이 가능한 트랙터(자주식 트랙터)가 만들어졌는데, 그것보다 안전하고 가벼운 가솔린 기관을 탑재한 것은 1892년이 처음이었다.

가축처럼 사료가 필요로 하지 않고, 연료를 공급하여 쟁기를 끄는 것이 가능하게 됐다. 사람이나 가축과 같이 피로하지도 않고 더구나 사람이나 가축의 몇 배의 힘을 항상 안정되게 낼 수가 있게 된 것이다. 트랙터의 탄생으로 인류는 비로소 지면을 밟으며 땅을 갈 필요가 없어졌다. 가축이 걷는 방향을 고삐로 조정하는 것도, 가축의 건강상태를 살피며 오늘 할 작업 정도를 가늠하는 것도 역시 필요가 없게 되었다. 가축이 끌 때처럼 쟁기 날의 각도나 땅에 묻히는 깊이를 끊임없이 조정하는 일도 없어지게 된 것이다.

다른 측면에서는 트랙터를 이용한 작업은 여러 가지 문제에 직면하게 되었다. 트랙터의 고장, 사고, 구매를 위한 거액의 부채, 토질의 압축, 등 새로운 장벽들이 농민들 앞에 나타났다. 그리고 무엇보다도 가축과 달리 분뇨를 배출하지 않기 때문에 대량의 비료를 농장 밖에서 구매하게 되어 농장 내의 자원순환을 단절시키는 결과를 초래했다.

트랙터는 좋든 싫든 대지의 속박으로부터 인간을 해방시켰으며 지금도 변화는 한층 더 진행 중이다. 그것과 더불어 트랙터는 농업생산의 기계화·합리화와 농지 내 자원순환의 약화라고 하는 두 가지 결정적인 영향을 20세기 인간에게 가져다주었다.

트랙터의 역사는 20세기 전반에 화려한 성과를 거두었다. 프로리치가 설립한 회사는 실패로 끝났지만, 그의 기술은 후에 디어&컴퍼니라고 하는 세계에서 가장 전통이 있는, 현재 세계 탑 트랙터 메이커로 계승되었다. 한편, 유럽 각국에서는 트랙터가 미국보다도 10년에서 20년 늦게 개발되기 시작했다.

제1차 세계대전 중에 미국의 헨리 포드(1863~1947) 공장에서 대량생산 된 저가의 트랙터 포드슨을 중심으로 트랙터는 세계 각국에 보급되어 화학비료, 농약, 유전학에 근거한 개량품종과 함께 20세기 이후의 급속한 농업기술 발전, 그리고 폭발적인 인구 증가를 뒷받침해 왔다. 한편, 트랙터를 비롯한 농업기술 체계의 발전은 농작물의 과잉생산과 가격의 급락을 가져와서 1929년의 세계 공황의 간접적인 원인이 되었다. 그뿐만 아니라 기계화로 인해 노동력이 절감하면서 농민의 수, 역시 감소한다 농업 노동력은 농촌에서 도시로 유출되어 인적 자원 측면에서 공업화를 촉진했다.

머리말

    그런데 트랙터에는 또 다른 얼굴이 있다. 1916년 영국이나 프랑스는 제1차 세계대전의 교착상태를 타파하기 위한 전차의 개발을 시작하는 데, 그것은 농업용 무한궤도 트랙터로부터 착안한 것이었다. 그 구조상의 유사성으로 제2차 세계대전 중에는 각국의 트랙터 공장은 전차공장으로 전용되었다. 결국, 트랙터와 전차는 두 개의 얼굴을 가진 하나의 기계였다. 트랙터도 전차도 생산의 기치를 올리며 100년을 갓 지난 20세기의 총아가 된 것이다.
    이윽고 트랙터는 20세기 세계사의 결정적인 역할을 하게 된다. 트랙터는 단순히 쟁기를 끌어 땅을 경작할 뿐만 아니라 동력원으로서 탈곡 등 다양한 농업 작업에 이용되기 때문에 농업기술 혁신의 중심에 자리 잡게 되었다. 특히 20세기를 견인한 두 강대국에 의해 트랙터는 대단히 중요시되었다.

    제1차 세계대전 후, 미국에서는 각 메이커가 경쟁하듯 트랙터를 개발하여 독립 자영농을 중심으로 트랙터가 보급되기 시작했다. 인기가 떨어진 포드슨을 대신하여 존 디어나 파몰 등 농민의 기대에 부응한 트랙터가 시장을 석권하여 미국이 세계 제1의 농업생산국이 되는데 힘이 되었다. 트랙터 보유 대수도 세계 1위로 156만7405대나 되었다.

한편 블라디미르 레닌(1870~1924)은 농민을 공산화하기 위해서는 '최고의 성능을 가진 트랙터 10만대'가 필요하다고 주장하며, 미국으로부터 포드슨을 도입했다. 요시프 스탈린(1878~1953)은 기계 트랙터 스테이션(MTS)을 중심으로 부농들로부터 뺏은 토지와 영세농의 농지를 합쳐서 합리적인 농업생산이 될 수 있도록 농업 집단화를 추진했다.

전쟁 중에는 여성 트랙터 운전사도 급증하여 영화에 등장하는 등 공산주의의 선전도구로도 이용되었다. 여자도 쉽게 조작할 수 있는 트랙터는 원래 경작은 남자의 일이라 간주하던 수 천 년 동안의 상식을 뒤엎고, 농업에 있어서 여성의 지위 향상 기회를 부여했다.

소련이 보유한 트랙터는 1939년 통계로 55만대로 세계 2위에 달했다. 그런데 실제로는 고장 난 트랙터가 많아 말을 주로 사용하는 형편이었다.

19세기에는 농업기계 분야에서, 19세기 말기에는 자동차 개발로 세계를 주도하던 독일도, 20세기에는 그 노하우를 살린 트랙터를 생산하여 미국만큼은 아니지만, 본격적인 보급을 시작하였다. 아돌프 히틀러(1889~1945)도 페르디난트 포르쉐(1875~1951)에게 포드슨 같은 저가의 트랙터 개발을 의뢰했다. 양산체계까지는 이르지 못했지만, 나치의 독일도 트랙터에 기대를 걸었던 나라 중 하나가 되었다.

머리말

　이처럼 미국, 소련, 독일 같이 20세기 역사를 움직인 나라들은 트랙터의 보급에 힘을 쏟았다. 이외에도 프랑스, 이탈리아, 영국, 캐나다, 오스트리아를 선두로 중국, 인도, 아프리카, 중동, 동남아시아를 포함하여 세계각지에서 트랙터가 보급된 것에서 알다시피, 트랙터를 무시하고는 20세기를 말할 수 없다.
　일본열도의 20세기도 예외는 아니다. 다만, 일본의 경우 제2차 세계대전 후로부터 1970년대까지 사람이 핸들을 잡고 걸으면서 작업하는 보행형 트랙터(핸드트랙터)의 생산 대수가 계속 상승하고 있었다. 이처럼 특이한 역사를 거치면서 1970년대 후반에 보행형 트랙터에서 승용형 트랙터로 전환되기 시작하여 1956년 1485대에서 1981년 141만2950대로 폭발적으로 증가하였다.
　이 책에서는 트랙터가 각각의 지역에 가져다준 정치적, 문화적, 경제적, 생태적 측면에 대하여 고찰하고 20세기에서 놓쳐서는 안 되는 시대의 중요한 한 측면을 다루고자 한다.
　트랙터의 역사는 지금까지 나라별 메이커별로는 다루어졌지만, 전체를 언급한 것은 없었다. 물론 세계 전체의 트랙터를 취급하는 것은 불가능하지만, 20세기에 트랙터가 역사에 남긴 흔적을 가능한 폭넓은 시야에서 훑어보는 것은 그 나름대로 인간이 기계를 이용하여 자연계나 인간 세상과 어떻게 대응해 왔는가를 아는 데

도움을 줄 터이다. 그 외에도 도대체 트랙터는 인류 역사를 어떻게 변화시켰는지에 대하여 생각해 보고 싶다.

    트랙터의 역사를 이해하는 것은 무인형 트랙터의 연구가 진행 중이고, 농업의 자동화, 스마트화를 부르짖는 21세기 현재 상황에서, 인간이 기계를 통하여 자연계나 인간 세상과 어떻게 상생해야 하는가를 생각하게 하는 불가결한 작업이다.

목 차

역자서문 _ 2

머리말 _ 6

제1장 탄생(혁신주의 시대의 한가운데서)
    1. 트랙터란 무엇인가 _ 18
    2. 증기기관의 한계, 내연기관의 혁신 _ 24
    3. J·프로리치의 발명 _ 33

제2장 트랙터 왕국 미국(양산체제의 확립)
    1. 거인 포드의 진출(점유율 77% 달성) _ 42
    2. 농기구 메이커의 역습(기능성과 안정성의 진화) _ 48
    3. 농민들의 동경과 증오(가축에 대한 미련) _ 59

제3장 혁명과 전쟁의 견인(소련·독일·영국의 전개)
    1. 레닌의 공상, 스탈린의 실행 _ 76
    2. 『철마』의 혁명(소련 농민들의 적의) _ 92
    3. 볼스 트랙터(나치 독일의 구상) _ 98
    4. 두번의 세계대전 하의 트랙터 _ 107

제4장 냉전시대의 비약과 한계(각국의 상황)
    1. 시장의 포화와 트랙터의 대형화(사양길의 미국) _ 126
    2. 동쪽 제국의 침투(소련, 폴란드, 동독, 스웨덴, 베트남) _ 136
    3. 『鐵牛』의 혁명(중국에서의 트랙터 전개) _ 146
    4. 개발 중인 트랙터(이탈리아, 가나, 이란) _ 161

제5장 일본의 트랙터(후진국에서 선진국으로)
    1. 여명(개별 농장에서 도입과 국산화 요구) _ 170
    2. 만주국의 봄 꿈 _ 180
    3. 보행형 트랙터 개발과 계속된 진보 _ 185
    4. 기계화·반기계화 논쟁 _ 204
    5. 일본기업의 석권(쿠보타, 얀마, 이세키, 미츠비시농기) _ 213

마치면서 ─ 기계가 바꾼 역사의 토양 _ 226

맺는말 _ 236

참고문헌 _ 241

트랙터 세계사 관련 연표 _ 246

부록 ─ 트랙터의 보급과 한국농업의 근대사
    1. 수도작 중심의 농업과 농기계 변천사 _ 251
    2. 시장개방과 농업 그리고 농기계 _ 254
    3. 정부의 농기계 보급사업과 농기계의 과잉 공급 _ 257
    4. 농기계 공동 이용을 통한 효율화 노력 _ 260
    5. 농기계 해외로 눈을 돌리다 _ 262
    6. 시사점 _ 265
    7. 한국의 트랙터 _ 266

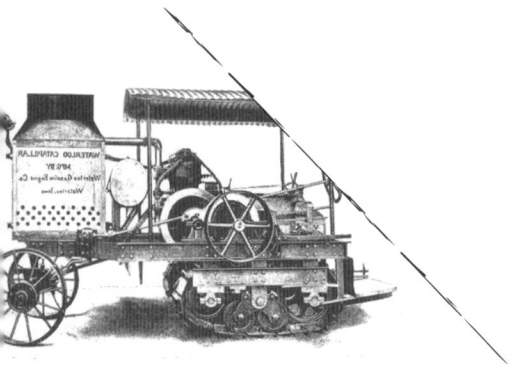

The history of tractors of the world

트랙터의 세계사
인류의 역사를 바꾼 철마들

제1장
탄생

혁신주의 시대의 한가운데서

1 트랙터란 무엇인가?

네 개의 특징

트랙터라는 것인 물건을 견인하는 동력차이다. 주로 농업용, 공업용, 군사용, 임업용의 4가지 용도가 있는데 그중에서도 특히 농업용 트랙터가 이 책의 대상이다. 이하 특별한 언급이 없는 한 농업용 트랙터를 트랙터라고 부르기로 한다.

트랙터는 일본어로 견인차로 번역된다. 어원을 조금 살펴보면 트랙터의 로마자 표기인 tractor가 attraction(적출, 발치)과 같은 어원인 라틴어의 traho(끌다)에서 유래된 것처럼 트랙터를 둘러싼 언어군(群)에는 『끌다』『당기다』『잡아끌다』 이외에 『이끌다』는 한자 뜻도 있다.

결국, 밧줄이나 사슬로 거리가 떨어져 있는 사물을 끌어당겨 가까워지게 하거나, 혹은 달라붙도록 한다는 의미이다. 트랙터라는 기계가 여러 가지를 견인하고, 또 여러 사람을 매료시키거나 악몽으로 몰아넣었다는 의미에서 볼 때, 의미심장한 이름이라고 말할 수 있을 것이다.

역사로 들어가기 전에 트랙터라는 것이 어떤 기계인지 설명이 필요하다. 물건을 견인하는 농업용 동력차이지만 거기에는 빼놓을 수 없는 몇 개의 특징이 있다.

첫 번째로 토양과 접하는 부분에 바퀴 또는 무한궤도를 사용한다는 것이다. 바퀴는 주로 사륜인데, 이륜이나 삼륜 트랙터도 있었다. 또 1930년대에 쇠바퀴에서 고무 타이어로 바뀌기 시작하여 바퀴에 무한궤도를 장착한 트랙터(무한궤도형 트랙터)가 세계각지의 농장에 널리 보급되었다.

이러한 무한궤도 트랙터는 바퀴형보다 미끄러짐이 적고, 견인력이 클 뿐만 아니라 접지압력이 적다는 장점이 있는 반면에 작은 반경의 회전이 어렵고, 가격이 비싼 단점이 있다. 무한궤도는 캐터필러(영어로는 나비 유충이라는 뜻)라고도 하는데, 그것은 1904년에 설립된 홀트社가 베스트·트랙터社와 합병하여 생긴 회사명이 캐터필러社였던 것에 기인한다. 나비 유충과 같이 지면을 기어서 앞으로 가기 때문에 이와 같은 애칭이 붙여졌고 상표로 등록된 것이다.

전후 미국에서의 보급 대수는 대략 바퀴형 트랙터가 80%, 무한궤도형이 20%였다. 어떻든 트랙터는 바퀴의 회전으로 전진, 후진, 혹은 회전을 하는 기계이다.

두 번째로 트랙터는 승용형, 보행형, 무인형의 세 종류로 분류된다는 것이다.

승용형 트랙터는 한사람 또는 두 사람이 실제로 승차하여 운전·작업을 한다. 보행형 트랙터는 이륜형 트랙터로 사람이 걸어가면서 조작한다. 회전 반경이 작아 좁은 토지에서 사용하기 유리하다. 최근에는, 자동차 내비게이션이나 휴대전화에도 사용되는 GPS 기능을 탑재한 원격 조정 트랙터의 연구·개발이 세계적으로 진행되고 있다. 이것을 편의상 무인형 트랙터라 해 두자.

세 번째로 동력원을 다양한 작업에 쉽게 접속할 수 있다는 것이다. 말이나 소를 원을 따라 걷게 하여 그 힘을 톱니바퀴(옛날에는 목제 톱니바퀴를 이용했다)

로 전달시켜 농사에 이용한 사례는 세계각지에서 볼 수 있다.

그런데 트랙터의 경우는 바퀴의 회전에 해당하는 동력을 별도의 축에 이전시켜, 거기에 벨트를 장착하여 탈곡 등 농작업의 동력으로 사용할 수 있어

| 그림 1-1 | 축력을 이용한 동력 장치

말, 소, 당나귀, 노새, 등 가축(이것을 역축(役畜)이라 한다)이 걸어 다녀야 할 공간이나, 커다란 동력전달 장치도 농장 내에 있을 필요가 없다.

네 번째로 동력원이 가축의 근육도 아니고, 풍력이나 수력, 증기기관도 아니라 바로 내연기관이라는 것이다.

트랙터 등장 이전의 농업에서는 대부분은 쟁기나 그 외의 농기구, 더 나아가 수확물이나 건초 등의 화물을 실은 수레를 가축이 끌었다. 사람이 직접 끄는 경우도 있었다. 기계인 트랙터는 근육 대신에 내연기관 내의 연소 작용이 만들어 내는 힘으로 쟁기를 끈다. 뒤에 말하겠지만 내연기관의 출현 전에 증기기관으로 쟁기를 끌려는 시도가 있었는데, 그다지 보급되지 않았다. 그것은 여기에서 말하는 트랙터라 할 수는 없고, 통상 '증기트랙터'라고 한정하여 사용하므로 본서도 이 관례를 따르기로 한다.

가축과 무엇이 다른가?

이상 네 가지 특징을 종합하면 트랙터는 바퀴에 무한궤도가 달려있고 내연

기관의 힘으로 물건을 견인하거나, 별도의 농업 작업 동력원으로 되기도 한다. 트랙터는 살아있는 생명체가 아니라는 당연한 사실은, 트랙터의 역사를 아는 것 이상으로 대단히 중요한 포인트다. 여기서 조금 더 파고 들어가, 트랙터가 농업에 이용될 때 소나 말, 사람 등 생명체와 크게 다른 다섯 가지를 정리해 보기로 한다.

첫 번째로 트랙터는 피로는 느끼지 않으나 고장이 난다.

모든 생명체는 운동 후 휴식과 영양 보충이 필요한데, 트랙터는 휴식이 필요하지 않다. 피곤하지 않기 때문에, 연료만 공급하면 낮뿐만 아니라 새벽이나 심야까지도 움직일 수 있다. 트랙터는 초기부터 라이트가 장착되어 있어서 야간에도 작업할 수 있다고 광고 선전했으며, 실제로 야간에도 사용되었다. 농번기에는 과로해서, 지치고 야위는 것이 가축의 숙명이었으나 트랙터에는 그런 것이 없다.

병에도 걸리지 않는다. 가축들에게 오늘 기분은 어떤지 눈치 보는 말을 걸지 않아도 되며, 생물체의 감정은 없고, 어떤 악조건 아래에서도 통각(痛覺)을 갖고 있지 않기 때문에 고통을 느끼지 못한다. 다만, 가축과 비교한다면 초창기에는 고장이 많아서, 점화 램프의 고장이나 방진 필터가 오염만 되어도 트랙터는 정지할 가능성이 컸다. 또한, 야외의 험한 땅에서 사용할 때 기계인 만큼 소모가 빨라 가축보다도 빈번하게 부품을 새로 사서 교체하는 경우가 많았다.

두 번째로 사료는 줄 필요가 없으나 연료를 보급할 필요가 있다.

트랙터는 입, 혀, 소화기관이 없으므로 사료를 먹지 않는다. 따라서 농장 내에 목초를 재배할 밭을 마련하거나 목초를 농장 외에서 구매할 필요가 없다. 그러나 다른 한편으로는 연료를 구매하지 않으면 안 된다. 초창기에는 등유나 휘발유가 사용됐으나, 현재는 주로 경유가 사용된다. 트랙터가 온실 재배나 곡물건조기와 나란히 세계 원유가격의 변동에 민감해지는 원인 중의 하나다.

또한, 금속과 금속 사이의 마찰 면에는 윤활유가 필요한데, 취급설명서에도 반드시 기름을 칠하라고 쓰여 있다. 웃자고 하는 이야기지만 석유도 식물 화석에서 유래하는 액체이므로 가축이나 트랙터 양측 모두 식물이 광합성을 하여 축적한 에너지를 사용한다는 의미에서는 별반 차이가 없다.

세 번째로 배출물이 배기가스인 만큼 그것을 비료로 활용할 수 없다. 배설물이 없어서 트랙터를 수납할 창고에 짚을 깔 필요도 없고, 짚과 분뇨를 매일 갈아 주지 않아도 좋다. 흙을 털어 내거나 매일 수선 유지하는 시간은 걸린다 하더라도, 축사의 노역에서 농민을 해방한 것은 트랙터의 적지 않은 공헌이라 할 수 있다.

다만, 가축의 분뇨를 비료로 할 수 없게 된 것은 큰 결점이다. 특히 짚이나 톱밥을 함께 발효시킨 양분이 풍부한 퇴비를 만들 수 없다. 그 때문에 다른 곳에서 비료를 구매하지 않으면 안 된다. 20세기는 화학비료가 급격히 발달한 시대인데, 그것은 트랙터의 보급과 밀접한 관련이 있다. 트랙터와 화학비료는 따로 분리하여 생각할 수 없는 세트 상품인 것이다.

네 번째로 트랙터의 무게로 인해 토양의 압축을 초래한다. 트랙터 한 대만 있어도 가축 서너 마리의 일을 해낸다. 넓은 토지라도 그런 일이 가능한데 다만, 트랙터의 구성요소가 단백질이 아니라 철이기 때문에 무겁다. 무거우면 토양을 압축하게 되고 압축은 토양의 물리적 성질을 나빠지게 만든다.

토양은 흙 사이의 공간에 물을 축적하여 미생물이 서식하기 쉬운 환경이 되면 비옥하게 된다. 공간이 있는 푸석푸석한 상태의 토양구조를 토양학 전문용어로 '단립구조(團粒構造)'라 한다. 트랙터는 그것을 파괴하여 토양으로부터 비옥함, 즉 생명력을 뺏을 위험이 있다. 특히 초창기 트랙터는 아주 무거워 단립구조에 미친 영향이 적지 않았다.

다섯 번째로 승차할 수 있다는 점이다. 다만 다치기 쉽고 생명의 위험도 적지 않다. 견인하는 가축에는 사람이 타지 않고 같이 걸어가면서 가축의 움직임을 조정하며 밭을 갈게 되는데 승용형 트랙터에 타면 농민은 험한 밭을 걷는 노역에서 해방은 되지만, 가축을 부리는 것과는 달리 기계 조작 실수가 생명을 빼앗는 경우가 많고, 작업 중 전복사고도 자주 난다.

또한, 진동과 소음이 심해서 장시간 사용하면 신체에 악영향을 미친다. 트랙터로부터 동력을 전달하는 회전축에 옷이 끼어 들어가 큰 사고를 초래하기도 한다. 나의 서툰 승차 경험에서도 트랙터의 진동과 소음은 한동안 몸에 남아있어 피로가 좀처럼 풀리지 않았다. 귀마개를 권유하는 것도 이런 사태에 대비하기 위한 것이다.

이상으로 트랙터의 특징을 정리해 보았는데, 자동차나 휴대전화처럼 아주 편리한 기능을 가져다주었으나 쓰는 사람에게 불이익을 초래하는 면도 있다. 더구나 트랙터에 반대론자도 많다. 이러한 이중성을 트랙터를 논하는 전제로 두고 싶다.

지금까지의 역사학에서 20세기를 대표하는 현상인 모터라이제이션(motorization, 자동차화)은 오로지 자동차만을 중심으로 이야기하는 경향이 있다. 확실히 자동차보다 트랙터는 속도도 늦고, 멋지거나 화려함이 떨어질지도 모른다. '20세기의 연인'이라는 자동차에 부여된 칭호가 트랙터에는 어울리지 않을지 모른다.

그러나 트랙터가 없는 20세기 역사는 화룡점정이 없다고 해도 과언이 아니다. 모터라이제이션은 도시뿐만 아니라 농촌의 풍경과 노동문제도 일변시킬 정도의 충격을 주었으며, 그런 충격이 없었다면 지금까지 농촌으로부터 인구가 유출되지도, 농지가 네모반듯하게 정리되지도, 세계 인구가 증가할 리도 없었기 때문이다. 20세기에 지구상에 무슨 일이 일어났는가를 생각하는 데는 자동차와 동등한 정도의 지적 열정을 트랙터에 쏟지 않으면 안 된다는 것이 나의 생각이다.

2 증기기관의 한계, 내연기관의 혁신

증기기관의 꿈

그러면 트랙터가 탄생하기 전의 움직임을 살펴보자.

가축이 아니라 동력기관으로 쟁기를 끄는 시도는 트랙터가 출현하기 이전에도 꿈꾸던 것이었다. 19세기 초에 영국의 토마스 뉴코멘(1663~1729)이 증기기관의 실용화에 몰두하였고, 1769년에 제임스 왓트(1736~1819)가 개량해 마침내 1804년에 리차드 트레비시크(1771~1833)가 철로 위에 증기기관차를 달리게 하는 데 성공했다. 증기기관의 탄생 이래로 경운(耕耘)의 자동화 또한 많은 사람을 매료시킨 하나의 꿈이었다.

증기기관이라는 것은 고압의 증기를 실린더 내에 넣어, 그 압력으로 피스톤을 왕복운동 시키는 열기관이다. 피스톤의 왕복운동은 그대로는 직선운동밖에 안 되므로 크랭크 기구를 이용하면 회전운동으로 바꿀 수 있다. 그 회전과 함께 증기의 출입을 관장하는 밸브가 교대로 작동하여 증기가 흡입되고 배출되는 운동이 고속으로 반복된다.

크랭크 기구가 생산하는 회전이 증기기관차의 바퀴에 전달되면 레일 위를 고속으로 달릴 수가 있게 되고, 방적기의 기어에 접속하면 고속으로 실을 짤 수가 있다. 고압의 증기는 대량의 석탄을 연소하여 물을 끓게 하여 생기게 되는데 증기기관은 탄광의 개발과 함께 발달해 간다.

공업뿐만 아니다. 증기기관에 의해 인간은 농사의 고통으로부터 해방 된다-이런 꿈을 그린 풍자화가 있다(1-2).

| 그림 1-2 | 100년 후의 증기 트랙터

인류가 트랙터에 정열을 쏟아 부은 이유가 잘 묘사된 그림이다. 1845년의 독일에서는 증기기관이 비약적으로 공업생산력을 상승시켰고, 증기기관차가 달리게 된 시대에 발행된 주간풍자잡지인 '플리겐덴 브레터'에 게재된 것이다. 왼쪽 그림에서 1845년 시점에는 야윈 농민이 말 두 마리를 부리며 밭을 갈고 있다. 오른쪽의 100년 뒤 그림에는 살찐 농민이 쟁기를 앞쪽에 부착한 증기 트랙터에 드러누워 담배를 피우며 신문을 읽고 있다. 독일의 베틀린 민속박물관이 간행한 '농민의 도상(図像)'(1978)에 이 풍자화가 재록되어 있는데 그 저자는 이렇게 해설하고 있다. 첫째 농업기술에 대한 무한한 신뢰. 둘째 경운이야

말로 농업노동이라는 것. 경운 작업이 자동화만 되면 농민은 밭을 갈면서 신문을 읽을 수 있다. 이 두 가지 생각이 풍자화에 나타나 있다고 해설자는 말하고 있다.

원죄로부터의 해방

여기에 세 가지를 더 보태고 싶다. 첫째로 농민의 도상에는 언급되지 않았지만, 원전을 보면 '철도건설을 위한 측량'이라는 제목이 붙여져 있는 것과 이 그림의 상단에 또 하나 잠옷 차림의 남자 집에 '철도건설'이 목적인 측량 기사들이 창문으로 난입하여, 철도 건설부지 표시를 침대에 때려 박는 그림이 있다. 증기기관이 초래한 무지막지한 개발붐을 야유하는 의미가 포함되고 있다는 점이다.

두 번째로 기독교 문화권에서는 아담과 이브가 선악과를 따먹고 낙원에서 추방된 후 신으로부터 받은 원죄로, 남자에게는 땅을 경작하는 노동의 고통을 여자에게는 출산의 고통을 준 것으로 되어있는데, 그러한 아담의 원죄가 증기기관에 의해 해방되었다는 점이다.

좀 더 설명하자면, 트랙터 진화의 역사는 내연기관을 거쳐 무인형 트랙터에 이르기까지 고통이었던 노동에서 벗어나고 싶다는 인류의 간절한 바람에 부응해 왔다는 것을 유머러스하게 그림으로 묘사하고 있다. 인공위성에 의한 위치 정보 시스템을 사용한 원격조작으로 움직이는 트랙터 로봇이 완성된다면, 마치 이 그림이 꿈꾸었던 것이 실현되었다고 말할 수 있는지도 모른다.

세 번째로 노동에서 해방된 결과로 농민이 편안하게 신문을 읽고 있는 모습이다. 그림에서 볼 때, 육체노동에서 해방된 남자는 큰 이익을 내어 훌륭한 저택을 소유하고 있다. 그가 읽는 신문은 농작물 가격의 변화를 전달하고 있을지도 모른다. 증기 트랙터에 의해 노동자와 세계시장의 경계가 무너져서 농민이 부르주아가 될 가능성을 시사하고 있다. 관심을 끄는 것은 농부의 시선이다. 두 마리 말로 밭을 가는 빈농은 말꽁무니를 쳐다보고 있고, 증기 트랙터에 탄 부르주아 농민은 세계의 뉴스나 세계시장을 보고 있다. 철도건설로 사람들의 생활이 사통오달이 되었을 뿐만 아니라, 트랙터의 도입으로 얻은 여가에 신문을 읽음으로써 1945년의 농민은 미지의 세계와 연결되는 것이다.

증기기관으로 경작

증기기관은 수세대 동안 잠복되어 왔던 꿈을 인류에게 가져다주었다. 그렇지만 현실은 그렇게 녹록하지 않았다. 사실은 19세기 중반부터 서양에서 증기기관은 농지를 경작하기 위한 것이 아니라 탈곡기, 즉 수확한 곡식의 껍질을 벗기는 기계로 사용되고 있었다. 더구나 증기기관은 너무 무거워서 농촌 길, 특히 다리 위를 지나가기가 어려웠다. 돌다리라도 증기기관의 무게를 견딜 수 없는 경우가 많았기 때문이다. 증기기관이 다리에서 떨어지는 사고도 빈발했다. 또한, 다리 같은 불안정한 장소를 피해간다 하여도, 받침대에 싣고 여러 마리 말로 견인하여 농지까지 운반해야 하는 경우가 많았다. 운반한 농지에서 증기기관에 가죽이나 보식 벨트를 씌워 탈곡기로 동력을 전달하여 마을 구성원이 공동으로 탈곡작업을 했다.

더구나 증기기관은 위험한 기계였다. 1817년부터 1839년까지 영국에서

| 그림 1-3 | 영국에서 일어난 농업증기기관차 사고
(1908년 6월 18일)

23건의 폭발사고가 나서 77명의 사망자가 생겼다. 미국에서는 1838년에만 14건의 폭발사고가 나서 496명이 사망하였다. 농촌에서도 폭발사고가 빈발하였고 그 외에도 다리 난간에서 추락하는 등 사고나 고장으로 골치를 앓았다. (1-3)

더구나 증기기관을 이용할 수 있다는 것은 석탄이나 수리비용을 조달할 수 있는 풍부한 자금력을 보유한 거대한 농장뿐 이었다. 독일의 라인 금속기계공업회사의 광고(1-4)처럼 농지의 양 측면에 증기기관을 설치하고 사람 한명이 탈 정도의 큰 쟁기(valance plough)를 같이 끄는 방식이었다. 이와 같은 장치를 증기 쟁기(steam plough)라 한다.

필자는 슈투트가르트 근교의 호엔하임 대학의 독일농업박물관과 브레멘으로부터 서쪽으로 50킬로 정도 떨어진 크로펜부르크에 있는 야외박물관에서 운 좋게 실물을 볼 기회가 있었는데, 소형 증기기관차와 사람이 올라탈 수 있는 크기의 쟁기 여러 개가 연결되어 있어 장관이었다(1-5). 증기기관을 하나만 사용하는 방법도 고안되었으나 비용이 불

| 그림 1-4 | 증기 쟁기 사진을 실은 라인 금속기계공업회사의 광고

어나서 널리 보급되지는 못했으며 사용된 지역도 유럽에 국한되었다.

사람을 태우고 농지를 달리는 증기 트랙터의 시도가 없었던 것은 아니다. 1859년에 이미 영국의 토머스 애뷰링(1824~1882)에 의해 증기기관을 이용한 트랙터가 발명되었으나, 이것도 보급하는 데는 안전성 측면에서 큰 문제가 있어 실용화까지는 이르지 못했다.

그러나 농민들이나 농기구 메이커의 증기기관에 대한 경험은 결코 헛수고가 아니었다. 오히려 트랙터 탄생에 빼놓을 수 없는 조력자 역할을 했다. 가축 이외의 동력원에 익숙해지고, 기계 구매

| 그림 1-5 | 증기기관(위)과 증기 쟁기인 밸런스 플라우(아래)

를 위해 차입하거나 부동산을 저당 잡히는 것에 익숙해지고, 고장이 났을 때는 멀리 떨어진 도시에 있는 농기구 메이커에 부탁하여 수리를 기다는 것에도 익숙해지고, 트랙터에 필요한 열역학의 기본적 지식, 기계의 구조에 대한 이해력, 외부로부터 연료를 구매하는데 익숙해진 것은 증기기관과 그것에 딸린 농기구가 농민들에게 가져다준 소중한 경험들이었다. 특히, 은행뿐만 아니라 협동조합이 발달하여 영세한 농민의 자금조달을 담당하게 된 것은 트랙터의 본격적 등장에 순풍 역할을 했다.

내연기관으로

그뿐만 아니라 후에 트랙터를 개발하는 기사들에게도 증기기관의 진보는 큰 자극이 되었다. 1863년 미국의 미시간주 디어본 농장에서 태어난 헨리 포드는 농촌에서 태어난 것이 후에 자신의 사업에 큰 영향을 미쳤다고 자서전에 쓰고 있다. 어린 포드는 부모님이나 이웃 농가들이 많은 수작업으로 인해 힘들어하는 것을 보았다. 이것이 기계에 관한 관심을 두게 된 이유였다. 그중에서도 12살 때 본 증기기관의 충격은 평생 그를 사로잡고 떠나지 않았다.

> "나는 그 증기기관을 어제 본 듯이 선명하게 기억하고 있다. 그도 그럴 것이 그것은 내가 지금까지 보아 온 것처럼 짐을 끄는 것이 가축이 아니라 기계였기 때문이다. 예취기와 제재기(製材機)를 운반하기 위해 만들어진 것으로 바퀴 위에 이동식 증기기관과 보일러를 탑재하고 그 뒤로 물탱크와 석탄 운반차가 붙어 있었다."
>
> - Ford/Crowther, *My Life and Work*

포드가 본 것은 니콜라스 쉐퍼드&컴퍼니사가 만든 증기 트랙터였다. 포드가 놀란 것은 1분간에 200회전 하는 증기기관뿐만이 아니었다. 그 회전축을 체인으로 바퀴와 연결하여 체인의 기어를 전진시키고, 증기기관을 멈추지 않은 상태에서 회전력을 그대로 별도의 회전축으로 전달하여 작업용 기계의 동력으로 전환한 점이다. 본래 증기기관의 수레에는 있지 않아도 되는 정지하거나 재출발을 쉽게 하는 기술은 후에 포드가 내연기관을 탑재한 자동차나 트랙터를 개발할 때 힌트가 된다.

미국 농촌에서 증기기관 농기구는 1922년에 사용의 정점을 찍었지만, 후에 개발된 내연기관에 그 자리를 넘겨주게 된다. 증기기관을 농사에 사용하는 데는 몇 개의 문제점이 발생했기 때문이다. 물을 끓여 증기를 발생시키기까지 시간이 걸린다는 것. 연료인 석탄과 물을 지속해서 공급하는 데에 인력이나 대규모 장치가 필요하고 출력에 비례하여 중량도 커진다는 단점 등등이다. 이런 단점들에도 불구하고 증기기관은 공장이나 운수분야에는 어느 정도 적합했지만, 농촌에서는 증기기관에서 발생하는 불똥이 건초 더미에 튀어 화재를 일으키는 별도의 문제도 있었다. 증기기관은 구조적 측면에서 자체적 개량만으로는 아무래도 뛰어넘을 수 없는 장벽에 직면했다.

19세기 이전에 내연기관은 이미 발명되었으나 실용화에 성공한 것은 독일 기사 니콜라우스 아우구스트 오토(1832~1891)이다. 1877년 오토는 시간이 걸리는 증기 팽창의 힘을 이용하는 대신에 석탄 가스를 이용한 실내고정식 4스트로크 '오토 사이클'로 특허를 취득했다. 그러나 이것은 아직 이동에 어려움이 있었고, 가스를 점화하기 위해서는 별도의 불씨를 일부러 준비하지 않으면 안 되었다. 그래서 오토는 저압 자기점화 장치로 액체연료에 직접 불꽃을 분사하여 점화하는 방식에 착안한다. 석탄을 이용할 때처럼 부피가 크지 않은 액체연료인 석유를 채워서 이동이 가능한 자동차로의 길을 개척하게 된 것이다.

이 시기에 오토의 회사에 고트리프 다임러(1834~1900)라는 젊은이가 있었다. 다임러는 이 회사를 그만둔 뒤 1885년에 별도 회사를 설립하여 오토 사이클을 적재한 이륜차를 만들어 특허를 취득한다.

파리 출신의 독일인 루돌프 디젤(1858~1913)도 1893년 2월에 저가의 중유나 경유를 사용한 내연기관인 디젤기관을 발명했다. 디젤기관은 연비가 좋지만, 압축비가 높아서 진동이 큰 단점이 있었다. 다만 트랙터의 경우는 초기에는 등유나 휘발유를 사용한 엔진이 많았고, 특히 무한궤도형 트랙터는 처음부터 주로 디젤엔진을 사용하게 되는데, 트랙터는 연료를 대량으로 소비하기 때문이다.

현재 일본의 대표적인 농기구 메이커인 얀마가 처음엔 농기구 메이커가 아님에도 불구하고 1960년대 이후 세계적인 농기구 메이커가 될 수 있었던 것은 태평양전쟁 전에 소형 디젤엔진을 개발한 강점이 있었기 때문이다. 디젤의 일본 후계자라고 해도 무방한 얀마에 대해서는 제5장에서 따로 다루기로 한다.

3 J·프로리치의 발명

존 프로리치

　증기기관차는 19세기 초 영국에서, 내연기관을 탑재한 자동차는 19세기 후반의 독일, 내연기관을 탑재한 트랙터는 20세기 초 미국에서 본격 생산된다. 미국이야말로 트랙터의 요람이며 성장의 땅이었다.

　증기 트랙터 대신에 내연기관 트랙터를 만드는 시도는 각지에서 이루어지고 있었는데, 최종적으로 성공한 것은 존 프로리치(1-6)였다. 프로리치는 1849년 11월 24일에 미국 아이오와 주에서 태어났다(이하, 프로리치에 대해서는 macmillan(ed.), The John Deere & Williams, Fordson, Farmall, and Poppin' Johnny를 참조). 존의 아버지 헨리는 독일 카셀에서 태어나 1840년대의 유럽을 엄습한 식량 위기(아일랜드의 기근이 가장 심각했다)에서 벗어나기 위하여 아이오와로 이민을 왔다. 거기서 정부로부터 농장을 구매하여 농사에 종사하였다.

존 프로리치는 원래 엘리베이터(양곡기)를 제조했다. 양곡기(揚穀機)라는 것은 곡물을 높은 곳에 있는 건조기나 사일로의 상부까지 운반하는 기계인데, 요즘도 곡물의 건조 저장을 하는 시설을 곡물엘리베이터(grain elevator)라고 부르며 이는 양곡기에서 유래했다. 프로리치는 양곡기의 제조 외에도 건초를 연료로 사용하는 증기 탈곡기를 구매하여 사우스다코타주에서 탈곡 일을 했다.

로키 산맥의 동쪽은 캐나다로부터 멕시코 국경에 걸쳐 대평원이 펼쳐진 미국의 주요 곡창지대인데, 광대한 곡물 생산지대인 다코타는 그 북쪽에 있다. 연료인 석탄이나 목탄이 부족하여 건초를 연료로 사용할 수 있는 탈곡기는 중요시하였다. 다만 다코타의 수질이 알칼리 성분이어서 보일러에 물때가 끼어 증기기관으로 하는 탈곡작업에는 한계가 있었다.

그래서 프로리치는 일리노이주의 챠터사로부터 구매한 4.5마력 석유 내연기관을 우물 굴삭장치 위에 설치하여 탈곡에 이용했다. 챠터사는 이미 전진만 가능한 휘발유 내연기관으로 움직이는 트랙터를 9대 생산하고 있었는데, 프로리치도 다코타에서 사업을 하고 있었기 때문에 그것을 봤을 가능성이 크다.

프로리치는 그 내연기관을 탑재한 우물 굴삭장치로부터 전진과 후진도 가능한 트랙터의 개발을 시작한다. 몇 차례 실패와 시도를 반복하면서 1892년

| 그림 1-6 |
J·프로리치(1849~1933) 아이오와주 출신의 발명가. 양곡기와 건초를 원료로 하는 증기 탈곡기 제조업을 하였으나 1892년에 16마력 트랙터를 개발하고 그다음 해에 세탁기도 제작했다.

에 드디어 전후 쌍방으로 움직이는 트랙터 개발에 성공한다. 이것은 쟁기를 견인하기 위한 것이 아니라 탈곡기의 동력을 위해 만든 것인데, 후진이 가능하여서 챠터사의 내연기관보다 기동성이 훨씬 뛰어났다.

워털루 보이의 성공

프로리치의 성공은 아이오와주 동북부 도시 워털루의 스튜어트라는 상인에게도 전해졌다. 그는 프로리치에게 개발한 트랙터를 워털루에 가지고 와서 시연해달라고 요청하였다.

1892년 2월 이 기계의 시연을 보고 매력을 느낀 스튜어트는 이듬해 1월 10일 워털루 가솔린견인 엔진회사를 설립했다. 그런데 트랙터는 불과 2대밖에 판매하지 못했고, 더구나 1893년부터 시작된 대불황의 영향으로 1895년에 회사를 다시 세우게 되었고 명칭도 견인이라는 글자를 없애고 '워털루 가솔린엔진사'로 변경했다. 당시 프로리치는 손실을 메우기 위하여 저금은 물론 집, 양곡기 등 모두 재산을 팔아치웠다고 한다.

그런데 이 회사는 프로리치가 떠난 후, 1911년 그의 트랙터를 모델로 하여 '워털루 보이'라는 이름의 트랙터를 새로 제작하여 비약적으로 발전하기 시작했다. 이 신형 트랙터는 미국뿐만 아니라 소련까지 건너가 경운 작업에 사용하게 된다.

워털루 보이는 2개의 기종이 있다. 바퀴형과(1-7), 바퀴·무한궤도 양방형 두 종류였다(1-8). 바퀴형 트랙터는 시행착오 끝에 1914년에 실린더를 2개 설치한 R형을 완성하여 1918년까지 8,000대 이상을 판매하였다. 흥미 있는 것은

| 그림 1-7 | 워털루 보이(바퀴형)

| 그림 1-8 | 워털루 보이(바퀴·무한궤도형)

처음에는 휘발유를 사용했으나, 후에는 값싼 등유를 사용한 것이다. 1914년에 발생한 제1차 세계대전의 영향 아래에 시작된 트랙터의 보급은 석유 가격의 변동에 농업이 좌우되는 시대에 진입했다는 것을 의미했다.

1918년 3월, 농기구 메이커의 전통 상점 디어&컴퍼니사가 워털루 가솔린엔진사를 매수하여 프로리치의 기술은 미국의 대표적인 브랜드의 하나인 『존 디어』로 이어지게 된다.

인터내셔널 하비스트사의 대두

트랙터는 결국 이 세상에 나오게 되었다. 미국뿐만 아니라 세계의 농업은 증기기관 트랙터에는 없었던 기동성과 조작성을 내연기관 트랙터로 인해 비로소 손안에 넣을 수가 있었다.

다만 여기서 주의해야 할 점은 트랙터의 개발은 프로리치 한명의 공이 아니라는 것이다. 마침 이 시기에 미국에서 혁신주의(progressivism)라는 조류가 사회 전체에 번지기 시작한 시대였다는 것이 중요하다.

혁신주의라는 것은 과학의 진보(progress)로 빈곤 문제나 노사대립 등의 사회 모순을 해결할 수 있다고 생각하는 낙관적인 진보주의를 말한다. 축음기와 백열전구를 발명한 토머스 에디슨(1847~1931)이나 전화를 발명한 알렉산더 그래함 벨(1847~1922)이나 포드로 대표되는 기술자들이 속속 차세대 기술을 창출하여 대량생산·대량소비에 기반을 둔 미국적 생활양식이 퍼지기 시작했다.

트랙터도 예외는 아니다. 다른 기술자들도 연구·개발을 진척시키는 가운데 프로리치의 성공이 우연히 조금 빨랐을 뿐으로, 예를 들면 프로리치가 트랙터를 완성한 1892년에 캐나다 출신의 자동차 기사 윌리엄·A·패터슨(1838~1921)은 상업적인 성공이 되지는 않았지만, J·I·케이스의 위탁으로 주문생산 형태의 수평대향 2기통 엔진[1] 트랙터인 패터슨을 제작하고 있었다. 그런 중에 상업적으로 가장 성공한 회사는 프로리치와 같은 아이오와주에서 찰스·W·하트(1872~1937)와 찰스·H·바(1868~1941)라고 하는 20대의 위스콘신대학 출신의 젊은이가 1897년에 설립한 하트 파 가솔린 엔진사였다.

하트 파는 1902년에 최초의 대형 트랙터를 완성하여, 다음 해에 15대의 트랙터를 팔았다. 1907년에는 미국에서 사용된 600대의 트랙터 중 3분의 1이 하트 파사 제품이었다고 한다. 이후에 생산된 트랙터와 비교하면 형태가 세련되었다고 말할 수는 없지만 20세기 초기 10년 동안에 가장 많이 팔린 트랙터이다 (1-9).

하트 파는 경쟁자가 없어서 왕자의 자리를 잠시나마 차지하였으나, 여기에 도전한 것이 인터내셔널 하베스트사(이하 IH)였다. IH는 1902년 매코믹스와 디어링이라는 2개의 수확 기계 제작업체와 몇 개의 작은 농기구 제작사의 합병

---

[1] 수평대향 2기통 엔진 : 실린더의 배치 방법 중 하나. 실린더가 마주보며 수평으로 배치된다. 즉, 보통의 엔진이 실린더를 상하로 움직여 동력을 얻는다면 이 엔진은 좌우로 움직여 동력을 얻는다. 권투선수가 자신의 두 주먹을 팡팡!! 때리는 모습을 연상시키는 관계로 복서(Boxer) 엔진이라고도 한다.(나무위키)

으로 탄생했다. IH는 1906년에 단기통 트랙터를 개발한 이래 엔진의 냉각장치나 점화장치 등의 개량을 거듭하면서 1910년에 트랙터 메이커의 최정상으로 도약하고 1911년에는 미국 트랙터 생산의 3분의 1까지 점유하게 되었다. 이에 따라 20세기의 트랙터 업계를 선도하는 IH와 디어&컴퍼니의 양분 체제가 갖추어지게 되었다.

| 그림 1-9 | 하트 파의 트랙터

전성기의 그늘

1907년부터 1912년까지 미국의 트랙터 생산은 전성기를 이루었는데 그 이후부터는 정체기로 들어선다. 수요가 많아지자 자금력이 풍부한 자동차 제조사나 지역의 작은 농기구 제조사 등이 일제히 트랙터 생산에 참여하여 과잉생산 상태가 되었기 때문이다. 농작업을 모르고 개발된 것이 많아서 품질이 반드시 좋은 것만 있었던 것은 아니었다. 좀 더 말하면 1776년의 독립선언을 기초한 제3대 미국 대통령인 토머스 제퍼슨(Thomas Jefferson, 1743 ~ 1826)이 칭송한 미국 농업의 중추였던 독립자영농민에게는 트랙터의 중량이 너무 크고, 또 가격도 터무니없이 비쌌다. 결국, 현실에 적합하지 않다는 비판이 늘어났다.

그러나 트랙터붐이 수그러드는 중에서도 1914년에 블루트랙터사가 저가의 소형 트랙터로 히트를 쳤고, 워리스 트랙터도 '블루트랙터'보다는 가격이 조금 비싸지만, 양질의 트랙터로 시장을 석권했다. 또한, 견인뿐만 아니라 농사작업의 동력원이나, 밭이랑 예초작업에 적합했던 제너럴 트랙터의 선구적 역할로 명성이 높은 모린의 트랙터도 1918년부터 인기를 끌기 시작했다. 그러나 트랙터의 폭발적 보급은 이후에 등장하는 포드슨의 출현까지 기다려야 했다.

그런데 19세기 중반부터 기계화가 시작된 탈곡이나 수확 등 다른 농작업보다 경운작업의 기계화는 시작 시기가 늦었다.

이 책에서도 많이 인용한 미국의 트랙터 역사서인 '포드슨, 파몰, 포핀 쟈니-미국의 농업 트랙터와 그 영향에 대한 역사'(1987)을 집필한 농장 경영자 R·C·윌리엄은 이것을 '트랙터의 아이러니'라고 불렀다. 결국 세계의 농업과 농촌에 큰 영향을 준 트랙터는 뒤돌아보면 일련의 농작업의 기계화 중에 빠른 단계로 출현된 것이 아니라, 필요한 기술이 갖추어진 후에 느린 속도로 등장한 것이다. 그만큼 움직이면서 토지를 경작하는 작업은 기계화 하는 것이 어려웠다. 역으로 말하면 가축에 의한 전통적인 농작업은 농기구 메이커에 의해 진보되어 왔기 때문에, 일거에 없어지지 않는 강인한 생명력이 있었던 것이다.

뒤늦게 등장했지만, 트랙터는 상당히 혁신적으로 보였다. 실제로도 그랬던 것은 밀 생산에 투입되는 전체 노동력의 60%를 차지하는 경운작업을 트랙터는 한번에 기계화하는데 성공했기 때문이다.

참고로 트랙터의 아버지라 불리는 존 프로리치는 실의에 빠져 아이오와의 마샬타운으로 이사했는데 그 천부적인 솜씨를 살려 세탁기를 개발해 돈을 크게 벌어 부자가 되었다고 한다. 이 트랙터의 아버지는 1933년 3월 24일 84세로 생을 마쳤다.

제2장
트랙터의 왕국 미국

양산체제의 확립

거인 포드의 출현
- 점유율 77% 달성

포드T형의 폭발적 보급

20세기 전반 미국의 트랙터는 비약적으로 보급된다. 제1차 세계대전 이전에 사용되고 있던 트랙터는 불과 1,000대에 지나지 않았으나, 1930년대에는 100만대에 달했고, 1950년도 초에는 400만대를 넘었다.

이 사이에 트랙터를 한층 진보시킨 5가지 혁신이 있었다.

첫째로 연속작업(역자주 : asemmbly line operation, 라인 생산방식)에 의한 대량 생산방식의 시작(이에 따라 가격 하락이 촉진됨)

둘째로 파워 테이크 오프(PTO=power take-off)의 개발(이것으로 작업기 부착 가능한 농기구의 실현이 진화됨)

셋째로 IH의 제너럴 트랙터 개발(옥수수나 면화 같은 경지에서도 재배도중 중경(中耕)=이랑 사이의 제초와 경운 가능)

넷째로 퍼거슨에 의한 3포인트 링크(three-point hitch)의 개발(트랙터의 전

복 취약점 극복과 토양의 성질에 적합한 토양 교반과 쇄토 가능)

다섯째로 앨리스 찰머스의 고무 타이어 사용(트랙터의 지면에 대한 부착력의 향상)이다.

트랙터의 대량생산에 성공한 것은 자동차 왕 헨리 포드이다. 포드는 19세기부터 20세기 전환기에 걸쳐 미국을 상징하는 존재였다. 미국의 자동차 생산은 1900년에는 4,000대에 불과했지만, 1910년에는 20만대에 육박했고 1920년에는 200만대에 도달, 10년 만에 10배도 넘게 생산량이 증가했는데 이것은 포드가 개발한 자동차 포드T형 덕분이었다.

포드T형은 단순히 미국의 자동차 생산대수를 비약적으로 끌어 올린 것 뿐만 아니다. 저가의 포드T형은 대중소비 사회의 개막을 알리고, 연속 작업에 의한 생산은 산업분야를 넘어 노동자에게 노동시간의 단축과 적은 금액이지만 임금의 상승을 가져왔다. 고용자와 피고용자의 대립이나 부유층의 탄생과 빈곤층의 증가라는 사회문제를 포드는 저가의 자동차 개발과 합리적 생산방식으로 해결할 수 있을 것으로 보았다. 확실히 혁신주의의 선지자라 할만하다. 자동차의 대량 생산과 합리적인 공급으로 일어난 미국 사회의 변화만 가지고 포드의 영향력을 논하는 것은 부족한 면이 많다.

포드슨의 충격 77% 시장 점유

1905년 6월 16일 포드슨 자동차 회사를 설립한 쏘느는 사동자의 기술을 트랙터에 이용할 착상을 하고, 1917년 7월 27일 이륜구동 트랙터 '포드슨 Fordson' 제조전문 회사를 포드슨 자동차회사와 분리시킨다. 포드슨이 드디어 데뷔하게 된 것이다. 포드슨 공장은 자동차와 마찬가지로 연속 작업 방식이 도입되었다(2-1). 1918년 3월에 1일 80대의 트랙터를 생산할 수 있게 되었다.(Williams, Fordson, Farmall, and Poppin' Jonny)

포드가 트랙터 공장을 계열 분리해 대량생산에 들어갈 수 있었던 것은 영국정부의 트랙터 대량 구매 영향이 컸다.

제1차 세계대전 중 영국은 독일 잠수함 U보트에 의해 곡물 수송선 상당수를 잃으면서 심각한 식량 부족 사태에 직면한다. 또한 오랜 전쟁으로 농촌에는 고질적인 노동력 부족에 시달리면서 식량을 원활히 공급할 수 없는 상황에 놓여 있었다. 영국 정부는 자국의 농업생산력을 제고하기 위해, 일찍이 시험단계에서 소개된 포드슨의 구입을 단행한다. 1917년 영국 정부는 포드사로부터 5,000대의 포드슨을 구입한다. 전기 모터로 움직이는 잠수함과 내연기관에 의해 움직이는 트랙터가 상징하고 있듯이 제1차 세계대전은 병기의 모토라이제이션 발전에 현저한 공헌을 남긴 전쟁이었다.

| 그림 2-1 | 포드슨 공장

포드슨은 1918년에는 미국 본토에서도 판매되게 된다. 성능은 좋지 않았지만 가격이 싼 포드슨은 전통 농기구메이커였던 IH社와 디어&컴퍼니로서는 크나큰 위협이 되었다.

1922년 1월 포드사는 트랙터 가격을 230달러를 내려 395달러에 대대적으로 팔기 시작했다(Ibid.). 포드사는 농기구 생산 경험이 전혀 없었다. 그럼에도 불구하고 포드사 같은 자동차업체의 트랙터 생산 참여는 이미 진입한 2개 회사에게 생산코스트의 저감을 압박했다. 1923년에 포드슨은 미국 전역의 트랙터 가운데 77%나 점유하기에 이른다. R·C·윌리엄은 이렇게 서술하고 있다. '포드슨을 구입해도 많은 농장에서는 가축을 필요로 했으며 저렴해진 가격이 모든 농장 사정에 적합한 것은 아니었다. 그러나 가격을 파격적으로 400달러에 판매함으로서, 포드슨은 지금까지 트랙터의 성능을 진지하게 생각하지 않았던 수백만 농민들을 매료시켰다'(Ibid.).

농가들에게 엄청난 인기를 끌었지만 포드슨에게는 치명적인 약점이 있었다.

첫 번째로 포드슨은 농기구 제작회사가 아니어서 트랙터 뒷부분에 언걸하는 작업기계를 생산하지 않았다. 이로 인해 포드슨과 다른 제작사의 작업기계가 호환되지 않는 경우가 많아 쓰는 사람에게 불만이 쌓여갔다. 두 번째로는 전복에 취약점을 갖고 있었다. 살인기계라고 비판받을 정도로 사고가 많았다. 어떻든 자동차 메이커로서의 약점이라 할 수 있다.

IH는 포드사와의 6년에 걸친 치열한 경쟁 끝에 1927년 다시 포드사의 판매 대수를 넘어서게 된다.

제1차 세계대전에 따른 보급

트랙터의 보급은 제1차 세계대전을 기점으로 획기적으로 증가했다. 이미 언급했듯이 포드사는 제1차 세계대전을 4년이나 치른 영국 농촌의 노동력 부족을 보완하기 위해 트랙터를 수출했다. 또한, 1917년 4월 6일 독일에게 선전포고를 하고 참전하게 된 미국은 배급제도를 시행하는데 트랙터를 적절하게 활용해 자재를 수집·배분하고, 지역 말단까지의 유통망을 조직했다.

또 이랑 작물 농지에서도 이용 가능한 제너럴 트랙터의 개발로 일찌감치 성공한 미니애폴리스의 모린도 영국은 물론 프랑스에도 트랙터를 판매했다.

당시 영국과 프랑스 모두 서부전선에서 독일과의 전투로 막대한 희생자를 내고 있었다. 트랙터의 구매는 승리에 기여했고, 심지어 애국자의 의무라는 문구를 써 붙이고 판촉 활동을 하는 상인까지도 생겨났다.

예를 들어 1917년 5월 초 미국이 참전한 다음달에 파워 패싱이라는 잡지에 트랙터를 도입함으로서 노동력을 절감하고, 남성 노동자들을 전장에 보내 연합국의 식량을 생산하여 전쟁에 공헌하자는 기사가 게재되기도 했다. 결국 트랙터는 작물뿐만 아니라 병사의 모집에도 도움이 된 것이다. 실제로 전시 식량 가격의 급등으로 벌어들인 자금으로 농민들은 앞 다투어 트랙터를 구입했다. 미국에서는 전쟁기간 동안에만 150만 955대의 트랙터가 생산되었다고 한다.

제1차 세계대전은 대량 살육의 20세기를 상징하는 역사적 사건이었으나 트랙터 역사로서도 중요한 사건이었다.

첫째로 농촌에서 말이 전쟁터로 많이 징발되었기 때문이다. 제1차 세계대전에서도 과거 전쟁과 마찬가지로 말은 필요한 동물이었다. 기마전이 격감했다고 하나, 군사물자 운반에는 여전히 말이 필요했다. 말의 부족은 유럽에서 특히 심각하여 견인력이 떨어지는 소로 대체되기도 했지만 근본적인 대책은 아니었다.

두 번째로 농촌의 젊은 남성이 전쟁에 나가고, 군수산업이 활발해 짐에 따라 농촌에서 도시로 인구가 유입되었다. 심각한 농촌의 노동력 부족을 농장에 남은 여성과 노인, 어린이가 보충하거나, 정부에서 배치한 포로의 노동력으로 보완하기는 했으나 상황을 크게 변화시킬 수는 없었다.

세 번째로 제1차 세계대전 중에 트랙터의 공동 이용사례가 나타났다. 몇 개 주에서는 포드슨을 구매해 지역 내 공동 이용을 장려했다. 펜실베이니아 주에서는 40대를 구매하였고, 미시간 주에서는 1,000대의 트랙터를 구매해 이웃과 공동이용에 동의한 농민들에게 공급했다고 한다.

사람도 동물도 전쟁에 내몰리는 가운데 동물보다 큰 힘을 발휘하는 트랙터에 뜨거운 시선이 쏠리게 된 것이나 트랙터의 공동이용이 시도된 것은 자연스러운 과정이었다고 말할 수 있겠다.

다만, 제1차 세계대전에 승리를 거둔 미국에서는 공동이용이 쇠퇴하고 개인 소유가 주류가 되었다. 대신에 전쟁 중에 혁명이 일어나서 전쟁으로부터 이탈되어 있던 러시아에서는 트랙터를 중심으로 한 농업기계의 공동이용, 직설적으로는 위로부터의 강제적 공동이용이 국가정책으로 채택되었다.

2 농기구 메이커의 역습
- 기능과 안정성의 진화

인터내셔널 하비스트사(IH)의 PTO 개발

제1차 세계대전이 끝나고 다시 평화가 찾아오자 잠시동안 트랙터 유행이 지속되었다. 미국의 판매대수는 1918년에 9만470대였던 것이 1919년에는 9만647대, 1920년에는 16만2,998대로 크게 증가했다. 특히, 포드슨은 전시 중에 구축한 시장을 통하여 순조롭게 대수를 신장시켰다. 결국, 포드슨의 시대가 그다지 길게 계속되지는 않았다.

그것은 이미 언급한 것처럼 포드슨의 약점을 극복하는 경쟁사의 공세가 컸다. 특별히 말해둘 것은 1922년에 IH가 개발한 PTO(power take off, 동력 인출장치)의 도입이었다. PTO라는 것은 파워 테이크 오프라는 말 그대로 트랙터의 동력부분을 작업기계에 전달하는 장치이다. PTO 도입 이전에는 트랙터가 쟁기를 끌어도 그것을 움직일 수는 없었다. 그런데 PTO의 등장으로 예를 들면, 쟁기 날을 엔진의 동력으로 강력하게 회전시키는 장치, 즉 로타베이터를 부착할 수 있게 된 것이다. 현재의 트랙터에도 빼놓을 수 없는 장치이며 불가역적인 진보의 하나이다.

PTO의 개발자는 미국인이 아닌 프랑스의 알베르 구지스(1860~1930)이다. 그는 1906년 자체 제작한 트랙터에 IH의 전신 중 하나였던 매코믹의 수확 결속기를 설치하였다. 이것은 매코믹의 창업자인 사일러스 매코믹(1809~1884)이 19세기 후반에 개발한 것으로 말에 수확결속기를 연결하면 추진력에 의해 기어와 체인 조합체에 전달이 되고 이 추진력이 칼날과 결속부분까지 전달되어 보리를 베거나 묶는데 뛰어난 성능을 나타냈다. 19세기에 견인력이 주로 가축 이었던 단계에서, 매코믹을 비롯한 농기구 메이커는 이미 기초적인 작업기 구조를 완성하고 있었다. 이는 신규 진입자인 자동차 메이커가 흉내 낼 수 없는 기술이었다.

물론 가축에 사용한 장치를 그대로 트랙터에 부착하면 오히려 가축보다도 강력한 동력을 낼 수 있음에도 불구하고 실제 적용은 불가능했다. 그 때문에 IH는 구지스의 회사에 기술자를 파견하여 구지스의 기술을 터득함으로서 트랙터의 동력을 이용할 수 있는 PTO 장치를 양산하기에 이른다.

PTO 장치에는 로터리 쟁기나 쇄토기(harrow), 후에는 사탕무 수확기나 감자 수확기, 비료 살포기나 농약 살포기 등 접속부분이 규격대로 설계만 되면 어떤 작업기라도 탈·부착이 가능하게 되었다. 그리하여 가축보다도 강력하면서도 스피디하게 작업이 가능하게 된 것이다.

파몰의 혁신

IH는 포드사 역습을 위한 기술 개발을 늦추지 않았다. PTO에 이어서 '팜올(Farmall)'(2-2)을 개발하여 포드사의 트랙터 업계에서 차지했던 지위를 일거에 당겨 내렸다. 팜올이라는 이름은 팜(farm, 농장)과 올(all, 모든 것)을 조합한 이름으로 농사 전반이라는 의미이다. 이름 그대로 각종 농사 작업에 적응 가능한 유연성을 가지고 있다.

미국에서는 소맥뿐만 아니라 옥수수와 면화의 재배지도 넓다. 소맥은 이랑을 파지 않아도 괜찮으나 옥수수나 면화는 이랑을 파서 배수를 좋게 하고, 어느 정도 성장하면 이랑 사이의 잡초를 제거하거나 흙을 섞어 이랑으로 몰아 줄 필요가 있다. 이렇게 중간에 하는 일련의 작업을 중경(中耕)[2]이라 한다. 중경은 경운이나 시비, 제충과 함께 생산량을 좌우하는 중요한 작업이다. 그러나 기존의 트랙터로는 이랑 사이에 들어갈 정도로 차고가 높지 않고 또한 차륜의 위치도 맞지 않았다.

IH는 이랑을 파서 생산하는 작물 농지에서도 사용이 가능한 '로 크롭(row crop)' 트랙터 개발을 은밀하게 진행했다.

이미 언급한 것처럼 그 이전에도 이랑 농지용 트랙터인 모리슨의 '모리슨 유니버설 트랙터'가 개발되었지만, 시장에서 두각을 나타내지 못했다. 그래도 이랑 농지에서도 잘 적응할 수 있도록 설계가 되어, 제1차 세계대전을 전후해서 모리슨의 트랙터가 적지 않게 시장에 진출하고 있었다. 다만, 전후 등장한

---

[2] 작물의 생육 도중에 작물 사이의 토양을 가볍게 긁어주는 작업.
　그 목적은 밭에서는 딱딱해진 토양을 부드럽게 하여 투수성(透水性)·통기성을 증가시킴으로써 작물의 뿌리가 잘 자라게 하고 또 토양 내부의 건조를 막으며, 논에서는 물이 괴어 있는 상태이므로 벼의 뿌리가 산소결핍상태가 되기 때문에 중경에 의하여 토양을 뒤집어 주면 토양 속에 산소를 공급하게 되고, 또한 암모니아태 질소의 생성을 촉진하게 된다. 토양을 갈아엎기 때문에 잡초도 제거되므로 제초도 중경 목적의 하나이지만, 작물의 뿌리가 끊어지므로 중경제초에 의한 피해도 있다.
　[네이버 지식백과] 중경 [中耕] (두산백과)

팜올은 비용 절감으로 가격 경쟁에 성공한 것이다.

IH의 팜올은 붉은색으로 도장하고 군더더기는 배제한 세련된 몸체에 차체가 높았다. 앞바퀴는 2개의 차륜을 이랑에 딱 맞게 평행 부착하여 이랑 사이에서도 작물에 손상을 주지 않고 전진할 수 있어 중경(中耕)을 할 수 있도록 설계되었다. 한편, 모리슨은 경제 공황의 직격탄으로 트랙터 생산을 중단하게 된다.

| 그림 2-2 | 팜올

더욱이 IH는 PTO와 팜올의 개발 외에도, 특히 농촌에서는 사활이 걸린 방진 필터 성능을 높여, 일거에 내연기관의 부담을 줄이고 트랙터의 수명을 연장하는 데 성공했다.

존 디어D형과 네브라스카 테스트

포드슨의 앞을 막아선 것은 1923년에 등장한 디어&컴퍼니의 존 디어D형(2-3)이었다. 존 디어D형은 포드슨 보다 튼튼하며, 더구나, 취급하기가 쉽고 배기가스도 그다지 나오지 않는 스마트한 제품이었다. 존 디어 시리즈는 경쾌한 엔진 소리를 내기 때문에 '포핀 저니'나 '저니 호퍼'라는 애칭으로 친숙했다. 존 디어D형은 이후 30년에 걸쳐 판매가 지속됐다.

몇 년 만에 시장에서 사라지는 것이 일상이었던 트랙터 업계에서 롱런이 가능했던 것은 존 디어D형의 설계자들이 트랙터 사상 최초로 현장으로부터 받은 피드백을 총망라하여 분석하고 그것을 개발 단계에 적용했기 때문이다. 농업시험장이나 정부에서 불하받은 농지가 있는 대학에서 근무하는 트랙터 기사들로부터, 지금까지 축적된 트랙터의 문제점 등 모든 경험을 전수받아 그것을 설계에 반영할 수 있었다. 발명가, 기업, 대학, 정부가 손을 잡고 진보를 이루어 가는 것이 20세기의 미국의 기조였다고 역사학자인 아리가 나츠키(有賀夏紀)는 강조하는데, 바로 디어&컴퍼니의 시도가 이것을 구현했다고 말할 수 있겠다.

그런 의미에서 1919년 7월 15일부터 시작된 네브래스카 주립대학에 시작한 트랙터 테스트도 큰 역할을 해 나간다. 지금까지 트랙터의 성능이나, 안전성에 대해서는 일치된 기준이 없었으나, 중립적 위치에 있는 대학에서 테스트가 이루어져서, 농민들도 그것을 기준으로 구매할 수 있게 되었기 때문이다.

테스트 초기에는 요금이 높고, 결점도 많이 발견했기 때문에 트랙터 기업들이 참가에 소극적이었다. 그런데 점차로 기업들도 그 가치를 인정하여 자료

| 그림 2-3 | 존 디어D형

를 제공하기 시작하였고 네브래스카 테스트의 명성이 국내뿐 만아니라 국외까지도 알려졌고 기업들도 이에 자극을 받아 생산라인의 개선에 착수하게 된다.

또한, 디어&컴퍼니는 팜올에 대응해 이랑 농지에서도 경운 가능한 '로 크롭 트랙터(Low crop tractor)' 개발에 착수해 네 줄 이랑에 대응할 수 있는 존 디어A형을 제작했고 이것이 성공을 거두게 된다.

이외에도 1935년부터 맛세이 해리스, 올리버, J·I·케이스 등 트랙터 기업들에 의해 이런 종류의 트랙터가 속속 개발되면서 경쟁이 심화되었다. IH는 1937년까지 11종류, 디어&컴퍼니도 12종류의 '로 크롭 트랙터'를 출시하여, 임업이나 과수원을 포함하여 다양한 용도에 대응할 수 있게 되었다.(Ibid.)

고무 타이어의 히트 앨리스 찰머스(Allis-Chalmers)

대량생산, PTO, 이랑 대응이라는 3개의 혁신에 더하여 미국의 트랙터를 변화시킨 것은 공기주입 타이어의 사용이었다.

이미 언급한 것처럼 트랙터의 기술혁신은 우선 강력한 힘과 다양한 작업의 응용이라는 목표 아래 진행됐다. 따라서 운전자의 쾌적성 문제는 뒷전 일 때가 많았다. 20세기 전반 대부분의 트랙터 운전자는 바람에 완전히 노출된 운전석에서 엔진의 진동과 흙먼지를 직접 뒤집어쓰면서 작업을 해야만 했다. 트랙터 운전자가 비행기 조종사처럼 마스크와 고글을 쓰고 있는 경우가 많았던 것은 그 때문이었다.

트랙터 운전자의 운전 환경 개선에 대응한 기업이 앨리스 찰머스(Allis-Chalmers)였다. 원래는 공업기기 메이커였으나, 1913년부터 농기구 메이커로 전환하여 트랙터를 생산하고 있었다.

앨리스 찰머스가 주목을 받은 것은 소형 트랙터에서다, 디자인도 눈에 띄고, 고무 타이어를 사용한 쾌적한 트랙터를 제조했기 때문이다. 앨리스 찰머스의 부사장 해리·C·메리트는 미국의 타이어 왕이라 불리던 하웨이 파이어스톤(1868~1938)에게 트랙터용 타이어의 실험 생산을 제의했지만 거절당했다. 하웨이 파이어스톤은 1890년에 마차용 타이어를 제조하는 회사를 설립한 이래 포드의 자동차 타이어를 담당하고, 포드와 함께 미국 경제를 이끄는 기업가였는데(현재는 브리치스톤에 매수되었다), 트랙터에는 관심을 보이지 않았다.

그러나 파이어스톤은 과거에 거대한 비행기 타이어를 만든 적이 있었다. 앨리스 찰머스는 그 주물 틀을 사용하여 파이어스톤으로부터 직접적인 기술 원조를 받지 않고 타이어를 만들어 내는 데 성공했다.

앨리스 찰머스의 도전에 자극을 받은 파이어스톤과 굿이어라고 하는 대형 타이어 회사도 결국에는 트랙터 타이어를 제조하기 시작했다. 1933년 앨리스 찰머스는 공기주입 고무 타이어를 부착한 WC형(2-4)을 생산했다.

고무 타이어는 농민들 눈에는 생소한 것이었다. 그래서 앨리스 찰머스는 광고를 위해 유명한 카레이서 바니 올드필드(1878~1946)를 고용하여 트랙터 레

| 그림 2-4 | 트랙터 레이스(상), 앨리스 찰머스WC형(우), B형(좌)

이스 대회(2-5)를 창설하고, 자사 제품인 고무 타이어 트랙터를 경주에 참여시켰다고 한다. 올드필드가 수립한 시속 64.2마일(약 시속 103km)은 농업용 트랙터 속도의 세계기록이다.

이런 광고와 홍보 덕분에 고무 타이어를 부착한 트랙터는 폭발적으로 판매되었다. 1932년에 처음 팔리기 시작한 고무 타이어 부착 트랙터는 진동을 운전자에게 전달하지 않고, 조작 중에 신체적, 정신적인 소모를 막아 운전을 보다 쾌적하게 할 수 있었다

더욱이 앨리스 찰머스는 소형 트랙터를 속속 히트시켰다. 특히, 1937년에 탄생한 베이비 트랙터라는 애칭의 B형(2-4)은 495달러였다. 또한, 디자인에도 공을 들였다. 색상도 농장에서 눈에 띄는 선명한 오렌지색을 사용하여 기존에 주로 사용된 수수한 색조의 트랙터와는 차별화를 시도했다. 앨리스 찰머스의 트랙터 디자인에는 성적 매력이 있다고 계속 선전했다. 물론 IH도 디어&컴퍼니도 앨리스 찰머스의 파죽 공세에 자극을 받아, 소형 트랙터나 고무 타이어 부착 트랙터를 시장에 출시하게 되었다.

퍼거슨의 3포인트 링크 포드의 역습

1927년에는 이미 미국에서 더는 팔리지 않게 된 포드슨도 타사의 맹공에 대한 반격을 기회를 엿보고 있었다. 그것을 실현한 것이 3포인트 링크의 개발이다.

해리 퍼거슨(1884~1960)은 북아일랜드 출신의 기술자이다. 미국의 라이트 형제를 동경하여 영국에서 최초로 자체 제작한 비행기를 타고 비행을 한 특

이한 경력의 소유자다. 퍼거슨의 재능에 반한 포드는 한동안 바닥에서 헤매고 있던 포드슨의 부활을 위하여 전륜이 위로 부상(浮上)되어, 뒤집히기 쉬워 살인기계라고 비판받았던 결점을 극복하고자 했다.

퍼거슨은 작업기와 연결부를 옛날 방식처럼 1포인트가 아니라 3포인트로 하고, 유압 실린더를 사용함으로써 다양한 토지 표면 상황에 대응하고 자동으로 작업기기의 상하를 조정되도록 했다(2-5). 작업기의 무게로 트랙터 본체를 안정시켜 뒤집히는 것을 방지한 것이다. 3포인트 링크는 얼핏 보면 평범한 발명처럼 보이지만, PTO나 고무 타이어처럼 현재까지도 사용되는 트랙터의 기본 장비로 퍼거슨 자신도 '아름다운 기술'이라고 자찬한 획기적인 기술혁신이었다. 이후 3포인트 링크(미국에서는 3포인트 히치, 영국에서는 3포인트 링케이지라고 한다)는 현재까지도 트랙터의 표준 기능으로 되어 있다.

1938년 10월 미시건주 디어본에 있는 페어렌이라고 하는 포드 소유지에서 퍼거슨은 3포인트 링크 트랙터를 시운전했다. 포드와 퍼거슨은 악수를 하며 공동제작에 합의(핸드 쉐이크 어그리먼트라고 한다)하고, 뒤집어지지 않는 포드 퍼거슨 9N형(2-6)의 생산 실행을 결정한다. 1939년 6월 포드는 기자들을 페어렌에 불러 새로운 3포인트 링크 트랙터를 공개했다. 거기에는 개발자인 퍼거슨도 함께 있었다.

퍼거슨 시스템을 탑재한 포드의 트랙터, 포드 퍼거슨 9N형은 4기통 엔진 장착, PTO 부착으로, 이랑에서도 경운이 가능

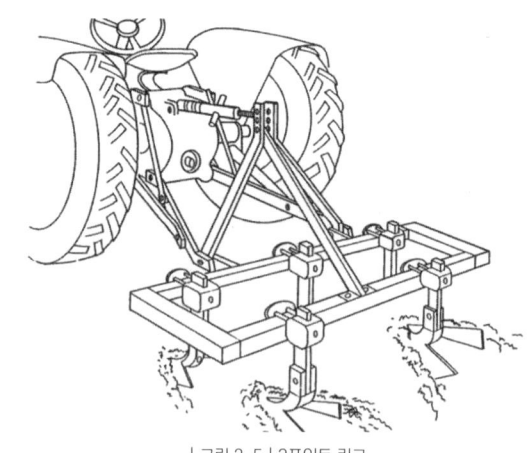

| 그림 2-5 | 3포인트 링크

| 그림 2-6 | 포드퍼거슨 9N형과 포드(왼쪽 2번째)와 퍼거슨(왼쪽 끝)

하고 가볍고 작지만 퍼거슨의 장인기질과 미학이 전면에 부각된 짙은 회색의 화려하지 않지만 수수한 트랙터였다.

포드슨처럼 시장을 석권하지는 않지만, 작고 가벼운 것이 인기를 끌어 장기간 히트를 한다. 포드 퍼거슨 시리즈는 인기가 있어, 1942년 포드사는 시장의 20%를 점유하며, 트랙터 업계 생산 2~3위의 자리에 컴백하게 되었고 약 10만대의 포드퍼거슨 9N형이 판매되었다.

보행형 트랙터의 탄생

트랙터의 발전사에 빼놓을 수 없는 것이 보행형 트랙터의 개발이다. 이것은 미국뿐만 아니라 스위스나 오스트레일리아, 아시아에서 성공을 거두게 되는데 여기서는 유럽과 아메리카에서의 역사를 개관해 보기로 한다.

1910년 스위스의 하젤에서 콘라트 폰 마이엔부르크(1870~1952)가 경운기 특허를 취득하고, 그 라이센스를 베를린의 지멘스 슈가트베르크에 인정해 주었다. 지멘스사는 독일 최대의 전기 제조사였다. 전기 모터를 이용한 2륜 보행형 트랙터를 제조했으나 전기로는 출력이 약해서 지멘스사는 2또는 4기통 내연기관의 보행형 트랙터의 제조에 착수한다.

때마침 같은 트랙터를 스위스의 시마가 만들었다. 시마(Simar)의 뜻은 로터리-농업기계공업회사(Société Industrielle de Machines Agricoles Rotatives)의 프랑스어 두문자를 딴 것이다. 시마사는 2.5마력에서 10마력의 보행형 트랙터를 개발하여 판매했다.

또 미국에서도 1912년 시카고 트랙터업체가 보행형 트랙터를 제작하고, 모린사도 보행형 트랙터를 판매하고 있었다. 어느 것이나 경운뿐만 아니라 운반도 가능했다.

한편, 오스트레일리아에서도 중요한 보행형 트랙터가 탄생했다. 발명한 사람은 아서 클리포드 하워드(1893~1971)였다. 하워드는 뉴사우스웨일스 주의 부친 농장에서 증기 트랙터 엔진을 이용한 보행형 트랙터를 연구하던 중에, L자형 칼날의 회전에 의한 로터리식 경운이 가능하다는 것을 알았다.

1920년에 하워드는 내연기관을 내장한 보행형 트랙터 특허를 취득하고, 2년 후 시드니 교외의 노스미드에 오스트레일리아 자동경운기제조회사를 설립하였다. 이 회사는 1927년에 하워드 자동경운기회사로 개칭하게 되는데, 세계시장에도 적극 도전하기 위하여 하워드는 1938년 영국의 에식스 주 이스트 혼돈에 로타리 호를 설립하고, 전 세계에 지점을 설립했으나 1980년에 덴마크 회사가 인수한다.

3 농민들의 동경과 증오
- 가축에 대한 미련

트랙터에 대한 시각

20세기 전반의 미국 농민들은 다른 나라의 농민들보다는 트랙터를 환영하는 것처럼 보였다. 트랙터를 구입한 덕분에 자신의 부모들처럼 무거운 짐을 어깨에 메고 경지를 걸어 다닐 필요가 없어졌다. 노동 시간도 단축되어 모든 농민이 다 그런 것은 아니지만 남은 시간을 레저에 이용하는 농민도 등장했다.

R·C·윌리엄에 따르면 2차 세계대전 중 미국의 전시생산위원회는 '1년 동안 가축을 돌보는데 필요한 시간은 250시간인데 트랙터가 이것을 대체할 수 있었다'라고 보고하고 있다. 또한, 1916년 경까지는 가축과 트랙터의 수익성은 차이가 없다는 보고가 많았는데, 더는 이런 문제가 잡지에 오르내리지 않게 되고, 오히려 트랙터는 투자 대비 수익성이 높다는 보고가 늘어갔다. 그 덕분에 농민들은 트랙터의 소유와 사용에 자부심을 가지게 된다. 농촌에서 트랙터는 미국의 독립된 자영 농민이라는 지위를 나타내는 심벌이 된 것이다.

| 그림 2-7 | 처음 농장에 트랙터가 온 날을 묘사한 밥 애트리의 그림

한편으로 트랙터의 역사는 트랙터에 대한 위화감과의 투쟁의 역사라 해도 과언이 아니다. 반대파와 찬성파가 각각의 주장을 내세워, 가족뿐만 아니라 개개인의 마음속에도 깊은 영향을 미쳤다. 트랙터에 대한 이러한 동경과 반감의 틈바구니에서 드러나는 감정을 잘 나타내는 적합한 사료가 있다.

첫째로 미국의 풍자만화가 밥 애트리(1917~2011)의 그림을 2장 보기로 한다. 애트리는 소년시대에 살았던 아이오와 주 햄프턴의 농촌 생활이나 도구를 상세히 묘사한 화가이다.

이 그림(2-7)은 포드슨을 구매하게 되어 오랫동안 친하게 지내온 가축을 떠나보내는 순간을 그린 것이다. '알았지? 이놈을 봐서 너무 빨리 운전하지 말 게나!'하며 늙은 말을 데려가는 자동차의 운전수에게 주의를 당부하고 있다. 아이들의 말도 촌철살인이다. 동생은 말을 향해서 '늙다리 더비, 안녕!'하며 눈물을 글썽이며 작별을 아쉬워하고 있는데, 형은 '트랙터는 어떻게 돌보는 거지?'라며 중얼거리고 있다.

한편, 그림 해설에 애트리는 '오늘은 우리가 첫 트랙터를 사기 위해 우리 집 말들 중에 한 마리를 거래한 슬픈 날이다. 우리는 약간의 동력을 얻은 대신에 친구를 하나 잃었다'고 쓰고 있다(Apps, My First Tractor).

말은 동물이고 아이들과 함께 농장에서 자란다. 가족과도 같은 말과의 이별은 아이들에게 슬펐을 것이다. 한편, 트랙터를 동물의 연장선으로 보는 시각은, 인간이 기계와 접촉할 때 생기는 근본적인 불안을 암시하는 것으로 생각된다.

'엄청나게 시끄러웠다'(소음과 배기가스)

애트리는 만화집 '옛날 어느 농장에서'(2004) 중에서 트랙터가 들어 왔을 때를 다음과 같이 회상하고 있다. 조금 길지만 귀중한 증언이기 때문에 인용한다.

> *1920년대 후반 아버지는 포드슨 한 대를 구매했다. 이 새로운 동력원에 의해 우리들은, 보통 쟁기와 원반쟁기(보통 쟁기보다도 곱게 흙을 부술 때 사용하는 원반형의 쟁기. 일본에서 디스크 프라우로 불린다)를 한정된 내구력 밖에 없는 가축보다도 빠르고 또한 오랜 시간 동안 견인할 수 있게 되었다. 그러나 밭에서 실제로 작업해 보니, 지금까지와는 전혀 다른 양상이 되었다. 너무도 훌륭한 것이 사라졌기 때문이다. 강력한 엔진의 굉음과 회전하는 기어에서 나오는 소음으로 귀가 들리지 않게 되어 밭이 내는 자연의 소리가 사라져 버렸다. 그리고 [중략] 배기가스와 엔진으로 뜨거워진 윤활유의 냄새가, 밭을 밟을 때 나는 풀 냄새와 습기가 밴 비옥한 흙의 향기를 없애버리고 말았다.*
>
> *쟁기에는 목재로 만든 고정 핀이 트랙터의 연결부와 접하여 있는데, 쟁기가 돌에 충돌하면 그 목제 핀이 망가지거나 부러지거나 한다.*

따라서 프레임이 굽어지거나, 쟁기 날이 빠지지 않도록 주의하여 운전해야만 한다. 어떤 경우에는 큰 바위를 만나기라도 하게 되면, 봄 농사 작업이 잘 진척되지 않는다. 이런 걸림돌이 되는 바위는 미리 파내거나 밖으로 끌어내어 밭 가장자리에 돌산을 쌓아야 한다. 몇 시간이고 연장으로 바위를 파내어 운반하거나, 심지어 아주 큰 것은 다이너마이트까지 동원하여 폭파시켜, 봄 이후의 작업에 방해되거나 사고가 나지 않도록 미리 준비하는 것이다.

옥수수밭을 쟁기질한 후, 원반 쟁기로 2~3회 흙을 쇄토하고 스파이크 해로우(spike tooth harrow, 써레를 몇 겹으로 합쳐 놓은 형태의 쇄토기로 네모꼴 또는 원형의 단면을 갖는 치간(tooth)을 횡봉에 수직으로 고정시켜 트랙터로 견인하여 사용한다.)로 검은 비로도처럼 땅을 평탄하게 한다. 이렇게 하여 씨를 뿌릴 준비를 갖추게 되는 것이다.(Once Upon a Farm)

바위와의 충돌

바위를 제거하는 묘사도 흥미롭다. 가축으로 밭을 갈던 때에도 쟁기 날이 바위에 충돌하는 문제는 당연히 있었으나, 왜 그는 구태여 트랙터의 문제로 삼은 것인가? 트랙터는 속도가 빠르고 지면을 보면서 작업할 수 없어 부딪히기 전에는 예측할 수 없기 때문이다. 가축이라면 큰 돌이 있으면 금방 멈추어서 제거할 수 있으나, 트랙터는 간단히 멈출 수가 없다.

자동차의 등장이 사람이나 건물과의 충돌사고를 대량으로 초래하여 사회

문제가 되고, 도로 정비와 교통정리가 행정의 주요 임무가 되었는데, 트랙터의 등장도 돌이나 바위와의 충돌사고를 초래했다. '자동차는 급제동을 할 수 없다'라는 당시 사고예방 표어는 자동차보다도 상대적으로 속도가 느린 트랙터에 그림자를 드리웠다. 트랙터가 도입될 무렵에는 2인 승차가 많았던 것도 트랙터와 작업기를 동시에 살피지 않으면 안 되었기 때문이다.

트랙터는 매일 가축에게 먹이를 주는 노동으로부터 인간을 해방시켰던 반면에, 별도의 작업시간을 증가시킨 것에도 주의를 기울이지 않으면 안 된다.

| 그림 2-8 | 아버지에게 트랙터 운전을 배우는 아이의 모습

다시 아트리의 그림(2-8)을 보자. 그는 이런 해설을 덧붙이고 있다. '운전석에 앉아 이만한 힘을 아이가 조절할 수 있다는 것이 얼마나 짜릿한 일인가? - 그리고 조절이 잘 안 된다고 해도 아버지가 옆에 있으니 안심했을 것이다.'

애트리 소년은 훈련을 거듭하여 포드슨에 탑승했을 것인데 거기에 부진도 동승하고 있다.

중요한 것은 부친의 시선이 아이 또는 전방이 아니라, 경운 작업을 하고 있는 후방을 향하고 있다는 점이다. 거기에서 발생할 수 있는 사고를 미연에 방지하면서, 부친이 자식에게 트랙터 운전기술을 가르치고 있는 모습에는 긴장감이 흐르고 있다.

철완투수 밥 페라의 캐터필러

둘째로 '나의 첫 번째 트랙터'(2010)라는 책에서 각계의 저명인사가 집필한 트랙터와의 첫 만남을 묘사한 내용인데 여기서는 3명 정도만 소개한다.

첫 번째 사람은 밥 페라(1918~2010)이다. 아이오와주의 팬 메타 농장 태생으로 농부인 아버지가 농지의 한구석에 조명장치를 부착한 야구장을 만들어주자 거기서 실력을 닦은 전설의 투수이다. 1936년에 17세에 메이저리그인 클리블랜드 인디언스에 입단했던 페라는 강속구 투수로써 활약하며, 3년간의 병역기간을 포함하여, 1956년에 은퇴할 때까지 최다 탈삼진을 7회, 통산 266승을 올려 명예의 전당에 들었다.

미국에서는 탄환 밥, 일본에서는 도깨비 투수로 불렸던 페라는 사실 캐터필러社 트랙터 수집가이기도 하다. 이 특이한 취미에 심취한 이유에 대하여, 그는 이렇게 쓰고 있다.

나의 아버지는 1930년대 초 아이오와주에서 최초의 캐터필러 트랙터를 구매했다. 모두가 그것은 미친 기계라 했고, 나 역시 아버지에게 이것은 움직이지 않을 거라고 말했다. 이 지역의 사람들은 포드슨이나 팜올, 저니 포퍼나 올리버를 운전하고 있었는데 모두 바퀴가 달린 트랙터이다. 그런 이상한 무한궤도를 부착한 캐터필러 따위는 아무도 사용하고 있지 않았다. 그러나 이것은 단적으로 잘못된 판단이었다. 그렇게 말했던 사람들이 모두 틀렸다는 것이 사실로 판명되었다. 캐트20형(카터필러 사의 트랙터 이름)이 우리 농장에서 그 능력을 당당히 증명해 보였고, 나와 다른 농민들이 카터필러 트랙터에 대한 불신을 바꾸었기 때문이다.(Apps, My First Tractor)

어린 시절부터 캐터필러에 친숙해진 페라는 은퇴 후, 카터필러사의 트랙터를 수집하기 시작한다. '나의 젊은 시절과 직결되어 있는 추억의 하나가, 1930대 어린이었던 시절 조종했던 캐트20형이었다'고 그는 회고하고 있다.

아이오와주는 미국의 곡물벨트 지대의 중심지이며, 농업이 번성한 지역인데도, 여기서 무한궤도 트랙터를 구매하는 것이 드물었다는 것은 결국, 소형이나 중형 트랙터를 사용하는 농가가 일반적이었다고 하는 사실을 시사하는 귀중한 증언이다.

이웃집 트랙터 존 디어

두 번째 사람은 올란 가필드 스케어(1927~2009)이다. 그는 경제학자인데, 미네소타 주의 버글리 근교의 농촌 출신으로 어린 시절 기록을 남기고 있다. 그의 트랙터와의 만남도 흥미진진하다.

1930년대 초 이웃에 살고 있는 탈곡작업자의 집에 트랙터가 들어왔다. 다른 이웃들도 속속 트랙터를 구입하고 있었다. 자금이 없었던 스케어 집에는 아직 없어서 그의 부친도 이렇게 말하며 초조함을 달래고 있었다. '귀리와 목초만 있으면 말들을 키울 수 있는데, 트랙터가 있으면 석유를 따로 사야 된단다'

스케어 소년은, 말을 애초부터 냄새나고 더러운 짐승으로 치부해서, 양동이에 귀리를 담아 말에게 갖다 주는 이외에는 관심을 갖지 않았다. 한편으로 트랙터가 집에 없는 만큼 궁금증이 더해 이웃집의 존 디어D형에 매료된다. 이웃 사람이 그것을 운전하며 다루기 어려운 핸드·클러치·레버를 전후로 움직이며 자기 집의 작업장에 있는 탈곡기 가까이에 정차하고, 거기에서 나오는 동력을 탈곡기의 벨트에 연결하고 있었다. 녹색 바탕의 2기통 존 디어D형은 앞에서 언급한 것처럼 디어&컴퍼니의 롱히트 상품이다. 당시에는 엄청나게 큰 트랙터로 보였다고 스케어는 회고한다.

트랙터에 흠뻑 빠져 포로가 된 스케어 소년은 이웃 아저씨가 시동을 거는 광경까지 기억하고 있다. 압력을 줄이기 위해 2개의 큰 기통의 밸브를 열고, 엔진이 걸린 후 밸브를 닫을 때까지 부르릉 거리는 큰 소음을 연발했다고 회상한다.

1930년대 후반 그의 양친은 건초 작업과 경운에 사용하는 소형 트랙터 구입을 진지하게 고려하기 시작한다. 버글리에는 IH, 앨리스 찰머스, 포드 퍼거슨의 지역판매 특약점이 있었다. 그러나 부친과 스케어 소년은 존 디어H형이 마음에 들었다. 이것은 당시 인기를 끌었던 B형보다도 조금 작았다고 한다. 그러나 가장 가까운 장소에 있는 존 디어 특약점이 버글리로 부터 80킬로나 서쪽으로 떨어진 장소에 있었기 때문에 이것은 꿈으로 끝났다.

스케어의 회상에서 흥미진진한 것은 트랙터가 없는 농가의 동경심이 이웃의 트랙터 구입에 의해 무턱대고 높아지는 소비 사회적 현상과, 석유를 별도로 구입해야 한다는 것에 대한 위화감이다. 목초지가 있으니, 그곳에서 조달할 에너지원이 충분한데 일부러 농장 외부로부터 석유를 사온다고 하는 기피감은 다음 회상에서도 묘사되어 있다.

목초가 있는데 가솔린은…

세 번째 사람은 벤 로건(1920~2014)이라는 소설가이자 영화제작자의 회상이다. 위스콘신 주의 남서부에 있는 가족경영 농장이 그의 출생지였다.

로건은 '9살 때쯤 나는 트랙터와의 사랑에 빠졌다'고 고백한다. 어느 일요일 날 가족 전원이 사이가 좋은 어느 집에 놀러 갔다. 그 집에는 2명의 남자 아이가 있었는데, 형은 돈, 동생이 조지라고 했다.

어느 날 돈과 조지, 로건은 집 근처로 트랙터를 찾아 나섰다. 발견한 것은 나무와 철제로 만든 자체에 미끄럼 방지가 부착된 포드슨이였다. 방금 도색된 트랙터로 아이들은 부모들 몰래 포드슨 엔진에 시동을 걸려고 했다.

조지가 1분 정도 레버나 스위치를 만지작거리고, 크랭크를 돌리자 엔진이 소리를 내며 연기를 내뿜었다. 조지는 트랙터에 기어를 넣고 전후로 트랙을 움직이기 시작했다. 조지는 로건에게 타보라고 하자 로건은 생각할 겨를도 없이 운전석에 앉았다. 로건이 핸들을 잡고, 진동하는 괴물을 움직여서 원형을 그리며 한 바퀴 돌고 있는 사이에 조지는 로건의 뒤에 서있었다.

로건은 집에 돌아와서 양친에게 트랙터 이야기를 했다. 어머니는 '당연히 타지는 않았겠지?'라고 물었다. 로건은 대답하지 않자, 아버지가 '물어보지 말아야 할 것도 있는 거야'라며 구원의 손길을 내밀었다. 로건은 '트랙터를 타보았다고 어떻게 말할까' 고민하고 있던 터라 다행이라 여겼다.

물론 한숨을 쉬었던 어머니는 눈치를 챘을 것이다. 그녀는 전국의 트랙터 사고 기사를 모으고 있었고, 트랙터는 위험하다고 입이 아프도록 말했던 분이었다. 시동을 걸 때 크랭크를 돌리다 뼈가 부러졌다든가, 기어에 끼여 손가락이 절단되었다든가, 그런 사고에 대하여 틈만 있으면 자녀들에게 이야기 했다. 농촌용 잡지에서 트랙터 기사를 읽고 모두가 정나미가 떨어질 때까지 이야기를 멈추지 않았다. 그래도 로건의 머릿속은 온통 트랙터뿐이었다. 어머니와 형 라일은 트랙터 반대파였다.

특히 라일은 반트랙터파의 대변인이였다. 라일은 '우리는 가솔린을 키울 수 없지만, 목초는 키울 수 있다. 그러면 트랙터를 위해 목초를 키울 것인가'라며 비판했다. '그러나 트랙터는 움직이지 않을 때는 말처럼 목초를 먹지 않아서 좋다'고 로건이 반론하면, 라일은 '그래도 비료가 되는 분뇨는 나오지 않는다'고 바로 반박했다. '그러나 트랙터는 작업 시간을 많이 절약해 준다'고 로건이 물고 늘어지자 라일은 '그렇다 치고, 정작 네가 새 트랙터가 필요하게 된다면 어떻게 할래? 이웃집 낡은 트랙터를 얻어 와서, 이웃집 트랙터처럼 될 때까지 키워서, 그것이 작은 트랙터를 낳을 때까지 기다리는 건가'라고 트랙터를 말에 비유하는 논리를 펼쳐, 가축 예찬론자인 라일이 논쟁에서 승리했다. 로건은 항상 라일의 절묘한 응수 앞에서 더 이상의 말문을 꺼내지 못했다.

젊은이들은 사랑에 빠졌다

어느 날, 로건은 여름기간에 빌린 오두막 가까이 살고 있던 에이브라는 남자가 아버지와 트랙터에 대하여 이야기하는 것을 듣고 있었다. 목초지 가장자리에서 2개의 쟁기를 굉음을 내며 끌고 있는 빨간 트랙터를 바라보면서 아버지는 에이브에게 이렇게 말했다. '자네 농장에서 트랙터가 달릴 줄은 꿈에도 생각 못 했네'. '이렇게라도 하지 않으면 아이들이 우리 옆에 있지 않게 될까봐서'라고 대답하는 에이브는 트랙터라는 기계자체를 꼭 마음에 들어 하지는 않은 듯 '나는 트랙터가 인간을 땅에서 너무 높이 떼어놓는 것 같아 견딜 수가 없네. 나는 흙을 만지며, 흙냄새를 맡을 수 있는 땅위에서 일하고 싶다네'라는 말을 덧붙였다.

돌아오는 길에 아버지로부터 '너는 그런데도 아직도 우리가 트랙터를 갖는 것이 좋다고 생각하냐'고 물었다. 머릿속으로는 포드슨 트랙터의 핸들을 조작하여 움직이며, 가솔린과 윤활유의 냄새를 맡으며, 흔들리는 운전석 위에서 엔진의 굉음을 듣고 있었다. 당연히 갖고 싶었지만 별로 갖고 싶지 않다고 대답하고 말았다.

트랙터에 위화감을 갖는 이유는 여러 가지지만, 로건의 두 가지 회상으로 더 잘 알게 되었을 것이다. 그것은 비료를 생산하지 않는다, 목초를 먹지 않는다, 번식할 수 없다 등의 이유만은 아니다. 흙과 접촉하고, 흙냄새를 맡지 않으면 일을 한 것 같지 않다는 에이브의 원초적인 감각도 귀중한 민중사의 증언이라 할 수 있다. 물론 그의 자식은 그런 감정 없이 빨간색 트랙터를 자유자재로 조종하는 신세대 인간으로 묘사되고 있어, 세대 간 간극을 메우기 어렵다는 대비 또한 신선하다.

로건이 소년이었던 1930년대, 트랙터에 대한 불안이나 불만만이 농촌 사람들의 감정을 차지하고 있었던 것은 아니다. 신세대 젊은이들은 트랙터라는 기계에 어느 정도 매료되었던것일까? 자나 깨나 트랙터만을 생각할 정도로 젊은 세대는, 이 괴물과의 사랑에 빠져 있었던 것이다.

트랙터가 가져온 재앙

트랙터는 또한 20세기를 뒤흔든 2개의 세계사적 사건과도 관계가 있다.

| 그림 2-9 | 더스트 보울로 모래에 묻힌 트랙터

1920년대에 트랙터를 중심으로 하는 농기계의 발달·보급에 따라 농업생산력이 상승한 것이 반드시 농가에 플러스 작용을 하지는 않았다. 당연히 다른 농가도 생산력이 상승하여 생산량이 증가하기 때문에 시장에 공급되는 농작물이 과잉되어 제1차 세계대전 전후에 낮게 형성되었던 농작물 가격이 더욱 하락한다.

가격하락으로 경영부진에 빠지자 농지를 방치하는 농민도 증가하기 시작했고 농업 기계화에 투자하고 있던 지방은행도 연달아 도산했다. 과잉투자에 따른 농업 공황은 1929년 10월 월가의 주식 대폭락의 간접적인 원인이 되었다고 설명하는 연구자도 적지 않다. 트랙터 역사의 관점에서 R·C·윌리엄스는 농업 공황의 원인이 반드시 농업기계화 탓은 아니라 하더라도, 큰 원인 중의 하나였다고 서술하고 있다.

또한 트랙터의 등장은 가축 분뇨의 비료로의 활용을 서서히 없애고, 화학비료의 남용을 가져왔다. 트랙터와 화학비료의 급속한 보급은, 1931년부터 1939년에 걸쳐 중서부 평원지대, 즉 대평원이라고 부르는 농업지대에서 일어난 더스트 보울의 원인의 하나가 되었다(2-9). 이 대평원이 트랙터라는 기계의 탄생지이며, 또한 보급이 가장 진척된 농업지대라는 것은 이미 언급한 대로이다.

더스트 보울(dust bowl)이라는 것은 모래 먼지 그릇이라는 의미이다. 앞에서 언급한 과잉 생산에 의해 소맥의 가격이 감소하여, 그에 따라 방치된 경작지가 건조되었다. 화학비료의 과다 투여와 트랙터의 토양압축에 의해 토양의 단립구조가 무너져, 사각사각한 모래먼지로 변하여, 이것이 강한 바람에 날려 공중에 떠서 하늘을 뒤덮는다.

시골뿐만 아니라 시카고나 뉴욕, 수도 워싱턴 등 대도시의 하늘도 검은 구름에 덮이고, 겨울에는 『붉은 눈』이 내렸다. 낮에도 밤처럼 어두워 졌다는 보고도 다수 남아 있다. 토양침식이 일어난 토지는 방치되어, 350만 명에 달하는 농민들은 별도의 농지나 도시로 밀려났다. 정부는 사태의 심각성을 받아들여 농림장관 헨리·A·월레스(1888~1965)를 중심으로 토양침식 대책에 나선다.

그 후 더스트 보울에 수반되는 일련의 조사연구에 의해, 토양은 미생물, 곤충, 수분, 기후, 그리고 인간의 경작 사이에서 미묘한 균형을 기반으로 보전되고 있는 생명공간이라는 것이 널리 알려지게 되었다.

한편으로, 토양침식은 현재까지 미국 이외의 다른 나라에서도 끊임없이 일어나고 있다. 특히 건조지대에서 농업기계화와 화학비료의 남용이 동시에 이루어지게 되면, 유럽뿐만 아니라, 아시아나 아프리카의 건조지대 등에서도 흉작이나 기아 등 심각한 문제를 일으킬 수 있다. 그런 의미에서 트랙터로 인한 토양침식은 세계사적인 문제가 되어 가는 것이다.

『분노의 포도』가 묘사한 『괴물』

이런 두 개의 재앙 한가운데에서 살아가야하는 영세농들을 묘사한 것이 존·스타인벡(1902~1960)의 소설 『분노의 포도』(1939)이다. 재앙의 상징으로 등장하는 것이 굉음을 내는 디젤 트랙터이다. 스타인벡이 묘사하는 트랙터는 놀라울 정도다. '코끝을 땅에 처박고 흙먼지를 감아올리며, 밭을 이리저리 돌아다니면서, 울타리를 박살내기도 하고, 앞마당을 관통하여 일직선으로 마른 도랑을 재봉질 하듯 만들며, 누비고 다니는 들창코 괴물'

스타인벡의 묘사는 트랙터 운전자에게도 거침이 없다. '그에게 방진 안경과 마스크를 씌워─그의 마음과 말에 방진 안경과 마스크를 쓴 것은 결국 그의 지각력과 불만을 봉쇄한 것과 다름없기 때문에 그는 있는 그대로의 토지를 보지 못하고, 있는 그대로의 흙냄새를 맡지 못 한다.' 그리고 마지막 일격으로 이렇게 묘사했다.

> 트랙터 뒤에는 번쩍번쩍 빛나는 원반쟁기가 빙글빙글 돌며, 그 칼날로 대지를 잘게 썰어나간다─갈아엎는 것이 아니라 외과수술이다, 잘게 자른 흙을 오른쪽에 밀어주면, 바로 두 번째 원반쟁기가 그것을 잘게 부수어 왼쪽으로 밀어준다, 땅을 갈고 있는 칼날은 흙에 잘 갈아져서 번쩍번쩍 빛난다. 그리고 원반 쟁기 뒤에는 철제 톱니 괭이가 달려있어 흙가루를 잘게 부수며 대지가 평탄해 진다. 톱니 괭이 뒤에는 기다란 파종기가 있다─주물공장에서 발기된 12개의 구부러진 음경, 톱니바퀴로 일으켜 세워진 오르가즘, 규칙적으로 강간하며, 사랑도 없이 강간을 계속한다.(이상, 오하시 켄자부로(大橋健三郎)역)

왜 트랙터에 대한 증오가 차고 넘칠까? 사실은 경영효율이 낮은 영세농의 모든 토지를 수용하여 넓은 토지로 전환시켜, 디젤 트랙터의 투입효과를 높이려고 한, 은행의『포위작전』이라고 할 만한 행위에 대한 영세농들의 분노의 표현인 것이다.

트랙터가 등장하고 나서 농가의 경영규모가 서서히 커지고, 비교적 작은 농장이 팔려 나가 토지의 집적화가 시작된다. 이 트랙터 운전수도 소작농의 자식으로 아이들에게 밥이라도 먹이려고 은행에 저임금으로 고용되었다. 이러한 토지의 집적과 대규모화, 영세농의 축출은 시대와 지역을 불문하고 트랙터에 따라 다니는 문제였다. 미국은 그것이 은행의 금융력에 의해 진전되었으나 소련에서는 그것이 국가권력에 의해 단행되었다.

또한『강간』이라는 비유도 강열하다. 결국 트랙터의 경운은 토양의 반응에 관계없이 강제로 밭을 가는 것이다.『사랑』이 없는 타자 부재의 행위라고 스타인벡의 눈에는 비친 것이다. 기계에 대한 소외감은 동서고금을 막론하고, 여러 서적에 묘사되었는데, 스타인벡의 묘사는 그 중에서도 특히 이채롭다.

제3장
혁명과 전쟁의 견인

소련·독일·영국에서의 전개

1 레닌의 공상, 스탈린의 실행

미국으로부터 러시아로

미국에서 탄생한 트랙터는 세계 각지로 뻗어나간다.

3-1처럼 1929년에는 캐나다, 소련, 아르헨티나, 영국령 아프리카, 독일, 프랑스령 아프리카 순이었는데, 세계 공황을 거치면서 소련이 2배 가까이 증가하고, 캐나다, 아르헨티나, 오스트레일리아, 프랑스, 이탈리아로 이어진다.

| 3-1 | 미국제 트랙터의 국가별 수출대수

국가	1928	1929	1930
벨기에	259	244	163
덴마크	290	285	359
프랑스	1,289	1,165	1,260
독일	3,046	2,090	362
이탈리아	2,001	1,277	1,199
소련	4,606	11,364	20,447
스페인	370	300	207
수웨덴	199	290	278
영국	1,592	874	865
기타 구미국가	2,845	2,198	717
캐나다	20,983	16,013	9,188
멕시코	518	432	685
쿠바	86	78	31
아르헨티나	4,846	8,705	4,508
브라질	233	226	99
칠레	110	85	77
우루과이	319	195	244
기타 남미국가	139	179	100
오스트레일리아	4,409	1,532	1,593
뉴질랜드	320	644	414
영국령 아프리카	1,587	2,233	303
프랑스령 아프리카	1,564	2,009	698
모로코	382	216	125
기타 국가	2,000	1,719	842
합계	53,993	54,353	44,764

출처 : Jasny, Der Schlepper in der Landwirstschft, S.122

총 수출량도 54,353대에서 44,764대로 감소했음에도 불구하고, 소련으로 수출이 급증한 것은 사회주의 국가이기 때문에 세계공황의 영향을 받지 않았기 때문일 것이다. 이렇게 해서 미국으로 상징되는 자본주의 사회에 정면으로 도전한 소련도 트랙터가 보급되기 시작한다. 다만, 미국과는 위상이 크게 다르다.

미국에서도 제1차 세계대전 시기에는 계획경제적 상황이 포드슨 보급에 일익을 담당했다고 말할 수 있지만, 전후에는 각 농가의 경쟁과 혁신으로 트랙터가 뿌리를 내리게 된다. 이에 비하여 냉전기의 트랙터 보유대수에서 2위로 자리 잡게 되는 소련은 기본적으로 국가주도로 포드슨이 도입되었기 때문이다.

미국이 소련을 승인한 14년 전인 1919년에 러시아 소비에트 연방사회주의 공화국은 포드슨과 계약을 맺고, 러시아는 포드슨의 큰손 고객이 되었다. 소형 포드슨이 다른 기종에 비해 가격이 싸고, 또 국산화할 때에 포드슨은 다른 기종 트랙터의 4분의 1로 제작비용이 저렴했기 때문이다. 소련정부가 포드슨 이외의 마력이 큰 트랙터의 도입을 시작한 것은 1929년 이후라고 한다. 이렇다고 본다면 소련정부의 농업집단화정책은 미국의 포드슨 트랙터 양산체제가 한창 진행 중에 일어난 것이 된다.

1917년 11월 7일 러시아 사회민주노동당의 다수파 볼셰비키는 같은 해 4월에 봉인열차(封印列車)[3]에 타고 스위스에서 러시아로 돌아온 레닌의 지도하에 혁명을 일으켜서, 2월에 수립된 임시정부를 무너뜨리고 러시아 소비에트연방 사회주의 공화국을 설립했다. 러시아에서 노동자계급을 핵으로 하는 사회주의국가를 건설하려는 장대한 실험이 시작되었다.

러시아 혁명은 많은 국가의 노동자나 노동운동 가담자들에게 희망을 주었다. 레닌의 사후 스탈린이 사실상 독재자가 되었는데, 부농(kulak)을 타도해야

---

3) 역자주 : 레닌이 망명지인 스위스에서 소련으로 귀환할 때 독일 통과 시 독일 시민과의 접촉을 금지하는 조건으로 열차의 문을 봉인하여 통과한 것을 말함

할 계급으로 삼고, 억압받고 있던 농민을 집단농장으로 조직화한다는 정책은 일본을 포함한 많은 농업관계자에게 환상을 심어주었다.

사회주의의 상징으로

이러한 농업집단화의 상징은 역시 트랙터였다. 그것은 예를 들면 영화에서도 전형적으로 나타나는데, 흙먼지를 일으키며 경지를 돌아다니는 트랙터가 은막에 등장한다. 1929년의 『전선(全線)』[4]은 『전함 포촘킨』[5]로 이름을 날린 세르게이 에이젠슈테인(1898~1948)이 감독한 영화인데 트랙터가 중요한 연출 효과를 수행했다.

분할 상속으로 토지가 축소되고, 활력 없던 농촌도 러시아 혁명 덕분에 부활이 된다. 원심분리기의 도입으로 우유에서 버터를 대량으로 생산할 수 있게 되었고, 트랙터 도입으로 넓은 농지를 경작할 수 있게 된 것이다. 몇 대의 트랙터가 기하학적인 문양을 만들고 흙먼지를 일으키며, 광활한 경지를 종횡무진으로 질주하는 장면으로 이 영화는 막을 내린다.

스타인벡의 『분노의 포도』와 같은 소재를 같은 시각에서 다루면서도, 에이젠슈테인은 어디까지나 긍정적인 생각에서 트랙터를 등장시킨다. 평범한 농민들의 표정을 클로즈업하거나 몽타주 기법은 『전함 포촘킨』에서도 사용되었는데, 다분히 사회주의체제 선전 색채가 강했다. 『전선』에서는 트랙터는 소련의

---

[4] 역자주 : 가난한 농촌에 트랙터가 들어온 날 집단 농장화, 기계화에 눈을 뜬 여자 농부가 부농과의 투쟁을 통해 꿈을 이루어간다는 러시아 초기 공산주의로의 전진을 표방한 대표적인 선전영화

[5] 역자주 : 1925년 제작·공개된 제1차 러시아 혁명 20주년 기념으로 만든 러시아 무성영화로 포촘킨 전함의 반란을 주제로 했는데 오뎃사 시민을 학살한 장면은 영화사상 유명한 것으로 이후에 다양하게 패러디되었다

미래를 보증하는 매력적인 기계로 그려지고 있다. 그런 이미지는 전쟁 중에도 계속된다.

1943년의 프리드리히 엘무렐(1898~1967) 감독의 영화 '그녀는 조국을 수호한다'에서는 현모양처인 여성 트랙터 운전수가 자발적으로 전차를 운전하여 적을 격파한다는 내용이다. 소련의 여성 트랙터 운전수에 대하여 연구한 유민링(余敏玲)에 따르면, 1942년부터 1943년 동안 트랙터 운전수 중에 반수 이상이 여성이었다(『形塑『新人』』)

자본주의 사회는 남녀 차별의식이 기본적으로 깔려있다고 비판을 하며 여성 해방을 부르짖던 소련으로서는 여성 트랙터 운전수는 절호의 선전재료였다. 플라스코 비어 니키치시나 안게리나(1913~1959)는 1929년에 소련의 첫 여성 트랙터 운전수였는데(3-2), 1933년에는 마을주민의 반대를 무릅쓰고 여성만으로 구성된 트랙터부대를 설립해 '150만 여성동무를 트랙터로!'라는 호소문에 서명하고, 소련의 기계화 농업과 여성해방의 상징이 되었다. '그녀는 조국을 수 호한다'는 이러한 배경 아래 농업 기계화 농장이 우수하다는 것을 기치로 내세운 영화이다. 트랙터는 공산주의의 상징이기도 했다.

그러나 오쿠다 히로시(奧田央)를 비롯한 소련 농업사의 중후한 연구 성과가 보여주듯이 소련의 농촌에서 진행되고 있던 집단화는 그다지 꿈이 넘치는 것은 아니었다. 제2의 농노제라는 당시의 비판처럼 강압적이고 폭력적인 농민 지배 방법이었으며, 농촌 과잉인구의 공업노동자로의

| 그림 3-2 | 트랙터에 타고 있는 안게리나

강제적 전환 수단이기도 했으며, 곡물을 도시로 징발하는 도구이기도 했다. 때마침, 곡물징발의 큰 원인 중 하나인 대기근까지 발생했다.

이러한 소련의 비극은 트랙터의 역사로부터도 엿볼 수 있다.

집단화의 이론적 전제

소련의 농업집단화 이론은 그 계보를 거슬러 올라가면 독일의 마르크스주의자, 칼 카우츠키(1854~1938)을 만나게 된다.

카우츠키는 독일 사회민주당 및 제2 인터내셔널의 대표적인 이론가이다. 1899년에 그는 『농업문제-근대적 농업의 제반 경향의 개관과 사회민주당의 농업정책』을 발표했다. 트랙터 탄생으로부터 7년 후이기는 하나, 이 책에 등장하는 것은 트랙터가 아닌 증기 쟁기이다. 카우츠키가 칼 마르크스(1818~1883)의 이론에 근거하여 대규모 경영이 소규모 경영보다 우위에 있다는 것을 설파하고, 그 이유로서 화학비료와 더불어 대형 기계를 지칭한 것은 증기기관에 의한 농업기계화가 진전되고 있다는 기대가 있었기 때문이다.

대형기계는 대규모이고, 정리된 경지일수록 노동력을 절약할 수 있어 위력을 발휘한다. 한편으로 소규모경영에서는 단위면적당 기계 비용이 대규모 경영보다도 많다. 따라서 농업기계화는 농촌의 계층분해, 즉 중소농의 몰락과 프롤레타리아화를 초래하여, 농촌은 대규모 경영과 농업 노동자군으로 양극화되어 간다고 하는 것이 카우츠키의 이론이다. 그는 이러한 경향이 피힐 수 있는 것이 아니라 역사적 필연이라고 주장하고, 집중적인 관리를 통하여 거대 경영을 합리적으로 운영하여 농업기계화의 장점을 살려가는 것에 기대를 걸었다.

당시 농업의 기계화는 어렵고, 기업적인 대규모 경영보다도 가족 노동력을 중심으로 하는 소규모 경영 쪽이 농업이라는 산업에 적합하다고 평가하고 있던 사회민주당 우파의 에드워드 다피트(1863~1936)가 카우츠키와 논쟁을 했는데, 이와 똑같은 논쟁이 러시아에서도 대규모 경영을 추진하는 레닌파와 소농경영을 축으로 생존하려고 하는 네오 나로드니키파 사이에서 전개되었다. 그런 의미에서도 소련이나 다른 사회주의 국가에서 진행되는 농업집단화의 원류가 되는 이론이었다. 아직 트랙터가 등장하지 않은 단계에서의 이론이지만 농업기계란 단어를 트랙터로 바꾸어 놓아도 손색이 없는 이론이다.

레닌은 카우츠키의 농업이론을 높게 평가했다. 레닌도 농촌에서 될 수 있는 한 빨리 자본주의의 세례를 받아야 한다고 생각하고 있었다. 레닌은 다피트 추종자들의 농업 특수성을 강조하고 기계 도입을 주저하는 이론을 부르주아적이라고 비판하고, 카우츠키의 이론을 적극적으로 옹호했다. 그는 독일의 대규모 농업경영에서 증기 쟁기와 증기 탈곡기가 증가한 이유를 반복해서 설파했다.

『10만대의 트랙터』(1970년)로 소련에서의 트랙터 보급과정을 기록한 R·F·미라에 따르면, 레닌은 '농업기계화에 관해서도, 그 사회화의 힘이 있는 시기에 강력하게 추진된다'라고 생각했다. 레닌은 증기 쟁기로 대표되는 농업기계가 러시아 농민의 사회경제적 발전의 관건이라고 간주했을 뿐 아니라, 기계의 공동이용에 대하여 자본주의 폐지 이후 사회주의화 와중에서 기계의 중요성을 인식하고 있었다.

부연하여, 카우츠키는 1854년, 포드는 1863년 태생으로 9살 차이이다. 농촌에서의 증기기관의 효과에 매료되어 세계를 바꾼 사람이라는 의미에서 1870년 태생인 레닌은 카우츠키와 포드의 계보에 연결되어 있다고 말할 수 있다.

레닌이 본 트랙터

그런데, 레닌은 1905년 1월 피의 일요일 사건이 일어나자 점점 농민을 혁명의 중요한 요소로서 간주하게 된다. 농민들이 예상외로 현존하는 권력에 대하여 저항감을 보였기 때문이다. 다른 마르크스주의자가 농민을 도시 프롤레타리아가 이끄는 혁명의 보조자로서 보고 있던 것에 비해 레닌은 농민들이야말로 혁명의 주체가 될 수 있다고 생각했다.

더구나, 레닌은 미국의 농업기계화에도 상당한 관심이 있었다. 1913년 10월에 『아메리카합중국의 자본주의와 농업』이라는 소책자를 저술하고 여기서 카우츠키의 이론을 실제 데이터를 이용하여 실증했다.

이러한 조사 연구를 통하여 농민층 분해 과정이 역사적 필연이라고 보고, 농업기계의 도입을 협동조합 전개의 관건으로 본 레닌은, 1919년 3월에 개최된 제8회 당대회 연설에서 아래와 같이 말한 것도 자연스러운 흐름이라 말할 수 있다.

> 만약 내일 당장 우리가 10만대의 최상급 트랙터를 공급하고, 트랙터에 연료와 운전수를 대어줄 수 있다면, 이것은 현 단계에서는 공상이라고 생각할 테지만, 중규모 농가는 이렇게 말할 것이다. 『우리들은 공산주의에 찬성한다』라고.(One Hundred Thousand Tractors.)

때마침 러시아혁명 직후의 적군(赤軍)과 백군(白軍)의 내전 격화 중에 전시 공산주의가 도입되고, 농민들로부터 모든 잉여작물이 징발되고 있을 때였다. 농업이 혼란 상태에 빠졌을 때, 레닌이 이렇게 말한 것은 확실히 『공상』일 것이다. 그래도 레닌의 이 『공상』은 후에 농업집단화 과정에서 자주 언급되며 현실화된다.

농업집단화의 길 콜호즈와 소프호즈

레닌의 사후, 장례를 끝낸 스탈린은 레닌만큼 농민에게 동정적이지 않았다. 그가 하고 싶었던 것은 농업의 기계화보다는 오히려 농업의 공업화였고, 중화학공업의 발전을 위한 과잉 노동인구의 도시집중화였고 농민들의 자발적인 집단화 보다는 오히려 농민의 중앙으로 종속이었다.

농업집단화는 러시아 혁명 직후에 보이는데, 시장원리를 부분적으로 채택함으로써 농민들의 생산의욕을 자극하고, 생산고 제고를 시도하는 소위 신경제정책(네프)의 도입으로 일단 후선으로 밀렸다. 그런데 1927년 12월 제15회 당대회에서 농업집단화 선언에 성공하여, 당국의 반 폭력에 가까운 압력으로 농업집단화 노선은 부활한다. 오쿠다 히로시(奧田央)의『콜호즈의 성립과정』(1990)에 따르면 농촌에서 움직이는 활동가는 농민들에게 콜호즈에 가입하도록 압박하기 위해 총으로 무장한 적도 있다고 한다.

집단화는 콜호즈(kolkhoz)와 소프호즈(sovkhoz)라는 2개 형태로 진행되었다. 콜호즈라는 것은 농촌공동체를 단위로 한 농민들의 자발적인 참가에 근거하여 공동경영을 하는 집단농장이고, 소프호즈는 국영농장을 말한다. 콜호즈의 경우는 총회에서 채택된 정관에 따라 운영되는 것과 달리 소프호즈는 국가조직으로 임금노동자가 고용되어 운영되고 있었다. 구성비는 콜호즈가 많았으며, 소프호즈는 전후 니키타 흐루시초프(1894~1971)가 지도자가 될 때까지 2차적인 역할에 머물렀다. 이러한 소련의 농업집단화는 1932년에는 기본적으로 완료되었다.

10만대의 트랙터를 소련에 가져온다는 레닌의『공상』은 스탈린의 농업집단화에 의해 실현되었다. 그러나 트랙터를 중심으로 하는 농업집단화에 의해, 농민들이 공산주의를 지지하게 되었는지 여부는 별도의 문제이다. 오히려 트랙터는 농민집단화의 모순을 목격하게 된다. 그 주요 무대는 다음에서 살펴보려고 하는 MTS(Machine & Tracter Station, 트랙터 스테이션)라는 농업기계의 공동이용을 목적으로 하는 전국적 조직의 발전이다.

혼란의 우크라이나에서

타카오 치즈코(高尾千津子)의 『소련 농업집단화의 원점 – 소비에트체제와 미국유대인』(2006)의 연구를 중심으로 몇 개의 선행연구와 함께, 소련에서의 트랙터 도입과 MTS의 발전과정에 대하여 살펴보자.

러시아에 트랙터가 처음으로 수입된 것은 제정말기인 1908년이다. 1913년에는 러시아 전역에서 그 숫자는 겨우 165대에 불과했다. 소비에트 정부는 제1차 세계대전 중에 군사목적으로 수백 대의 무한궤도 트랙터를 수입했고 전후에는 이 트랙터들을 농업용으로 전용하려고 했다. 1922년 봄 당시 러시아가 갖고 있는 여러 종류의 군사 트랙터를 총동원하여 러시아 각지에서 실험적으로 국영 트랙터부대의 창설도 했었지만, 트랙터의 노후화로 인해 실패로 끝났다.

1922년 12월 30일 러시아 연방공화국, 우크라이나 사회주의소비에트공화국, 벨로러시아 사회주의소비에트공화국, 자카후카스연방이 평등한 입장에서 연방에 가입하여 소비에트사회주의 연방공화국(소련)이 건국된다. 신경제정책(네프)하에 서서히 생산력이 회복되어 가던 중에 농업의 기계화도 조금씩 진전되기 시작한다.

러시아에 트랙터가 본격적으로 도입된 것은 1923년 이후로, 주로 우크라이나 지역이다. 도입한 것은 조인트, 정식 명칭으로는 미국 유대인합동분배위원회라고 하는 조직이다. 1915년 제정러시아로부터 소련 성립 때까지 유대인들은 궁지에 처했다. 1915년에 제정러시아는 전선지역으로부터 유대인 추방령을 내리고, 더 나아가 러시아혁명 후에는 유대인의 음모라고 하는 유언비어를 백군[6]이 퍼뜨려 포그럼(유대인 집단살육)이 잇달아 일어났고, 전시 공산주의 시기에는 대기근에 시달려 1916년에 39,025명 던 유대인이 1922년에는 29,612명으로 감소했다. 조인트는 이러한 동포들의 참상을 구하기 위해 분연히 일어선다.

팔레스티나로의 '귀환'을 목표로 하는 시오니즘이라는 큰 계획 아래서, 풍부한 자금력을 바탕으로 러시아 유대인들의 구제에 나섰다. 그 원조의 일환으로 19세기 초에 박해를 피해 도시에서 도망간 유대인들이 정착한 우크라이나의 크림반도(Crimean Pen) 반도 부근 농촌의 빈곤을 구제하기 위하여 투입한 것이 트랙터였다.

이 조인트 사업을 담당한 것이 요셉 로젠(1877~1949)이었다. 모스크바 출신 유대인으로 모스크바로부터 추방되고, 라트비아의 리가에서 체포되어 시베리아로의 유배됐다가 탈출해 독일 하이델베르크대학에서 공부하여 1903년에 미국으로 건너갔다. 1905년에 미시건 농업대학에 입학하여 재학 중 미국식 농법을 러시아에 도입하기 위한 현지연구를 하는 농업국 설치를 주창했다. 옥수수의 도입은 실패로 끝났으나, 조인트를 통해 소련농업의 기계화에 공헌한다. 소비에트 체제와 미국 유대인을 이어주는 파이프라인으로써 큰 역할을 한 인물이다.

로젠이 활약하는 주요 무대가 된 우크라이나는 혼란이 극심하였다. 특히 1917년의 러시아 2월 혁명 이후, 우크라이나의 역사는 독일, 러시아, 폴란드의

---

6) 역자주 : 白軍, 러시아 혁명기에 혁명군인 적군에 대항한 반혁명군의 군대를 총칭한다

틈새에서 민족의 자립을 요구하는 투쟁으로 점철된다.

2월 혁명 후, 우크라이나 중앙 라다(평의회)가 결성되어 임시정부와 전투 상태가 되었고, 10월 혁명 후는 볼셰비키와 손잡고 임시정부에 승리하여 우크라이나 인민공화국을 설립했다. 그러나 그 후, 소비에트군의 점령을 거치며 브레스트 리토프스크 조약(역자주 : 1차 세계대전 종결을 둘러싸고, 1918년 3월 3일에 독일과 러시아가 맺은 강화조약)을 체결한 후 독일·오스트리아군에 점령되면서 곡물의 강제 징수를 단행하자 네스토르 마흐노(1888~1934)가 이끄는 농민군이 반란을 일으킨다.

결국, 제1차 세계대전 말기에 독일·오스트리아군이 철수하고, 내전을 거쳐 소비에트 정권이 탄생했다. 그러나 소비에트 정권도 토지의 국유화와 곡물 강제 징수를 계속하는 바람에 마흐노를 위시한 농민들이 다시 반란을 일으켰으나 소비에트군에 진압된다. 한편, 서 우크라이나에서는 오스트리아·헝가리 제국이 해체되면서, 독립의 기운이 높아진 갈리츠이아(역자주 : 우크라이나 남서부지역)의 우크라이나인과 폴란드와의 전투도 있었다.

유대인 정착지의 워털루 보이

이와 같은 빈발하는 전란과 곡물징발의 와중에서, 우크라이나는 1920년부터 1921년에 걸쳐 기근에 허덕인다. 미국 구호국(救護局)이 소비에트 정권과 교섭하여 우크라이나 원조를 신청한 때는 우크라이나 최고의 혼란기였다.

1922년 여름, 로젠은 우크라이나의 유대인 정착지를 방문하는데 흑토지대가 너무나 황폐한 것에 충격을 받는다. '많은 비가 내린 후인데도, 개보리가 돋

아난 토지는 경운하기가 어렵고 제초작업은 더더구나 어려웠다. 이 같은 상황 하에서는 트랙터만이 유일한 해결법이었다.'(『소련 농업집단화의 원점』)

로젠은 디어&컴퍼니에 바퀴형 워털루 보이(12마력)을 81대, 클리블랜드 트랙터사의 무한궤도 트랙터인 크레트락(9마력) 8대를 발주했다. 1922년 11월부터 12월에 걸쳐 뉴욕을 출항한 트랙터는 다음해 소비에트에 상륙한다. 소비에트 체제 성립이후 처음으로 일어난 대규모 트랙터 구매였다.

워털루 보이는 제2장에서 언급한 것과 같이, 존 프로리치가 세계에서 처음으로 발명한 트랙터 계보에 해당된다. 이 트랙터는 3연식 쟁기를 견인할 수가 있어서, 대규모 토지의 경작에 적합하다. 로젠이 포드슨을 수입하지 않은 것은 마력이 작고, 2연식 쟁기밖에 사용할 수 없기 때문이었다. 굳이 덧붙인다면, 포드가 반유대주의자 이었다는 것도 관계가 있었다고 한다.

로젠이 도입한 86대 중에, 4대는 우크라이나 정부에 이양되고, 7대가 각지에 분배되었으며, 75대가 남 우크라이나에서 사용되었다. 남 우크라이나에서는 이것들을 기반으로 7개의 트랙터 부대를 조직했다. 트랙터 부대는 각각의 감독 지휘 하에 간이 이동식 수리소나 수리공장을 보유하였고, 경작 작업은 개인이 아니라 협동조합을 통하여 이루어지는 소련 최초의 실험을 수행한 것이다.

협동조합 이용 방식의 평가와 좌절

또 트랙터 뿐 만 아니라 로젠은 조인트 뉴욕지점에 미국적 트랙터 운전수 7명의 파견을 요청한다. 구미처럼 단계를 밟아서 기계화가 진전된 것이 아니라, 원래 가축조차도 충분히 널리 보급되지 않았던 러시아에서는 농업기계의 사용이 낯설었을 뿐 아니라, 미신도 뿌리 깊었다.

    운전수와 수리를 동시에 제공하는 패키지 형태로 농업기술체계를 이전하지 않는 한 트랙터만으로는 원조의 의미를 달성할 수 없었다는 것을 아마도 로젠은 간과했을 것으로 보인다. 트랙터 제조사인 미국의 디어&컴퍼니에서 1923년 2월에 트랙터 정비요원이 파견되었다.

    1923년 6월 2일 소련정부의 기관지 이즈베스티야(역자주 : 1917년 창간됐으며 이즈베스티야는 러시아어로 보도라는 의미)에서는 협동조합을 통해서만 트랙터를 대여하는 조인트 방식이 새로운 협동조합 결성을 촉진하여 농업의 협동화에 자극제가 되고 있는 것이 소련 국가계획위원회(고스플란, Gosplan)의 회의에서 화제가 되었다고 보도하고 있다. 고스플란은 생산계획을 결정하는 국가조직이다. 여기에서 1923년이라는 이른 시점에서 조인트의 실험이 막을 올린 것은 주목할 만한 가치가 있다.

    또한 1923년 9월 소련 중앙집행위원회의장 미하일 카리닌(1875~1946)은 소련의 기아지역의 원조에 진력하여, 우크라이나에 트랙터를 보내어 대규모의 경작방법을 시도한 것에 대하여, 로젠에게 감사장을 보낸다. 1924년 7월에는 로젠을 단장으로 하는 '미국 유대인합동농업법인(애그로 조인트)'이 설립된다. 트랙터 등 소비에트 현지 자산은 애그로 조인트가 소유하게 되었다. 미국 대통인 허버트 클라크 후버(1874~1964)도 칭찬한 것처럼 로젠의 소련에서의 시도는 미국, 소련 어느 입장에서도 평가할 만한 트랙터 실험이었기 때문이다.

    애그로 조인트의 시도는 공산당의 영향력을 약화시킨다고 경계되기도 했었는데, 농학자들의 지지가 있어 점차 각 방면으로 이전되어 간다. 1924년 10월에는 러시아공화국 남동부, 즉 사라토프, 사마라, 스탈린그라드, 보로네지, 독일인 자치공화국, 북 카프카스로 500대의 포드슨을 도입한 최초의 대규모 트랙터 사업의 조직화가 시도되었다.

이 트랙터 계획은 '트랙터 컴퍼니아'로 명명되었다. 지도자, 수리, 부품, 연료 등의 지원을 포함한 계획은 결국은 파탄이 난다. 농민의 신기술에 대한 이해부족, 기술자의 수와 지식의 부족, 부품의 부족, 작업장으로부터 연료창고까지의 장거리문제 등이 트랙터 보급의 장해가 되었다. 그럼에도 불구하고, 소련 정부는 1925년에 트랙터의 수입을 한꺼번에 늘렸기 때문에 현장에서의 혼란을 초래한 것이다. 더구나, 많은 트랙터가 고장이 나거나, 노후화 되었다. 그런 혼란의 와중에서 소련의 중추세력들은 우크라이나의 어느 소프호즈 트랙터 부대의 시도에 눈길을 주게 된다.

MTS의 등장

1927년 12월의 당대회에서 스탈린은 셰프첸코 소프호즈의 트랙터 부대를 칭찬한다. '트랙터 부대 덕분에 부농의 멍에에서 벗어나고, 더 나아가 소규모 경영을 그만두고 공동경영을 조직하기에 이르렀다'는 빈농의 편지를 다 읽고 나서, 공산당의 임무로서 앞으로 트랙터를 통한 기계화 농업의 추진과 대규모화를 제시하였다.

이것이 계기가 되어 1928년 봄, 농업기계의 공동이용을 목적으로 하는 조직을 '트랙터 스테이션(MTS)'이라 부르기로 결정되었다. 덧붙여 말하자면 셰프첸코 소프호즈란 명칭은 19세기 전반에 활약한 우크라이나의 시인이자 화가인 탈라스 셰프첸코(1814~1861)로부터 딴 것으로, 이 소프호즈의 창시자는 마르케비치라는 농학자였다.

마르케비치는 하나의 스테이션에 200대의 트랙터를 배치하고, 거기에서 사방으로 4만에서 5만 헥타르를 경작할 수 있다고 하는 팸플릿을 작성하여 광범위하게 배포하였다. 마르케비치는 농가나 마을의 트랙터 소유를 금지하고, 그것을 농촌 밖으로 일원화시키는 '에너지 기지'로서 MTS를 간주하고 있었다.

그러나 이 소련농업의 핵심이 되는 MTS가 미국에서 유래되었다는 사실은 소련공산당으로서는 그리 즐거운 일이 아니다. 카우츠키나 레닌의 저서에도 언급되지 않는다. 그래서 당은, 이 셰프첸코 소프호즈의 시도를 MTS의 기원으로 삼은 것으로 추측된다.

MTS는 운전수가 딸린 트랙터의 제공, 농기계 수리 등의 서비스를 화폐 교환으로 가능하다는 계약을 공동체나 콜호즈와 맺기 때문에, 그 기본적인 성격은 바로 로젠이 시도한 트랙터 부대와 동일했다.

그러나 MTS는 정치적으로 농업과 농민을 관리하는 수단으로 변질하여 간다. 당초 MTS의 기계는 콜호즈에 불하할 예정이었는데, 1932년 말경부터 MTS는 국가의 파출기관으로 변모한다. 1933년에는, 농촌이 기근에 신음하는 중에서도, MTS에 정치부가 생겨, 콜호즈의 통제와 농민의 감시 역할을 담당하게 된다. 콜호즈는 지금까지 기계 서비스에 금전을 지급하고 있었는데, 이때부터 곡물로 지불하게 되었고, 이것은 국가에 의한 중앙집권적인 곡물 징수에 MTS도 가담하게 되었다는 것을 의미한다.

MTS는 크리미아에 있던 트랙터 부대의 시도와는 상당히 다른 것으로 변질되어, 로젠의 트랙터 부대를 지지한 농학자들은 스탈린에 의해 말살되었고, 로젠 자신도 점차로 권력의 중심부에서 멀어지게 된다.

1941년 6월부터 시작된 독·소전쟁의 과정에서도 나치 독일 군대는 크림반도의 유대인 거주지를 파괴했다. 그리하여 MTS의 발상지는 상실되고, MTS만이 소련의 조직으로서 계속 남게 된 것이다.

2 '철마'의 혁명
- 소련 농민들의 적의

4분의 3은 고장

스탈린 체제하의 농촌에서 트랙터의 존재감은 정부가 바라는 만큼 크지는 않았다. 그 원인 중 하나는 고장 난 트랙터가 방치된 점이다. MTS 기사가 관리하는 범위가 너무 넓다 보니 수리기사가 일일이 고장에 대처할 수 없었기 때문이다. 타카오(高尾)는 크림반도 지역에서 강제적으로 MTS 서비스 범위에 포함된 유대인 거주지에서는 MTS 트랙터 부대가 보유한 포드슨의 4분의 3이 고장 났다고 보고하는 사료를 제시하고 있다. 이미 고장 난 트랙터는 MTS의 한계를 이야기 하는 것으로 1929년 여름에 전면적 집단화 지역의 상황을 분석한 공식문서에도 다음과 같이 기술되어 있다.

> 여기 2년 동안 트랙터의 수량이 증가했음에도 불구하고, 농업에 사용되고 있는 동력원 중에서 트랙터가 차지하는 비율은 급격히 하락

했다. 콜호즈의 경작 중에 3분의 2는 말과 소가 담당했다. 따라서 트랙터가 완전히 보급되지 않아도 전면적 집단화는 가능했다.

또한, 같은 문서에는 '트랙터를 준다고 하는 약속이 남발되고 있어서', '농민은 가축을 팔아버리거나, 말을 마구 도축하고 있다.'(『콜호즈의 성립과정』)

결과적으로 MTS가 설치되었지만 트랙터의 고장 때문에 무용지물인 경우가 많았고, 트랙터가 곧 도착한다는 약속 때문에 말이나 소가 무분별하게 도축되는 통에 많은 혼란이 있었다.

구매 예약금과 추방

아직도 도착 않은 트랙터의 존재감은 오쿠다 히로시(奧田央)의 『볼가의 혁명-스탈린 통치하의 농촌』(1996)에서는 트랙터 구매 예약금에 관한 내용이 상세히 묘사되어 있다. 콜호즈에서 트랙터를 사용하기 위해서는 구성원들이 서로 돈을 내어 트랙터를 구매해야 한다. 이 트랙터 구매 예약금은 당에 대한 충성심을 나타내는 척도였다.

농민들은 이렇게 반발했다고 한다. '농민들에게는 돈이 없다. 그런데도 권력층은 요구하고 있다. 이건 강제다', '우리에게는 콜호즈도 트랙터도 필요 없다. 공산당원들을 쫓아내야 한다. 영국이나 미국에는 공산당원이 없는데도 거기가 생활은 더 낫다.' 예상대로 언제 도착할지 모르는 트랙터를 농민들에게 무리하게 강매했으나, 이 트랙터는 결국 콜호즈에 이양되지도 않고, MTS가 독점하게 된다.

그러면 그 트랙터란 무엇인가? 오쿠다(奧田)의 사료에 따르면 그것은 미국제 포드슨과 소련제인 '붉은 프치로베츠'였다고 한다. 이 트랙터들은 캠페인의 초과달성을 위하여 금액이 자의적으로 높게 책정되었다. 프치로베츠라는 것은 당시 레닌그라드(현재 페테르부르크)로부터 200km 떨어진 트랙터공장이 있던 거리의 이름이다. '붉은 프치로베츠'는 이 프치로베츠 트랙터공장에서 생산된 것으로 추정된다. 러시아 경제 연구자인 스하라 마나부(栖原學)에 따르면 1926년부터 1927년에 걸쳐 연간 700대의 트랙터를 생산했고, 1931년에는 수만 대를 생산했다고 한다.

오쿠다(奧田)는 특히 이 트랙터 구매 예약금과 부농 계급의 몰락과의 관계를 분석하고 있다. 트랙터 구매 예약금을 내지 못했던 농민을 가족과 함께 추방하여 가축과 농기구를 몰수한 볼가 중류 지역 농촌의 사례를 들면서, 소련 정부는 부농뿐만 아니라 권력에 따르지 않는 농민을 부농이란 딱지를 붙여 박해했다고 지적하고 있다.

미국에서도 이웃이 소유하는 트랙터가 자기 농장의 트랙터 부재를 부각하는 사례가 있었는데, 소련의 경우는 트랙터의 부재가 더욱 정치적이고 폭력적으로 농민들을 속박했다.

밭에서 움직이지 않는 트랙터들

러시아 농촌에서는 장소에 따라 편중은 있지만, 뾰족한 쇠붙이만을 부착한 목제 쟁기를 소가 끄는 장면도, 기도사가 병을 치료하는 것도, 결혼할 때가 되면 점을 치는 것도 일상사였다. 농민들은 자본주의가 성숙하지 않은 상태에서

도래한 혁명 때문에 농업기술의 비약적 진보를 경험했다.

특히, 가족 구성원의 증감에 따라 제비뽑기로 토지 비율을 달리하는 농촌공동시스템이 외부로부터의 강력한 권력에 의해 붕괴되었다. 전통적 경험이 많은 러시아 농민들로서는 트랙터는 또 하나의 다른 세상에서 온 미지의 것이었다.

1984년에 프랑스에서 간행된 니콜라스 워스의 연구서 『러시아 농민생활지』에는 소련에서의 트랙터와의 첫 만남에 대하여 민속학적인 관점에서 다양하고 흥미 있는 사례를 싣고 있다. 여기서는 4가지만 들어보자.

첫째로, 역시 트랙터 고장이 많았다. 모스크바 현의 어느 마을에서는 트랙터가 역에 도착했을 때 그 신기함에 농민들이 몰려들었다. 그런데 공산당 기사가 트랙터에 올라타서 어느 정도 전진하다가 딱 멈췄다. 수리를 하고 다음날 운전해 보니 조금 움직이다가 또 고장이 나서 결국, 트랙터를 끌어 창고에 넣었다. 농민들은 말에다 연결하는 것이 더 좋을 것 같다며 모두 고개를 갸웃했다.

1929년의 조사에서는 콜호즈의 트랙터 중 3분의 2가 고장 났다고 한다. '밭에서 움직이지 않는 트랙터들'을 수리하는 데에도 트랙터 부대의 구성원은 기계 지식이 없는 사람이 많았다고 한다.

반 기독교

둘째로 트랙터가 러시아 정교의 세계관과 충돌하여 사제들로부터 저주받은 반 그리스도교라는 공포에 사로잡혔다.

반 그리스도라는 것은 요한 복음서에 나오는 세상의 종말에 나타난다고 하는 예수 그리스도의 이름과 그 권위를 빼앗는 것과 다름 아니다. '사제들은 콜호즈에 반대하는 온갖 소문을 퍼뜨리고, 1930년경에는 혼돈과 세상의 종말을 예언하며' 트랙터가 '반 그리스도가 타고 온 철마'라고 설교했다. 반 그리스도가 타고 있는 철마는 농촌의 풍습을 파괴하고, 기근을 가져온다고 선동한 것이다.

> 어느 마을에서는 처음으로 트랙터가 도착했을 때 노인들은 - 사제가 선두에 서서 - 반드시 예언을 했는데 그것은 '반 그리스도가 철마에 타서 지상에 내려온 것이 틀림없다'는 것. 사제의 교사 하에 많은 농민이 다음과 같은 유행하던 노래를 부르며 대오를 지어 행진했다. '트랙터는 깊게 파고, 토지는 건조하고, 마침내 콜호즈 사람은 모두 굶어 죽네' 트랙터는 토양에 독을 마구 뿌린다고 비난했다. 기계진보에 대해서 아주 개방적이던 사람들조차도, 이웃 콜호즈의 트랙터를 이용하는 것은 받아들였지만, 다음과 같이 단언하고 있다. '밭가는 것은 배기관이 하늘 쪽을 향하고 있는 인터내셔널 트랙터로 해야 하고, 배기관이 지면을 향하고 있는 포드슨 트랙터는 안 된다' - 아라타 히로시(荒田洋)역

미신이지만, 너무 깊게 땅을 갈면 수분을 뺏긴다는 실제 경험에 근거한 논리적인 사고를 엿볼 수 있다는 것이 중요하다. 깊은 곳까지 땅을 파면 수분이 적은 흙과 섞이고, 공기와 접촉하게 되면 건조해 버리는 것이다. 또한, 말이나 소가 배출하지 않았던 배기가스를 아주 싫어한 사례가 많다.

> 많은 마을에서 트랙터의 출현에 노골적인 적대감, 특히 집단적인 광란을 불러일으켰다. 노인들은 남녀를 불문하고, 트랙터의 배기가스는 토지와 수확물을 망가뜨린다고 주장했다. 사제는 악마의 발명에

> 반대하는 행렬을 이끌고, 여자들은 트랙터에 돌을 던지거나 '기계화된 집단농업의 이행을 바라는 진보적 농민을 원조하기 위해' 콜호즈로부터 파견된 트랙터 운전수의 통행을 방해했다. - 前揭書

단순 기계를 초월한 존재로

셋째로 농업기계가 토템 사상으로 간주된 것이다. 토템이라는 것은 혈연집단과 특별한 관계가 있는 돌이나 나무 등 자연사물을 말한다.

이것은 집단화보다 앞선 이야기인데, 러시아혁명 이후 마르크스주의를 버리고 그 비판자로 전환하였기 때문에, 레닌 정부로부터 국외로 추방된 니콜라이 베르자예프(1874~1948)는 '농민들은 지금 신 대신에 기계를 믿고 있다. 토템처럼 기계를 취급한다'고 썼다.(One Hundred Thousand Tractors).

혁명 후의 러시아에서는 농업기계도 토템이 되었다고 하는 지적은 흥미롭다. 미국에서도 그렇듯 트랙터는 가끔 단순히 기계를 넘어선 정신적, 종교적 특성을 띠게 된 것이다.

넷째로 트랙터가 중앙권력의 상징으로 자리 잡게 된 것이다. 우크라이나의 어느 마을에서는 집단화가 비밀리에 결정되어, 트랙터가 도착하자 한 무리의 여성들이 도로를 막고 '소비에트 정부는 농노제로 되돌아간다!'고 외쳤다.(『슬픈 수확』)

트랙터는 그다지 농업집단화에 역할이 없었고, 운전수나 수리공이 없으면 움직이지도 않는 쇳덩어리에 불과했다. 그러나 그 쇳덩어리는 집단화의 도구로서 시대를 앞서 농민을 인도하거나 혹은 재앙으로서 농노제 시대로 농민을 되돌리거나 둘 중 하나였다. 어느 쪽이든 강렬한 존재감을 가진 쇳덩이였다.

3 볼스 트랙터
- 나치 독일의 구상

란쯔의 불독

유럽은 미국이나 소련보다도 트랙터 보급 규모가 작았다. 미국 쪽은 농지 면적이 월등히 넓고, 전쟁으로 경제가 타격을 받은 것이 이유라고 생각된다. 독일도 예외는 아니었다.

독일제 트랙터가 처음으로 공개된 것은 1907년이다. 이 트랙터는 독일 가솔린 모터제작소에 의해 개발되었다. 농학자인 크라우스 헤르만은 이 트랙터에 대하여 독일 트랙터 역사를 기업별로 기록한 저서 『독일의 트랙터 - 1907년부터 현재까지』에서 다음과 같이 적고 있다.

> 독일의 자동 쟁기는 1907년에 뒤셀도르프에서 열린 DGL(독일농업협회) 전람회에서 방문한 사람들의 눈을 놀라게 했다. 그도 그럴 것이 쟁기와 해로우(harrow)를 경지 위에서 견인하는 것은 물론이고,

실내에서는 벨트로 연결된 차의 윗부분에 탈곡기와 예초기를 작동시킬 수 있는 농업용 트랙터(25마력 엔진 구동)를 처음으로 목격했기 때문이다.

독일 가솔린 모터제작소는 같은 해에 40마력 가솔린엔진을 탑재한 '도이치 쟁기 구동차 Deutzer Pfluglokomotiv'도 발표했다. 그러나 이 제작소는 1921년까지 트랙터 개발을 단념하고 만다. 헤르만에 따르면 독일 농민은 여전히 기계화에 소극적이었기 때문이다. 미국 농민보다도 소극적인 독인 농민의 태도는 제2차 세계대전이 끝날 때까지 기본적으로 계속된다. 이것은 트랙터 보급 추진자들의 걱정의 씨앗이었다. 소극성의 이유에 대해서는 다음에 언급하고자 한다.

또한, 독일 가솔린 모터제작소는 뒤의 이야기지만 제2차 세계대전 중에 연료가 부족한 독일로서는 구원투수가 된 목재건류가스(공기를 차단한 상태에서 목재를 가열 분해할 때 채취한 가스)를 사용한 트랙터를 개발하여 나치 정권을 뒷받침했다.

그런데, 독일제 트랙터에서 가장 성공한 것은 독일 유수의 공업 도시 만하임에 있는 란쯔(Lanz)였다. 하인리히 란쯔(1838~1905)

| 그림 3-3 | 1921년에 생산이 시작되어 1960년까지 다양한 버전의 Bulldog이 생산되었으며 약 22만대 이상이 생산될 정도로 독일에서 가장 인기 있는 모델 중 하나였다.(위키디피아)

에 의해 1859년에 설립된 역사가 있는 농기구 제조사이다. 하인리히 란쯔는 사실, 1902년 미국에 건너가서 디어&컴퍼니 공장을 시찰하고, 동갑내기 사장인 찰스 디어(1837~1907)와 서로 많은 이야기를 나누었다고 한다. 그 이후, 2개의 회사는 대서양을 넘어 업무제휴를 통하여 트랙터 생산을 추진해 간다.(1956년에 란쯔는 디어&컴퍼니에 매각된다)

1921년 란쯔는 불독(Bulldog)을 발표한다. 이 트랙터는 란쯔의 기사 프리츠 후버(1881~1942)에 의해 세계에서 최초로 개발된 저가의 원유로 가동되는 엔진을 탑재했으며, 그 외관이 불독의 머리를 닮아서 이런 애칭이 붙게 되었다. 그 때문에 후버는 불독의 아버지라 불리고 있다.

루르 점령과 포드슨의 도입

다만 독일 농촌에 트랙터가 본격적으로 보급되기 시작한 것은 1925년부터이며, 그 주역은 불독이 아닌 포드슨이었다.

제2차 세계대전이 끝나고 미국의 대자본에 지탱되던 경제구조에서 독일이 점차 부흥의 징후를 보이기 시작할 무렵이다. 월트 디즈니(1901~1966)의 애니메이션이나 코카콜라와 함께 노동관리에 철두철미한 테일러 시스템이나 그것을 개량한 포드 시스템이라는 합리적 생산 양식도 도입되어 공장에서 부엌까지 노동의 효율화를 추구하던 시대에 그 파도를 타고 포드슨도 대서양을 건너 급기야 독일에 상륙한 것이다.

이 배경에는 1923년 1월 11일 프랑스와 벨기에의 루르지방의 점령이 있다. 탄광과 철광으로 독일 경제를 지탱해 왔던 루르지방이 양국에 점령됨으로써,

독일 정부는 소극적 저항을 국민들에게 호소했다. 루르 지방에 외국제 트랙터가 유입된 것은 이 무렵이었다. 그 중에서도 가장 우위를 차지한 것이 바로 포드슨이었다. 무엇보다도 가격이 쌌기 때문이다.

1924년 8월에 프랑스, 벨기에 양국은 루르에서 철수하는데, 이 충격이 일단락된 1925년 봄, 독일은 500대 이상의 포드슨의 수입을 승인했다.

포드슨은 독일의 트랙터 산업에도 자극을 준다. 란쯔의 불독은 1926년부터 1927년에 걸쳐 포드슨과 마찬가지로 연속공정 작업방식으로 생산하게 되었다. 불독은 포드슨보다 견인력이 강하고, 연비가 좋다는 점이 장점이었다.

독일에서는 1925년에는 5,261대, 1929년에는 15,000대, 1932년부터 1933년까지는 23,894대의 트랙터가 사용되었다.

독일의 트랙터 산업기술은 1920년대 말에는 미국에 필적할 정도로 발전을 이룬다. 예를 들면 연료 펌프의 개량과 공기정화 장치를 부착하여 디젤엔진을 탑재한 트랙터를 사용할 수 있도록 한 것이나, 고무 타이어 부착 트랙터를 생산했기 때문이다. 그 뿐만 아니라 2개의 금속 접합부를 가열 용해하여 압력을 더하여 결합하는 단접법(鍛接法)이 트랙터 제조에 이용되어 트랙터의 중량 경감에도 공헌했다.

다만, 대수로만 보면 같은 기간에 100만대를 넘고 있던 미국뿐만 아니라 10만대를 넘고 있던 소련에도 큰 차이를 보였다.

환경사 연구자인 프랑크 유케터는 지역에 따라 차이는 있으나 독일에서 트랙터가 그다지 보급되지 못한 이유로서 말에 대한 애착이 강한 것, 자동차에 익숙하지 못한 것, 가격대비 성능비가 나쁜 것뿐만 아니라, 운전조건이 쾌적하지 못한 것을 강조하고 있다. 추위나 더위에 시달리며, 흙먼지나 비를 맞으며 하는 작업은 두통을 가져오고 건강에 악영향을 미치기 때문에 특히 독일 농민들에게는 견디기 어려웠다고 한다.

전문가들 사이에서는 농민의 실정을 무시한 채, 개발을 진행하는 트랙터 제조사에 대한 비난도 있었다. 또한, 1927년은 농경용 말 사육 두수가 감소하기 시작한 전환점인데, 트랙터와 자리 교체는 비교적 완만하게 이루어졌다. 어디까지나 인상론적인 판단이지만, 트랙터 조작의 불편함에 대한 불만이 독일에서는 특히 심했을지도 모른다.

나치 정권하에서의 긍정과 보급

1933년 1월 30일에 히틀러가 정권을 잡은 것이 트랙터 개발에 브레이크를 걸지는 않았다. 제1차 세계대전처럼 기아가 패배의 큰 원인이라는 것이 나치 간부들의 공통적으로 이해된 견해여서, 독일 국내의 농업증산 정책은 나치의 흔들림 없는 노선이었다. 3월 25일에 소위 전권위임법으로 자신의 정부를 '국민혁명의 정부'로 규정한 히틀러의 혁명도 트랙터와 무관하지는 않다.

나치는 1934년 11월부터 생산전이라는 식량증산운동, 1936년 9월부터는 소련의 계획경제를 모방한 제2차 4개년계획을 개시하고 보조금 정책을 보완하여 농업기계화를 추진했다. 협소한 토지에 적응할 수 있는 소형 트랙터의 개발도 추진되었다. 예를 들면, 튀링겐의 라이문트 할트비히라는 기사가 독일농업신문(1937년 9월 25일자)에 게재한 광고를 살펴보자(3-3).

나는 부루머. 아침부터 밤까지 일해도 피곤하지 않아요. 쟁기, 차량, 예초결속기의 견인기계인 나는, 하루에 네 마리 말보다도 더 많은 일을 해 줍니다. 그것 뿐만 아니라 힘은 말의 3배를 냅니다. 단기 납

| 그림 3-4 | 나치 정권하에 개발된 소형트랙터 부르머(Brummer)

입 가능합니다

'피곤하지 않다', '네 마리 말보다도', '말 3배의 힘'이라는 표현처럼, 가축과의 차이를 비교하거나, 경운, 예초, 동력원, 건초 결속 등 트랙터의 다복석 이용법을 강조하고 있는 점은 당시 트랙터 광고의 정석이었다.

무엇보다도 나는(Ich)이라는 1인칭대명사를 사용하고 있는 것이나 숫소와 엔진 소리를 상기시키는 '부르머(Brummer)'라는 이름에서 농민들이 트랙터에 품고 있는 기피감을 경감시키려는 의도를 간파할 수 있다.

부르머와 같은 소형 트랙터는 독일의 작은 농촌에 보급되기 시작한다. 역사연구자인 쿠르트 바그너의 청문조사에 따르면, 1933년에 975명에 불과했던 헤센 낫사우 주 퀼레 마을에도 트랙터가 들어온다. 최초로 나치당의 지구 지도자가 구입한 후 잇달아 중규모 농가가 중심이 되어 구매하기 시작한 것이다. 나치당의 조직에서 '지구'는 전국, 대관구, 관구에 이어 최하위에 있는 세포의 상위 단위로 지구 지도자는 당과 자신의 존재감을 마을에 과시하고 싶은 생각이었을 것이다. 결국, 이작은 마을에서 트랙터는 정치적 지위의 상징이기도 했다.

또한 도입과정에서 젊은이와 노인과의 대립도 있었다. 노인들은 오랫동안 익숙했던 말과 소를 고집하며, 생면부지의 트랙터를 유행성 폐물이라고 일축했으나, 젊은이들은 진보의 상징으로서 트랙터에 대한 투자 장점이 별로 없는 경우에도 경쟁하듯이 구입한 것이다.

포르셰의 『볼스 트랙터』

전후 일본에서 이런 광고를 볼 수 있었다.

'독일에서 <포르셰>가 왔다! 세계적 승용차 폭스바겐을 / 만든 전차를 설계한… / 포르셰 박사가 / 생애를 건 사업으로서 완성한 / 대형트랙터 <포르셰> / 내일의 농업의 주역이 되는 것은 이것! / 이세키(井關)농기계주식회사'

빨간 몸체의 포르셰 트랙터이다. 이 광고는 홋카이도 대학에 있는 삿포로 농학교 제2농장에 전시되어 있다. 이곳은 현재도 트랙터의 전시가 충실한 것으로 정평이 나있다.

페르디난트 포르셰는 오스트리아, 헝가리 2중군주국의 지배하에 있던 보헤미아 출신의 기술자이다. 1924년부터 메르세데스, 1926년부터는 메르세데스 벤츠라는 브랜드로 고성능 차와 스포츠카의 설계를 담당했다. 1931년 가을에 슈투트가르트에 포르셰 사무소를 설치하고 폭스바겐의 설계에 착수한다.

나치는 볼스 바겐(대중차) 외에도 볼스 엠프페가(대중수신기), 볼스 쿨슈랑크(냉장고), 볼스 텔레폰(대중전화), 등 수 많은 대중상품(Volks produkt)의 대량 생산을 계획하고, 독일에서도 미국과 같은 물질문화를 대중도 향수할 수 있는 미래상을 사람들에게 제시하고자 했다. 그 중에서 성공한 것은 볼스 엠프페가, 즉 대량생산 라디오로 히틀러의 선전에 교묘히 이용되었다. 나머지는 폭스바겐을 포함하여 계획대로 진척되지 않았다.

폭스바겐을 설계한 포르셰는 또 하나의 중요한 임무를 히틀러로부터 부여받았다. 볼스 트랙터(대중 트랙터)의 개발이었다. 이것은 미국 포드슨의 독일판이라고 말할 만한 대량 생산 트랙터였다.

이들 대중상품에 대해서 연구한 볼프강 케니히는 폭스 트랙터에 대하여 언급하고 있다. 포르셰는 폭스바겐 준비를 위하여 미국에 갔는데, 그 때 포드슨을 알게 되어 폭스 트랙터를 개발할 생각이 들었다고 한다. 이것을 실현하려고 한 사람이 폭스바겐 프로젝트 등 대중상품을 총괄하고 있던 로베르트 라이(1890~1945)였다.

라이는 노동자의 일과 여가의 조직화를 목적으로 하는 나치 최대의 조직 독일 노동전선(DAF)의 리더였다. 그는 독일 남부에 많은 가족 중심의 소규모 경영을 겨냥한 트랙터 생산 공장을 자신의 고향인 발트브레르에 세우려고 했다. 발트브레르는 독일서부 노르트라인 베스트팔렌 주의 소도시이다. 농민을 아버지로 둔 라이는 시골마을을 100만명 규모의 도시로 바꾸려는 야망을 품고 있었다. 그것 때문이라도 트랙터 공장은 필요했다.

라이의 계획은 트랙터 공장만으로 20만명을 고용하고, 연간 10만대에서 30만대, 가격도 폭스바겐과 거의 같은 가격인 990만 라이히스마르크(역자주 : 1926년에서 1948년까지 사용된 독일의 공식화폐)로 억제한다는 환상에 가까운 계획이었으나 결국 건설부지만을 매입한 것에 그쳤다.(Bauer, Porsche Schlepper) 라이의 감각은 소련의 트랙터 공장 건설과 비슷한 수준의 감각이었을 것이다.

폭스 트랙터의 좌절

포르셰의 폭스 트랙터 개발은 나치의 식량 자급자족 정책의 일환이기도 했다. 그럼에도 불구하고, 1935년 3월의 재군비선언 이후 도시의 군수공장이 활성화 되면서 농민 인구가 도시에 유입되어 농업노동력의 심각한 부족에 시달리고 있었다. 그 해결책으로서 저가의 소형 트랙터의 양산이 선택된 것이다. 더구나 소형트랙터는 경운뿐 만아니라 운반이나, 농기구의 동력원에도 사용할 수 있는 팜올과 같은 제너럴 트랙터 같은 것이 요구되었다.

실제로, 독일의 트랙터 대수는 증가하여, 1933년부터 1939년 사이에 3배로 되었다. 특히 소형 트랙터 시장은 활기를 띤다. 란쯔의 15마력의 불독이 2,750라이히스마르크였다. 이와 같은 소형트랙터는 전쟁이 시작되기 전까지 거의 6만대였는데, 라이가 이끄는 독일 노동전선은 100만대의 수요가 있는 것으로 전망하고 발트브레르에서 20마력 트랙터까지 생산을 계획하고 있었다.

라이의 좌절은 예외로 하더라도 포르셰의 폭스 트랙터의 개발은 성공했다고 말하기 어렵다. 포르셰는 란쯔의 트랙터 제조기술에는 미치지 못했고 보급되기 전에 전쟁이 시작되는 바람에 자동차 산업은 트랙터보다도 전차의 개발로 방향전환 되었다. 포르셰의 트랙터가 활약하는 것이 전후가 된 것도 폭스바겐의 양상과 흡사하다.

4 두번의 세계대전 하의 트랙터

제1차 세계대전과 전차의 개발

트랙터의 역사를 말하는데 언급을 피할 수 없는 것이 전쟁이다. 트랙터는 어떻든지 목가적인 이미지가 강하다. 예를 들면 데이비드 리치 감독의 영화 『스트레이트 스토리』(1999)는 그런 이미지를 가지고 제작된 것이다. 500킬로미터 떨어진 장소에 사는 심장발작으로 쓰러진 형을, 밀짚모자 노인이 1966년산 디어&컴퍼니사의 소형 트랙터를 타고 만나러 가는 로드 스토리이다. 이 영화는 시속 80킬로라는 조금 느린 트랙터의 속도가 미국의 광대한 경관과 어울려 관객의 마음을 포근하게 해준다.

하지만 트랙터의 실제 이미지는 그렇지 않다. 제1차 세계대전은 1914년 여름에 개전했다. 독일 황제 빌헬름2세(1859~1941)는 크리스마스까지는 집으로 돌아갈 수 있다고 확신했을 것이다. 그러나 9월에 바로 전쟁은 교착상태에 빠지고 만다. 서부전선을 사이에 두고, 연합국과 동맹국이 서로 참호를 파고, 영불해협으로부터 스위스 국경에 걸쳐 800킬로미터 길이의 전선이 구축되었다. 참호를 판 이유는 기관총이나 포탄을 비롯하여, 화력이 너무 강했기 때문이다. 몸을 숨기면서 조금씩 전진하는 참호형 전투 스타일은, 전쟁의 종료는 고사하고 지루한 정체만을 초래했다. 참호 앞에 가시철망을 둘러치고, 1미터 전진하는 데에만 막대한 사상자가 났다.

그런 상황을 타개하기 위해, 약간의 과학 기술이 이용된다. 독일은 질식가스인 포스겐이나 미란제(역자주 : 피부를 문드러지거나 헐게 하는 성분)인 머스테드가스 등의 독가스를 개발하여 적의 참호를 향해 던진다. 독가스는 병사들의 전의를 상실시킬 뿐만 아니라 호흡을 정지시키고, 피부를 짓무르게 한다.

전차도 그런 과학기술의 하나였다. 먼저 영국 육군 공병대 중위 어니스트 스위튼경(1868~1951)이 개발을 시도했다. 그는 서부전선에서 물자운반에 이용되고 있던 미국 홀트의 무한궤도 트랙터에서 힌트를 얻었다. 홀트는 이미 언급한바와 같이 캐터필러사의 전신이다. 이것을 전쟁용으로 개조한 것을 투입하면 참호를 타고 넘을 수 있어, 습지대가 많은 서부전선을 돌파할 수 있지 않을까 생각했다. 스위튼이 그렇게 생각한 것은 실패로 끝났다. 대신에 전차 개발의 주도권을 잡은 것이 당시 해군 장관이었던 윈스턴 처칠(1874~1965)이었다. 처칠은 해군항공대의 제안인 공항경비를 위한 육상군함(랜드 쉽) 개발

| 그림 3-5 | 보밍턴전차박물관에 전시된 리틀윌리
(출처 http://www.tankmuseum.org)

제안을 받아들여 1915년 2월에 육상군함위원회를 설립하여 개발에 착수했다.

몇 번의 실패를 거쳐, 영국의 링컨에 있는 농기구 메이커의 윌리엄 포스터&컴퍼니가 105마력의 시제품 '리틀윌리(Little Willie)'를 제작한다. 다임러사의 엔진을 탑재하여, 농업용 트랙터와 별 다름없는 차체를 장갑화 했다. 더욱 개발이 진척되어, 최종적으로 세계 최초의 전차 마크Ⅰ이 투입된 것은 1916년 10월 20일 솜 전투(Battle of the Somme)였다.

그 후 병기산업체 슈나이더가 제작한 프랑스의 슈나이더CA1도 1917년 4월 16일의 슈만 더 댐 전투에서 132대가 투입되었다. 이것도 홀트의 트랙터를 참고하여 프랑스 육군대좌인 쟝 에스티엥누(1860~1936)가 제안한 것이었다. 실제로, 슈나이더CA1은 홀트의 트랙터 섀시를 그대로 본뜬 것이다.

전시의 운반력도 또한, 말에서 트랙터로 옮겨 간다. 제1차 세계대전 후에는 군사용 트랙터가 속속 개발된다. 예를 들면, 스마트한 소형 트랙터를 양산한 앨리스 찰머스도 군사용 트랙터를 생산했다.

코드네임 『LaS』 독일 재군비계획

베르사유 조약에서 징병제와 함께 공군이나 전차의 보유를 금지당한 독일은 비밀리에 전차를 개발하려는 계획을 검토한다. 다임러 벤츠사는 크룹, 머시넨퍼브릭 뉘른베르크(MAN) 등의 주요 군수산업이 LaS라는 코드네임으로 전차 개발을 계속했다. LaS는 Landwirtschaftlicher Schlepper(농업용 트랙터)의 이니셜을 딴 것이다. 1935년 3월의 나치 재군비선언 후 불과 1년 만에 Ⅰ호 전차A형이 생산되는데, 그것이 바로 LaS였다.

Ⅰ호 전차는 8밀리에서 15밀리의 기총밖에 없는 작은 전차이지만, 훈련용으로 사용되는 것 외에도 스페인 내전이나 폴란드 침공, 대불전쟁의 초기까지도 실전에 투입되었다. 이어서 나온 Ⅱ호 전차도 재군비선언 이전부터, LaS100이라는 코드네임으로 개발되어 실전에 이용되었다. 다만, 독소전에서는 그 후에 개발된 Ⅲ호 전차와 Ⅳ호 전차가 주력이었다.

제2차 세계대전에는 모든 트랙터 기업이 전차개발을 떠안게 된다. 독일의 란쯔사가 전체 트랙터 생산량 중에 50%를 전차 생산으로 바꾼 것은 1943년이었다.(오시마 타카오(大島隆雄)『제2차 세계대전 중의 독일 자동차공업(2)』)

또 농업기계화 그 자체도 군사적인 의미가 포함된 흔적이 있다. 독일에서도 가장 큰 경제연구소인 경기연구소의 어느 연구자는 1938년에 『기계가 농촌에 가져다 준 것』에서 생산력의 상승이나 여성의 노동 부담을 경감시킴에 따라 인구의 증가와 함께, 『농촌신병의 국방적 유용성의 증대』라고 쓰고 있다. 결국 농업기계의 조작에 익숙해짐으로서 전시에도 기계화한 병기를 용이하게 취급하게 된다고 보고 있다(Hans von der Decken, Die Merchanisierung in Landwirtschaft). 트랙터와 전차의 기술적 동일성은 농민과 병사의 기능적 동일성을 가져다주었다.

캐터필러의 군수산업화 - 일본인의 시선

일본에서도 트랙터의 군사적 유용성은 자명했다. 카네보우(鍾紡)지젤공업회사 전무역 차량부장인 와타나베류노스케(渡邊隆之助)는 1943년에 『견인차(트랙터)』라는 트랙터 개설서를 집필했는데, 거기에서 대동아(大東亞) 건설과 견인차의 의의라는 항목에서 다음과 같이 쓰고 있다.

'국방 자동차 과학측면에서 부각된 트랙터는 대동아의 자원개발, 수송력 향상 등에 의해 일상적으로 증강작용이 이루어진다.', '농지개발, 증산 목적상 트랙터 농법은 급속히 실현될 가능성이 있다.', '미, 영, 소는 물론, 독, 이, 불 등 자동차공업과 함께 트랙터공업 조직을 보유하지 않은 나라는 없다.'

결국, 평상시의 농업용 트랙터라는 것은 군사이용을 전제로 개발해야 되며 그것은 마치 독일의 기업이 트랙터 개발의 미명 아래 전차를 비밀리에 생산하고 있는 것처럼 자동차 공업이 발전하고 있는 나라에서는 상식이 되고 있다고 쓰고 있다.

또 와타나베(渡邊)는 다음과 같이 쓰고 있다.

'견인차는 물론 제1선 병기는 아니지만, 제1선 병기에 준한 병기일 것이다. 캐터필러회사는 대동아전쟁 발발 반년 전까지도 다른 자동차회사와는 달리 병기차량 정책을 거부하고 있었는데, 결국은 굴복하여 정책을 받아들였다는 기사가 잡지에 게재되었는데, 약간 긴장감을 불러일으키는 일이다'(前揭書).

캐터필러 회사는 말할 것도 없이, 저 유명한 메이저리그의 밥 페라가 좋아했던 무한궤도 트랙터의 전통을 가진 회사인 것이다.

1942년에 12월 8일의 진주만 기습으로 시작되는 대동아전쟁의 기치아래 트랙터 기업이 일제히 전차개발에 뛰어든 것은 자동차산업도 충분히 발달되지 않은 일본으로서는 긴장감을 느낀 것도 상상하기 어렵지 않다.

소련 전용은 공공연한 사실

소련도 트랙터의 전시 이용에 적극적이었다. 1933년 6월 1일, 제1차 5개년 계획의 일환으로 남우랄 지방의 체리아빈스키에 건설된 체리아빈스키 트랙터 공장은 소련의 중요한 트랙터 생산 거점이었다. 같은 해에 첫 무한궤도 트랙터 스탈리네츠60형을 생산했다. 스탈리네츠는 스탈린주의자라는 뜻이다. 독재자의 이름이 트랙터에 붙여진 것은 세계 역사상 처음인데 스탈리네츠60형은 미국의 캐터필러60형의 복사판이었다. 생산량은 왕성해서 1940년 3월까지 10만대를 생산했다. 스탈리네츠60형은 4기통 디젤 엔진을 탑재한 중량 10톤의 거대한 트랙터이다. 체리아빈스키 트랙터 공장은 다른 한편으로는 전차 생산의 거점이었다. 한때 탕코그라드(Tankograd), 즉 전차도시로 불려 졌던 것에서도 알 수 있듯이 전쟁 중에는 약 1만8천대의 전차를 생산했었다. 1941년에는 KV-1, 이듬해에는 T-34 등 붉은 군대를 대표하는 전차도 여기서 만들어졌다.

1939년 소련영화 트랙터 운전수들은 독소불가침조약 전에 전운이 감돌던 우크라이나 농촌의 콜호즈가 무대이다. 남녀 트랙터 운전수들을 주인공으로 한 뮤지컬 코미디 영화다. 감독은 전후 『백치』(1958), 『카라마조프의 형제』(1969) 등 도스키예프스키 작품을 영화한 것으로 유명한 이반 산드로비치 프리예프(1901~1968)이다. 여기서 흥미 있는 것은 우선 트랙터 운전수가 트랙터에 타고가면서 도중에 손을 떼고, 뒤로 향해서 낭랑하게 노래하는 장면이다. 위험하기 그지없는 운전이지만, 본인은 개의치 않는다.

공장과 콜호즈 노동을
우리가 해내며, 조국을 지킨다,
대포를 싣고, 전차의 막강한 돌격

빠르고 쉼 없는 포격으로.

*포화를 울리며, 강철을 번뜩이며
전차는 분노의 행군을 한다,
스탈린 원수가 전장에서
앞장서 우리를 이끈다면! (후쿠모토 타케유키(福元健之)역)*

이것은 이미 트랙터의 노래가 아니고, 전차의 노래이다.

더구나 이 영화에서는 트랙터 운전수가 전차 운전수가 되도록 상부기관에서 유도한다. 콜호즈의 지도자로 추정되는 인물이 트랙터 운전수인 여성들 앞에서 '트랙터는 전차다!'라고 단언한다. 영화의 마지막 부분은 스탈린의 초상화가 걸린 결혼식장이다. 트랙터 운전수 커플을 축복하는 장면으로 예의 그 지도자는 '독일을 쳐부수기 위하여', '너희 트랙터 운전수는 트랙터에서 전차로 갈아탄다.'라고 목에 핏대를 세우며 연설한다.

신부가 '한 치의 땅도 양보하지 않는다'라며 노래를 시작하자 '적들을 어디서나 쳐부순다! /운전수가 시동 걸고 나가면 / 산도 들도 강도…' (후쿠모토 역)하며 전원이 합창을 한다. 어느 노래나 2박자로 용맹스런 곡조다.

도플갱어인 『기계』

물론 독일이나 소련뿐만 아니다. 이탈리아에서는 피아트가 1910년에 최초의 트랙터를 완성했는데, 1917년에는 이탈리아에서 최초의 전차인 피아트

2000을 시험제작하고 있었다. 프랑스의 르노사도 19세기말부터 1920년 사이에 자동차를 제작해 왔는데, 1919년에 최초의 20마력 무한궤도 트랙터, HI형을 완성하고 있었다. 이것은 제1차세계대전기에 제작하고 있던 전차를 기본으로 만들어진 것이다. 르노도 피아트도 양대 세계대전 기간에 모두 전차나 군용차를 생산하고 있었다.

폴란드의 우르수스(Ursus) 1893년에 식품기업으로 창업했으나, 1922년에 처음으로 트랙터를 세상에 내놓았다. 그러나 5년간 불과 100대 밖에 제작하지 못했다. 1930년에 도산의 갈림길에 있었으나, 정부의 구제를 받아 군사용 트랙터를 700대 생산한다.

이상에서 살펴보았듯이 트랙터와 전차는 소위 쌍생아이며, 지킬박사와 하이드처럼 도플갱어(이중인격) 기계였다고 말할 수 있을 것이다. 구약성서의 이사야서에는 '칼을 쳐서 쟁기를 만들고, 창을 쳐서 낫을 만든다'라는 말이 있는데, 트랙터의 등장으로 칼은 쟁기로, 쟁기는 칼로 자유자재로 변화하는 시대가 열린 것이다.

히틀러와 스탈린의 사이에서

세계에 자랑하는 란쯔를 등에 업고 폭스 트랙터를 개발한 나치 독일과 미국에서 발 빠르게 트랙터를 수입하여 자국산으로 트랙터 생산이 가능하게 된 소련은 문자 그대로 20세기 전반에 세계정치의 태풍의 눈이었다.

1939년에 독소불가침조약을 맺고 양쪽에서 폴란드를 침공하여 영토를 나누어 가져 세계를 놀라게 했으나 결국 반공을 당의 기본 정책으로 하는 나치당

독재정권인 독일이 소련과 전쟁을 하게 되는 것은 피할 수 없는 운명이었다. 더불어 양국 모두 점령지 개발을 위하여 트랙터를 수출한다.

1941년 6월 독소전쟁이 시작된다. 처음에는 독일이 압도적이었으나, 점차 붉은 군대의 반격을 받게 된다. 그 전환점이 된 전투가 1942년 6월부터 다음해 2월까지 벌어진 스탈린그라드 전투(Battle of Stalingrad)라는 것은 잘 알려진 사실이다. 당시 스탈린그라드는 소련의 중공업발전의 중심 도시로 여기에 스탈린그라드 트랙터 공장이 있었다. 이 공장은 트랙터뿐만 아니라 소련군을 대표하는 중전차T-34의 절반 정도를 생산하고 있었다. 또한 일련의 전투 중에서도 가장 치열했던 전투가 이 트랙터 공장을 둘러싼 싸움이었고, 전투로 인해 트랙터 생산은 중단되었다.

독일군은 소련과의 전투 중에 소련제 트랙터 및 콜호즈와의 만남은 세계사적으로 중요하다. 예를 들면, 독일군은 독소전쟁 때 소련의 트랙터를 다수 노획하여 농업과 군사용으로 사용했다.

콜호즈에 대해서는 독일 역사학자 나가미네 미치테루(永峯三千輝)가 선구적 연구를 하여 다음과 같이 설명하고 있다.(『독일 제3제국의 소련 점령 정책과 민중』『독소전쟁과 홀로코스트』). 독소전쟁 개시 6주간 만에 이미 독일은 콜호즈와 같은 소련식 경제시스템을 타파한다는 종래의 노선이 흔들리기 시작했다. 트랙터 스테이션(MTS)의 농기계를 퇴각하던 붉은 군대가 가져가거나 파괴하는 현실이, 기존방침을 재고하도록 압박한 것이다.

또한, 트랙터는 있어도 연료가 없었다. 기계가 없는 데도 현지 농민들은 낡은 농기구를 가지고 나와 강인한 자주정신으로 농사를 짓기 시작했다. 결국 슬라브인을 열등 인종이라고 깔보며 반공주의를 딩 징잭으로 삼았던 나치도 더 이상 파괴하기보다는 콜호즈를 보전하여 재건하는 것이 손쉬운 길이라고 생각한 것이다. 트랙터는 기름을 먹는 기계이다. 나가미네(永峯)는 '동맹국인 루마니아의 국내 소비를 줄여서라도 확보하려고 했다. 동맹국의 연료소비를 필사적으로 압박했음에도 불구하고 조달하지 못했다.' 석유가 전쟁의 원인이 된 것은 나치뿐만 아니라, 동남아시아의 유전지대를 침공한 일본도 마찬가지였다. 왜냐하면 물자운반의 자동차화야말로 전쟁의 승패를 좌우했기 때문이다.

나가미네(永岑)는 '생산물인 식량을 치안정책 측면이나, 통합정책 측면에서 가장 실행하기 용이한 부문에서부터 삭감한다. 밥을 많이 먹는 사람을 없애는 것이, 1942년에 진행되었던 『최종해결』의 실질적인 방책이었다.'고 적고 있으며, 나치 독일의 동유럽 및 소련의 일부 점령지는 지역 원주민들에게 기아를 강요하는 형식으로 진행되었다(『독소전쟁과 홀로코스트』). 이 계획은 나치의 식량농업성의 사무차관 헬베르트 바케(1896~1947)에 의해 작성되었기 때문에 바케 플랜 또는 기아계획이라 부르고 있다.

나치 독일도 또한 제1차 세계대전과 같은 기근을 피하기 위하여 점령지의 곡물징발과 본국으로의 수송에 심혈을 기울였다. 그것은 기아수출이라 할 만한 테러였다. 적국인 소련과 똑같은 행위를 되풀이한 것이다.

『우크라이나어판 트랙터 소사』는 무엇을 말하는가?

나가미네(永岑)의 연구가 선구적인 이유는 나치즘과 스탈리즘이 각국의 본거지인 독일과 소련뿐만 아니라 두 나라의 영향력 아래 있었던 주변국에게까지 그들 체제가 초래한 폭력과 잔학성을 다루었기 때문이다.

독립의 꿈이 좌절되고 소련에 병합된 후에도 우크라이나는 파란의 역사를 걷게 된다. 스탈린 체제 하의 대기근이 맹위를 떨친 것도, 독소전쟁의 전쟁터가 된 것도, 우크라이나였다. 독일의 점령지가 되고나서, 전쟁 후에는 소련에 귀속되었고, 소련붕괴 후 독립을 이루었다. 우크라이나의 역사는 20세기 폭력의 역사였는데, 소련 트랙터 역사의 기원이었다는 것은 이미 말한 바대로 이다.

2005년에 영국에서 간행되어, 세계적 베스트셀러가 된 마리나 레비츠카라이나의 『우크라이나어판 트랙터 소사』(일본어역 『젖가슴과 트랙터』)는, 위에서 말한 우크라이나의 비극을 트랙터의 관점에서 묘사한 소설이다. 재미없는 제목임에도 불구하고, 2010년에는 37개국에 번역되어 200만부가 판매된 것은 경이적인 일이다.

『우크라이나어판 트랙터 소사』는 우크라이나의 전직 트랙터기사로 영국에 살고 있던 48세의 니콜라이라는 노인의 현재와 과거를 둘러싸고 이야기가 전개된다. 극중 니콜라이는 작자인 레비츠카의 아버지를 모델로 했다.

어느 날 니콜라이 노인은 우크라이나에서 영국에 온 36세의 가슴 풍만한 여성인 발렌티나와의 결혼을 선언한다. 그러나 저임금 간병인으로 일하고 있는 발렌티나는 가슴수술과 싸구려 화장품으로 얼굴을 꾸며 니콜라이를 미인계로 유혹해 위장결혼을 하여 비자, 여권, 취업허가증을 받으려고 계획한다. 이것을 알아차린 두 딸이 늙은 아버지로부터 그녀를 떼놓으려는 작전을 세운다. 결국 발렌티나를 전 남편에게 떠맡기는데 성공하여 우크라이나로 귀국시키게 되는데, 그 과정에서 니콜라이 일가의 감추어진 어둡고 무거운 역사의 베일이 벗겨진다는 내용이다.

암울한 것은 첫째로 젊은 니콜라이의 인생이다. 1932년부터 1933년에 걸쳐 우크라이나의 기근을 이겨내고, 결혼한 후 독소전쟁이 시작되어, 니콜라이는 소련군으로 징병된다. 병영생활을 못 견디고 탈주를 감행, 마을 묘지에 들어가 긴 포도와 잎사귀에 싼 벌레를 먹으며 근근이 살아가고 있었는데 밀고를 당해 소련의 내무인민위원에 체포되어 독방에 갇히게 된다. 니콜라이는 절망 끝에 유리창을 깨어 목을 그었으나 독일 의사의 치료 덕분에 생명을 구한다. 그 후에 독일군이 점령하자 니콜라이는 자신이 엔지니어라고 말해 독일군에 고용되어, 가족을 두고 독일로 향한다. 그 때문에 니콜라이는 우크라이나에 돌아갈 수 없었다. 왜냐하면, 돌아오면 독일군의 협력자로 몰려 유형이나 사형에 처해지기 때문이다.

둘째로 니콜라이의 처와 딸이다. 니콜라이가 독일로 향한 후, 우크라이나의 다셰프에 남은 처와 딸은 독일군에 의해 바이에른 주 동부에 있는 독일 드라크헨 호반의 노동수용소에 끌려간다. 거기서 엄마는 비행기 엔진 조립에 종사하고, 딸은 교도관의 담배를 훔쳐, 감방에 감금된다. 전후에 슈레즈비히 홀스타인 주에 있는 키르 난민캠프에서 세 사람은 재회하고, 거기에서 여자동생이 태어난다. 실은 두 딸은 발렌티나의 소동이 일어나기 전까지는 어머니가 모아둔 비상금의 유산상속 문제로 골육상쟁을 벌이고 있었다.

트랙터 기사의 역사관

이러한 역사를 배경으로 레비츠카는 『우크라이나어판 트랙터 소사』를 완성한다. 여기서는 트랙터 세계사에 의미가 있는 중요한 시점을 4가지를 다루고 싶다.

첫째로 우크라이나에서 볼 때, 스탈린의 농업집단화에는 민족의 탄압이라는 뉘앙스가 담겨 있다는 점이다. 우크라이나에서 트랙터 기사였고, 그것을 평생 자랑으로 생각했던 니콜라이로서는 소련은 희망을 가져다주는 나라가 아니라, 무엇보다도 먼저 억압자였다고 말한다.

> 트랙터는 스탈린이 혁명의 적으로 간주하고 있던 자영농민, 곧 토지
> 를 소유하고 있는 부농계급의 해체를 촉진하는 전주곡이었다. "철
> 마"가 촌락의 전통적인 생활양식을 파괴하는 한편 우크라이나의 트
> 랙터 산업은 융성 일로를 달린다. 우크라이나의 집단농장화가 성과
> 가 없었던 가장 주된 이유는 콜호즈의 이행을 거부하고 자기 농지를
> 계속 경작했던 자영 농민들의 저항이 있었기 때문이다.
> 이것에 대하여 스탈린은 가차 없이 보복했다. 보복에 이용된 수단은
> "기아"이다. 1932년 우크라이나의 농작물은 거의 모두 압수되어 모
> 스크바나 레닌그라드로 수송되어 공장에서 일하는 프롤레타리아트
> (무산계급 노동자)의 식량이 되었다.(아오키 쥰코(青木純子)역)

니콜라이는 우크라이나에서 트랙터를 철마라 부르고, 철마가 촌락사회의 전통을 파괴하고 부농계급 말살의 수단이 된 것뿐만 아니라, 우크라이나 농민들이 농업집단화에 저항한 것을 증언하고 있다. 또한 1932년부터 1933년에 걸쳐 우크라이나를 덮친 대기근이 저항에 대한 스탈린의 보복이라는 니콜라이의 시선은 우크라이나인 특유의 독자성을 가지고 있다고 말할 수 있을 것이다.

둘째로 우크라이나의 소련에 대한 고통을 아일랜드의 영국에 대한 고통에 절묘하게 겹쳐 보이게 하고 있는 점이다.

니콜라이는 3포인트 링크를 발명한 해리 퍼거슨을 '트랙터 개발사에 빛나는 이름을 남겼다'라며 천재라고 대놓고 칭찬했다. 그것은 '아일랜드도 아직, 우크라이나처럼 강대한 산업선진국과 국경을 접하여 그 압력을 받고 있는 농업 위주의 나라'라고 말한 것과 무관하지 않다.

또한, 19세기 중반의 아일랜드의 대기근을 우크라이나의 대기근과 대비하고 있는 것도 자연스럽다. 이 기근으로 우크라이나는 인구의 10% 이상인 400

만명에서 600만명의 아사자가 생겼다. 니콜라이는 배가 너무 고파 갓난애를 먹고 미친 여자의 일도 기억하고 있고, 니콜라이의 처는 그 기근의 후유증으로 전쟁이 끝난 후에도 식품창고를 채워 놓지 않으면 안심이 안 되는 강박증 환자로 변했다. 이런 연유로 해서 딸들이 서로 싸울 정도의 막대한 금액을 비상금으로 계속 쌓아놓았던 것이다.

셋째로 트랙터와 전차의 관계에 대하여 기사의 시점에서 논하고 있는 점이다. 니콜라이는 말한다. '트랙터를 만들어 낸 기술은 의도치 않게 전쟁 병기를 만드는데 이용되게 된다. 그 최대의 아이러니가 발렌타인 전차였다'. 발렌타인 전차는 영국의 군수산업 비카스 암스트롱사가 설계하고 캐나다의 『캐나다 태평양철도사』에서 제조되었다. 트랙터 제조에 숙련된 우크라이나 기사가 그곳에 다수 있었기 때문이었다고 니콜라이는 말하고 있다.

19세기에서 20세기에 걸쳐, 공업화가 진행되어 공장노동자가 되기보다는 농업을 지속하고 싶다고 생각한 많은 농민이 우크라이나에서 캐나다나 미국 북부의 농업지대로 이주하여 살고 있었다. 우크라이나가 다른 나라보다 선구적으로 트랙터를 대표로 하는 농업기계화를 이룬 것도 사실이므로, 단순한 허구는 아닌 것이다. 캐나다에서 제작된 발렌타인 전차는 그 후 러시아에도 수출되어, T-34전차와 함께 우크라이나를 독일로부터 해방하는 전쟁에도 투입되었다고 한다.

넷째로 트랙터가 파시즘과 공산주의를 만들어 냈다고 하는 역사관이다. 트랙터는 『역병』처럼 미국을 뒤덮는다. 니콜라이에 따르면 트랙터가 남용되어 토지가 황폐해졌기 때문에, 1930년대에 더스트 보울(모래먼지 그릇)이 발생했다. 토양침식은 기근을 가져와 미국 경제를 혼란에 빠뜨려, 결국에는 1929년 주가 대폭락을 일으킨다. 그리하여 이러한 정책 불안과 빈곤이 세계로 확산되고, 독일의 파시즘과 러시아의 공산주의 충돌로 방향 전환되어 인류를 파멸의 길로 몰아세웠다.

조금 억지 전개라고는 해도 『분노의 포도』를 방불케 하는 설득력을 갖는다. 애초에 니콜라이 일가가 나치즘과 공산주의 양쪽에 고통 받았기 때문에 이러한 역사관이 생겨났을 것이다. 물론 『우크라이나어판 트랙터 소사』는 허구이고, 그 진위를 밝히는 것에는 본서는 관심이 없다. 다만, 사실을 토대로 쓰여진 만큼 리얼리티가 풍부하고, 무엇보다도 트랙터 기사 일가가 겪은 이야기는 역사학자 티모시 스나이더가 히틀러와 스탈린 사이에 끼여 블러드랜즈(유혈지역)라고 지칭한 지역의 수난사와 매우 흡사하다. 이 책에서 말하는 트랙터가 스탈린에 의한 우크라이나 공격의 선봉이었다는 묘사도 사실과 다르지 않다.

제2차 세계대전 중의 영국

제2차 세계대전 중 노동력이 부족한 가운데에서 급속한 트랙터 보급을 달성한 나라는 영국이다.

역사 연구자인 빅터 듀이의 논문 『전시에 있어서 트랙터의 공급』에 따르면, 영국의 트랙터는 포드슨이 점령하고 있었다. 1932년에는 런던 동부의 다게남 지구에 포드슨 공장이 완성되어 영국산 포드슨N형이 대량 생산된다. 포드슨N형은 절정기인 1937년에 18,698대가 생산됐는데, 다음해에는 10,647대로 감소한다. 그것은 포드슨이 추워지면 엔진 시동을 걸기가 어렵고, 연비도 나쁜 데다가 시대에 뒤떨어졌기 때문이다.

그러나 포드슨은 저가격의 매력과 회사의 정치력으로 영국에 계속 남게 된다. 포드사는 정계의 커넥션을 이용하여, 1938년 9월 21일에 농업성의 간부와 만나 전쟁발발후의 트랙터 공급에 관한 모종의 논의가 있었다고 한다.

듀이에 따르면, 영국 농업성은 1939년 3월의 나치 독일의 체코슬로바키아 병합 이래, 전쟁은 불가피하다고 보고, 영국의 농업 생산력 향상을 위한 계획을 추진하기 시작했다. 제1차 세계대전처럼 전쟁이 장기화 되면, 식량전쟁화 될 가능성이 높기 때문이다. 이 계획의 하나가 포드슨의 확보였다.

1939년 5월에는 농업개발법을 제정하고, 1에이커(약 0.4헥타르)마다 2파운드를 보조하여 농지조성을 촉진하여, 69만 헥타르의 경지를 창출하려고 했다. 그 때문에 화학비료와 트랙터가 필요했다. 이미 같은 해 6월 30일에는 농업성과 포드사와의 계약이 체결돼 전쟁을 시작하자마자 27.5% 인하된 가격으로 포드슨 3천대를 구입했다. 전쟁이 시작되지 않으면 정부는 포드사에 대하여 어떠한 책임도 지지 않는다는 포드사로서는 도박에 가까운 계약이고, 또한 개전을 기대하는 소위『죽음의 상인』계약이었다.

1939년 9월 1일에 나치가 폴란드를 침공한 후, 정부는 실제로는 계약보다 많이 구입했다고는 하나, 자세한 수치는 확실하지 않다. 어찌됐든 포드사는 나치와의 전쟁을 이용하여 포드슨의 연명조치를 도모했던 것이다.

또한 영국정부는 식량자급을 위해, 1940년 여름 트랙터의 수출을 금지한다. 이에 따라 1939년에는 14,740대 중 수출대수가 6,242대, 국내 판매는 3,838대였던 것에 비하여, 1940년에는 생산량 18,050대 중 수출대수는 1,534대까지 감소하고, 거꾸로 국내 판매는 16,516대까지 급격히 상승했다. 포드슨의 생산대수도 되살아나서 1938년에는 10,647대였던 것이 절정기인 1942년에는 27,650대에 달한다(Dewey, The Supply of Tractors).

그렇다고 해서, 포드사만으로는 영국의 농업계를 만족시킬 수 없었다. 미국으로부터 더 많은 수입이 필요했다. IH사나 앨리스 찰머스사의 성능에 포드슨은 상대가 되지 않는다. 파몰의 시리즈 제품이나 앨리스 찰머스B형과 같은 이랑 작물용 로 크롭 트랙터를 포드사는 거북한 상대로 여겼다. 독일 잠수함의 공격으로 바다에 침몰한 트랙터도 많았으나, 미국에서 온 트랙터는 영국으로서는 구세주였다.

더구나 전시중인 영국에서 중요한 것은 무한궤도 트랙터의 활약이다. 듀이에 따르면 1940년부터 1944년까지 400만 헥타르의 습지가 농지로 바뀌었는데, 여기서는 미국의 캐터필러, IH, 앨리스 찰머스의 무한궤도 트랙터가 이용되었다. 1944년 통계로는 영국 농장 전체에서 6,243대의 무한궤도 트랙터가 사용되었다고 한다.

포드와 퍼거슨

기술사적으로는 아일랜드 출신 기사 해리 퍼거슨의 존재감은 역시 크다. 1936년에 퍼거슨이 독자적으로 개발한 트랙터 『퍼거슨 브라운』은 포드슨 보다도 성능이 좋았는데, 고가여서 1939년까지 1,350대 정도 생산되는데 불과했다. 1939년에 생산이 중단된 것은 생산을 위탁했던 데이비드 브라운(1904~1993)의 회사와 계약이 만료되었기 때문이다.

1935년에 창업한 데이비드 브라운사는 1939년에 독자적으로 설계한 3포인트 링크 부착 트랙터VAK-1을 발표한다. 브라운의 정부와 교섭 덕분에 VAK-1은 전시 중에서도 활약하게 되는데, 다만, 35마력에다가 성능이 좋은 탓에 전시 중에는 브라운의 기대와 달리 군사비행장에서 사용되는 경우가 많았다고 한다. 군용기를 견인하는데 딱 좋았기 때문이다.

그런데 퍼거슨은 브라운과의 계약 만료 직후인 1938년에 미국에서 포드와의 악수로 맺은 구두계약, 즉 신뢰관계에만 근거한 서명 없는 계약으로, 영국의 에섹스 공장에서 트랙터를 제작하는 허가를 받았다. 그런데 영국포드사가 이것을 거부하여, 퍼거슨은 코벤트리에 있는 스탠더드 모터 컴퍼니와 계약을 맺고, 거기에서 3포인트 링크를 탑재한 트랙터를 생산했다. 그 중에서 가장 중요한 트랙터가 퍼

| 그림 3-6 | 강렬한 색을 자랑하는 VAK-1

거슨TE20이다. 20마력으로 가볍지만 성능이 좋아 영국에서 판매 1위가 되고, 미국에도 수출된다.

한편으로 퍼거슨과 포드사와의 관계는 악화되어 간다. 전후에 헨리 포드의 손자 헨리 포드2세(1919~1997)가 퍼거슨의 특허권을 무시하고, 3포인트 링크를 이용한 트랙터를 제작하는 새로운 회사를 설립하려고 하여 법정 분쟁으로 번져, 진흙탕싸움이 된다. 1938년에 악수만으로 맺은 서명 없는 계약이 허사가 되어버린 것이다. 결국 법정에서는 헨리 포드2세가 승리했으나, 막대한 비용이 들었고, 퍼거슨도 약간의 위약금밖에 받지 못해, 트랙터사에 큰 오점을 남기게 된다.

퍼거슨은 1953년 8월에 자사를 캐나다의 전통적인 농기구 메이커인 『맛세이 해리사』와 합병하는 것에 합의하여, 『맛세이-퍼거슨』사라는 새로운 회사명으로 트랙터를 생산하기 시작한다. 양사의 합병으로 '맛세이-퍼거슨'은 세계 3위의 트랙터메이커로 도약하게 된다. 이후 맛세이 퍼거슨은 1990년에 미국의 농기구 메이커인 AGCO사의 계열사로 편입된다.

한편, 퍼거슨 자신은 트랙터 생산에서 은퇴하여, 1960년에 세계에서 처음으로 사륜구동 F1자동차 『퍼거슨P99』를 설계했다. 흥미롭게도 여기에는 그가 제작한 트랙터의 변속기 기술이 적용됐다.

제4장
냉전시대의 비약과 한계

양산체제의 확립

1 시장의 포화와 트랙터의 대형화 - 사양길의 미국

냉전기의 트랙터의 추이

이 장에서는 냉전시대의 트랙터의 흔적을 따라갈 예정인데, 그 전에 유엔 식량농업기구(FAO) 통계로 기간별 승용형 트랙터 이용대수의 상위 15개국의 변천을 보자(4-1).

요점은 첫째로 미국이 부동의 1위라는 점이다. 더구나 2위국을 크게 따돌리고 있다. 다만 통계에 따르면, 1966년의 547만대를 정점으로 완만하게 감소해 간다. 결국 포화상태에 도달한 것이다. 둘째로 1965년부터 85년에 걸쳐, 소련, 독일, 이탈리아, 프랑스 등 서구 제국이 견실한 성장을 보이고 있는 점이다.

셋째로 같은 기간에 급격히 대수가 증가한 것이 폴란드와 일본이다. 폴란드는 7배, 일본은 1964년도 데이터와 비교해서 48배나 증가하고 있다.

이어서 4-2의 농지 1,000헥타르 당 승용형 트랙터의 대수, 즉 트랙터 밀도의 상위 5개국인 일본, 오스트리아, 이탈리아의 트랙터 대수가 눈에 띈다. 자본주의국가로 공업생산력이 있고, 소농이 많은 지역에서는 마력이 작은 트랙터가 보급되고, 자국 내의 식료생산을 뒷받침하고 있는 모습이 엿보인다. 특히 제5장에서 언급하고 있는 일본의 트랙터 밀도는 발군이다. 미국은 1,000헥타르당 11대로 안정되어 있다. 그에 비해 소련은 3대(1965년), 5대(1985년)로 열세이다.

| 4-1 | 승용형 트랙터의 이용대수 상위 15개국과 세계 합계의 변동

순위	1965년		1985년		2000년	
	국가	대수	국가	대수	국가	대수
1	미국	4,800,000	미국	4,670,000	미국	4,503,625
2	소련	1,613,200	소련	2,829,000	인도	2,091,000
3	독일	1,288,372	일본	1,853,600	일본	2,027,674
4	프랑스	996,422	독일	1,641,625	이탈리아	1,643,613
5	캐나다	586,905	프랑스	1,491,200	폴란드	1,306,700
6	영국	475,000	이탈리아	1,227,134	프랑스	1,264,000
7	이탈리아	419,943	폴란드	924,642	독일	989,487
8	호주	300,859	유고슬라비아	881,693	중국	974,547
9	오스트리아	191,731	중국	852,357	터키	941,835
10	스웨덴	170,000	캐나다	714,000	스페인	899,700
11	덴마크	161,734	브라질	666,309	브라질	797,466
12	아르헨티나	155,000	스페인	633,210	러시아	747,000
13	스페인	147,884	인도	607,773	캐나다	729,000
14	남아프리카	138,422	터키	582.291	태국	439,139
15	폴란드	131,000	영국	525,549	세르비아	396,924
	세계 합계	13,407,506	세계 합계	25,096,325	세계 합계	25,456,149

주 : 1965년, 1985년은 동서독일의 합계
출전 : FAOSTAT 각 년 데이터

| 4-2 | 농지면적당 승용형 트랙터의 대수

상위 5개국의 변동(1,000ha당)

순위	1965년		1985년		2000년	
	국가	대수	국가	대수	국가	대수
1	독일	66	일본	351	일본	386
2	오스트리아	55	오스트리아	107	오스트리아	114
3	덴마크	53	독일	90	이탈리아	105
4	스웨덴	44	이탈리아	72	세르비아	71
5	프랑스	29	유고슬라비아	62	폴란드	71

주 : 1965년, 1985년은 동서독일의 합계
출전 : FAOSTAT 각 년 데이터

냉전구조 중에 트랙터는 양진영의 선두국가는 모두 경지면적이 넓기 때문에, 대형 트랙터를 이용하여 조방적(粗放的) 농업을 하고 있다. 그 반면에 그 동맹국들은 중소농 국가가 많아서, 소형이나 중형 트랙터를 이용한 비교적 집약적 농업을 하는 구도를 그린다.

그리고 냉전 종료 후 10년이 지나자, 세계 트랙터 대수가 약간 한계에 도달한 경향을 보이며, 새로운 시장으로서 대량의 중소규모 농가를 포함하는 인도와 중국이 대두하기 시작하는 것은 말 그대로 세계경제의 세력도를 그대로 반영하고 있다고 하겠다.

적색과 녹색의 결투 파몰 대 존디어

독일은 1945년 5월 8일, 일본은 9월 2일에 연합국과 휴전 협정을 맺는다.
제2차 세계대전이 끝나고 약 20년간, 미국의 트랙터 업계는 최후의 활황으로 들끓었다. 아직 소규모 농가에 가축이 남아있어 트랙터의 도입이 늦어졌기 때문이다. 더욱이 1경영체 당 농지의 확대와 함께 대형 트랙터의 수요가 서서히 높아져, 국외로의 수출도 증가했다.

1951년에 미국의 트랙터 대수는 600만대를 돌파한다. 거기에는 대기업의 과점이라는 그늘이 있다. 빨간 파몰을 히트시킨 IH사와 녹색의 존 디어를 히트시킨 디어&컴퍼니사는, 전후에도 계속 라이벌 관계였다. 농민들도 아직 왕성한 소비욕과 호기심을 잃어버리지 않았다.

『마이 퍼스트 트랙터』의 편저자인 제리 앱스는 1945년부터 1950년경에 걸쳐 그의 부친이 이웃사람과 경쟁하듯이 트랙터를 구입했던 일을 회상하고 있다.

앱스의 부친은 제2차 세계대전이 끝나고 수개월 후 빨간 몸체의 팜올 H(Farmall H)(4-1)를 1,750달러에 구매했다고 한다. 그때까지는 개조한 포드슨을 사용하고 있었다. 포드슨은 3포인트 링크도, PTO도, 벨트를 부착하는 활차(역자주 : 滑車, 하나 또는 여러 원반을 이용하여 동력을 전달하는 장치)도 없는 결함투성이었다. 그런 탓으로 IH사의 팜올은 대단히 매력적이었다.

포드슨에서 팜올로 바꾸어 사게 된 계기는 겨울 어느 날 포드슨의 엔진 시동이 걸리지 않았다. '아무리 추워도 말은 언제든지 움직이지'라는 부

| 그림 4-1 | Farmall H는 International Harvester의 'letter series' 중에서 가장 널리 생산되었으며, 14년 동안 약 39만대가 생산됐다.

친의 푸념은 트랙터에 대한 울분을 승화시킨 절제된 표현이었다.

　이웃집 밀러는 녹색 몸체의 존 디어B형을 구입한다. 견인력은 24마력, 벨트전달 마력은 27마력, PTO는 22마력, 2기통엔진, 클러치는 뻑뻑하다. 이에 비해 부친의 팜올은 견인력은 19마력, 벨트전달 마력은 24마력, PTO는 29마력, 4기통엔진을 탑재하고 있다. 앱스의 부친과 밀러는 같은 조건에서 어느 정도 속도로 탈곡할 수 있는가 시합을 하게 된다. 결과는 비겼는데 이런 식으로 이웃과 경쟁하거니 도움을 주거니 받거니 하면서 새로운 트랙터를 구매함으로서, 농민들은 앞 다투어 농업기계화를 진전시킨 것이다. 또 경제학자인 오란 스케어에 따르면, 당시에 이런 농담이 있었다 한다.

질문 : 어째서 존 디어 트랙터는 녹색이지?
답변 : 팜올이 왔을 때 풀들이 도망쳐 들어갔으니까.
질문 : 어째서 팜올은 빨간색이지?
답변 : 부서지면 부품을 풀숲에서도 바로 찾아야 하니까.
(My First Tractor)

　이런 가는 말이 고와야 오는 말이 곱다는 식의 농담은 팜올과 존 디어가 미국을 대표하는 두 개의 트랙터라는 것뿐만 아니라, 시장에서 소수의 트랙터 기업에 의한 과점 현상도 표현하고 있다.

엘비스를 매료시킨 존 디어

존 디어와 IH가 미국 트랙트 역사의 정점에서 빛났던 것을 상징하는 에피소드를 또 하나 소개한다.

남부의 미시시피 주 출신의 엘비스 프레슬리((1935~1977)은 고급차와 고급 오토바이 수집가로 유명한데, 사실은 트랙터를 타는 취미도 있었다.

『마이 퍼스트 트랙터』의 존 디츠의 기사에 따르면, 1957년에 촬영된 홈·무비에서 IH의 4기통, 30마력의 300형트랙터를 타고 돌아다녔다고 한다. 또 1967년 초에는 엘비스가 구입한 미시시피 목장에서 존 디어4010형을 타고 있었다는 기록도 있다. 이 4010형은 그가 휴가를 보냈던 그레이스랜드에서도 사용되었으며, 현재 그레이스랜드에 있는 엘비스 프레슬리 자동차박물관에 복원된 것이 전시되어 있다. 더구나 이것과 관련하여 16분의 1로 축소한 존 디어 40110형 트랙터의 모형도 완구회사로부터 발매되었다(4-2).

남부 찬송가나 재즈의 음악문화를 흡수하며, 세계를 사로잡은 록 가수 엘비스 프레슬리는 『감옥 록크』 『하운드 독』 『러브 미 텐더』 『사랑에 빠지지 않고서는』 등 누구나 흥얼거리는 곡들을 연달아 히트시켰던 20세기 미국문화의 상징

| 그림 4-2 | 엘비스 프레슬리의 존 디어

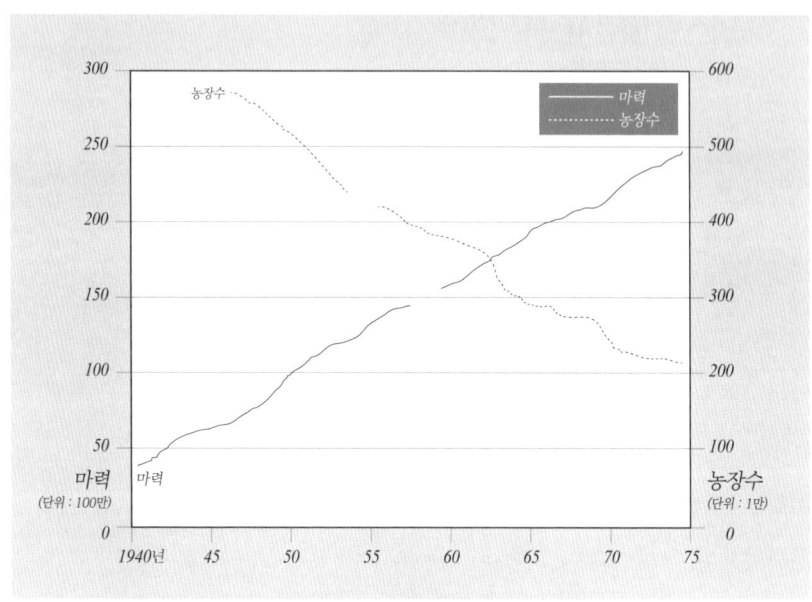

| 그림 4-3 | 미국에 있어 트랙터의 총마력과 농장수의 변천
주 : 1958년과 59년은 데이터 누락
출처 : Durost and Black, Change in Farm Production,
p.32 : National Agricultural Statistics Service.

이다. 마찬가지로 20세기 미국 농업계를 상징하는 디어&컴퍼니와 IH의 트랙터를 그가 운전하였다는 사실은 트랙터가 현대사의 증인으로 얼마나 잘 어울리는 존재인가를 알게 해 준다.

그런데, 1950년대 후반부터 트랙터 생산은 서서히 그림자를 드리운다. 앞서 언급한 데로 1965년에 미국에서의 트랙터 보유대수는 정점에 도달한 후 정체가 시작됐다. 미국에서 트랙터는 포화점에 이른 것이다.

다만, 대수가 정체되는 대신에 트랙터의 마력이 상승되는 것에 주의하지 않으면 안 된다(4-3). 카우츠키나 레닌이 책상에서 꿈꾼 대로 미국의 농업도 규모화의 길을 가기 때문이다. IH는 마력을 증가한 '수퍼 M'을 개발하고, 앨리스 찰머스는 4기통 터보엔진을 탑재한 트랙터를 개발했다.

3포인트 링크도 보다 큰 작업기를 접속할 수 있도록 크고 강해졌고 PTO 역시 회전수가 많은 것이 보급됐다.

진동과 소음이 운전수를 고통스럽게 했다는 것은 앞에서도 지적했는데, 개선의 움직임이 있어, 트랙터의 대형화와 함께 운전석은 유리를 설치하고, 쿠션을 깔고, 배터리를 탑재함으로서 에어컨 탑재도 가능하게 되어, 쾌적성이 높아지게 되었다.

그런 중에 2기통을 고집하던 디어&컴퍼니는 시대의 추세에서 뒤처지게 된다. 전쟁전과 전쟁 중에는 '포핀 자니'라 불리며 농민들에게 사랑받고, 엘비스의 총애까지 받아 공전의 히트를 친 존 디어 시리즈는 디자인에 집착한 나머지 대형 트랙터로의 이행이 늦어졌기 때문이다.

대형화와 일본으로부터의 수입공세

그런 중에, 거대한 트랙터를 생산하는 기업이 나타나기 시작했다. 버서타일, 스타이거, 빅 버드 3개 회사이다. 트랙터 거대화의 전형적인 사례는 1977년에 등장한 빅 버드사의 747형이다. 당시 세계에서 가장 큰 트랙터로서 이름을 날렸다. 성인 신장만큼 큰 타이어는 2중 타이어로 되어 전부 8개이다. 높이 4.3미터, 길이 8.2미터, 마력은 760마력, 무게는 경유를 가득 채우면 68톤이나 된다(4-4). 쟁기의 상태를 체크할 수 있는 모니터와 운전수의 도시락을 넣는 냉장고도 구비되어 있다.

트랙터가 거대해짐에 따라 타이어의 미끄러짐이 많아 그만큼 마력 손실이 생기는 이륜구동 대신에 사륜 구동이 주류가 되었다. 사륜 구동이라 하더라도

| 그림 4-4 | 빅 버드

    같은 성능의 엔진으로 20~50% 마력을 증가시킬 수 있었다. 처음에는 고가여서 인기가 없었으나, 점차 정착되어 IH도 1978년에 3388형과 3588형 2종류의 사륜 구동 트랙터를 선보였다.

    그렇다고는 해도 거대 트랙터가 아무리 팔려도 판매에 한계가 있어 미국의 트랙터 업계 전체를 활성화 시키지는 못했다. 사양화는 1980년대에 더욱 가속화 된다. 로날드 레이건 대통령(1911~2004)의 무역자유화 시대에는 1929년의 세계공황의 재판처럼 농촌은 불황이 덮쳐 저당 잡힌 농지가 속속 은행의 손에 넘어갔다. 농촌의 인구도 감소하여 전체인구의 불과 3%밖에 농촌에 없는 상태가 된다. 이것과 맞물려 트랙터 산업도 정체를 맞이한다.

    1983년에는 1979년 때의 60% 정도로 트랙터 시장이 줄어든다. 디어&컴퍼니는 1983년 1사분기에만 2800만 달러의 적자가 되어, 시간제 근로자의 40%, 정규 근로자의 15%가 해고되었다. IH도 파산직전까지 내몰렸다. 세계 제2위 규모를 자랑하는 농기구 메이커인 맛세이-퍼거슨도 미국에서 이륜구동 트랙터 생산에서 철수했다(Williams, Fordson, Farmall, and Poppinn' Jonny).

실은 이미 1960년대부터 외국산 트랙터가 미국 시장을 석권하기 시작했다. 특히, 위협이 된 것은 일본의 농기계 메이커였다. 마침 도요타, 닛산, 혼다 등의 자동차가 미국의 포드, 제너럴 모터스, 크라이슬러에 위협을 주었던 것처럼 30마력 이하의 소형 트랙터에서는 품질이 높은 구보타, 얀마, 이세키, 미츠비시농기 등의 제품이 미국산 트랙터를 시장에서 압박하기 시작하여 미국 농촌에서도 급속히 존재감을 보이기 시작했다(Ibid.).

1983년에는 미국에서 판매된 트랙터 중 반수가 외국산으로, 다음해 1984년에 구보타는 미국에서 트랙터 판매 3위가 된다.

대형화, 쾌적화, 또 한편으로 시장의 포화, 그리고 시장 정체로 인한 미국의 트랙터산업은 1965년을 정점으로 서서히 글로벌 기업통합의 파도에 휩쓸리게 된다.

2 동쪽 제국에서의 침투
– 소련, 폴란드, 동독, 스웨덴, 베트남

소련 – MTS의 해체와 낮은 보급률

1953년 3월 5일 스탈린이 사망했다. 스탈린의 죽음은 트랙터에도 영향을 미친다. 1956년 2월, 소련공산당 제20차대회에서 전지도자인 스탈린을 비판하여 세계를 놀라게 한 흐루시초프는 개인숭배가 아니라 집단지도체제를 들고 나오면서 1958년에 MTS의 해체를 발표한다.

농업기계의 공동이용을 목적으로 하는 조직으로 곡물의 강제적 집하와 농민관리의 거점이었던 MTS는 스탈린 시대의 상징이었다. 흐루시초프는 MTS에 집중되어 있던 농업기계와 기계수리 시스템을 각 농장으로 분산시켜, 농장의 자주성 강화를 목표로 한다.

1957년에 전국에 8천개가 존재하고 구성원이 260만명이었던 MTS는 해체되고, 거기에 속했던 트랙터 60만대, 콤바인 32만대와 함께 각지의 콜호즈나 소프호즈에 흡수시켰다(나카야마 히로마사, 『소비에트 농업사정』).

마치 미국의 농장이 거대화 되고 있듯이, 콜호즈도 또한 1950년대 이후 합병이 진행되어 대규모로 변모하고 있었는데 그중에서 일부는 소프호즈로 바뀌었다. 또 흐루시초프 정권하에서는 대규모 개간사업이 진행되었는데, 거기에 거대한 소프호즈를 건설하는 경우도 있었다. 소프호즈 상호간이나 콜호즈와 소프호즈에서의 공업기업 공동경영이 이루어져 소프호즈의 역할이 커 진 것이 스탈린 비판 이후 소련농업의 기조이다.

스탈린 체제하에서 그렇게 농민들을 괴롭혔던 곡물조달은, 국가 통제적 성격이 변하지 않은 상태였으나, 1950년부터 1960년에 걸쳐 조달가격이 상승하여, 농민들의 생산의욕을 높이는 결과를 가져왔다. 1980년대 후반에는 미하일 고르바초프에 의한 페레스트로이카와 함께 '생산 청부제'가 도입되어 일정량의 곡물을 납품한 후에는 자유로이 처분해도 되자 콜호즈에서도 자주적인 경제활동이 생겨나기 시작했다.

1991년 12월 25일에 고르바초프가 공산당서기장을 사임하고 소련이 붕괴된 후, 러시아의 대통령이 된 보리스 옐친(1931~2007)은 개혁에 박차를 가하여 콜호즈와 소프호즈를 해체하고, 서구처럼 농지의 사유화를 추진하려고 했으나, 가족 경영으로 돌아간 중국과는 달리 실패하고 만다. 그것은 집단농장의 역사가 오래되고, 설비도 세대교체를 하고, 기계도 설비도 대형화 하여, 이미 분리할 수 없게 되었기 때문이다. 그 때문에 현재는 협동조합이나 주식회사 등의 형태로 재편되고 있다(카네다 타츠오(金田辰夫), 나카야마(中山)『농업』).

소련에서는 자체 트랙터 공장도 가동되고 트랙터의 대수도 증가했지만, 서구 수준에는 이르지 못했다. 1985년의 FAO 통계에는 농지면적 1,000헥타르 당 독일이 90대, 이탈리아가 72대, 영국이 29대, 미국이 22대에 비하여, 소련은 5대에 불과했다. 큰 면적에서 조방적인 농업을 하는 지역이 많은 미국과 비교해도 트랙터의 보급률은 낮았다.

폴란드 - 말의 나라에서의 트랙터

전후 폴란드에서는 우르수스(Ursus)라는 트랙터 제조사가 부활의 종소리를 울렸다. 우르수스는 라틴어로 곰이라는 의미이다. 제정 로마 황제 네로 시대를 무대로 한 헨리크 시엔키에비치의 역사소설 『쿠오바디스』의 등장인물과 관련하여 회사 이름을 붙였다. 소설에서는 주인공인 리기아를 헌신적으로 보호하는 그리스도교도로 힘이 장사인 덩치 큰 남자의 별명이다.

우르수스는 1947년에 독일의 란쯔 제품인 불독을 복사한 트랙터를 생산하였고, 1959년부터는 체코슬로바키아의 제토(Zetor)와 공동으로 트랙터를 생산하게 된다. 덧붙이면, 제토는 1946년에 창업한 국영기업으로 현재도 인기를 자랑하고 있다. 전신은 나치 점령하의 비행기 엔진 공장이었다. 본거지는 공업도시 브르노로 같은 해 3월 15일에 2기통 소형 디젤 트랙터 Z25가 데뷔하여 호평을 받았다. 냉전기부터 활발한 수출로 인도나 아프리카에서도 사용되었다. 다음 장에서 언급할 일본과의 관계도 깊다.

요시노 에츠유(吉野悅雄)편저 『폴란드 농업과 농민 - 구시트에프 마을 연구』는 제2차 세계대전 후에 1990년부터 1991년에 걸쳐 이루어진 폴란드를 아는데 귀중한 자료이다. 보고서에는 폴란드 중앙부인 아노니마 주 구시트에프 마을 카미온카 부락(가명)의 주민들이 어느 시기에, 몇 마력의 트랙터를 구입하고 있는지 까지도 기록되어 있다.

폴란드에서는 소련의 MTS에 해당되는 농업기계 서비스협동조합(SKR)이 존재했다. 1956년의 폴란드 통일노동자당 제1서기인 브와디스와프 고무우카(1905~1928) 정권이 성립된 후, 일단 개인농장 육성정책이 채택되었는데, 1960년대 전반에는 다시 사회주의적인 농업정책으로 전환된다. 더구나, 1970년에 에드발트 키에레크가 공산당 제1서기에 취임하고부터 생산성이 낮은 개인농을 정리하고, 중규모 이상의 우량 개인농의 육성과 더불어 사회주의 발전을 목표로 삼게 된다.

그와 함께 폴란드의 중규모 이상의 농가도 본격적으로 트랙터를 소유하기 시작했다. 예를 들면, 도미니크라는 농가는 1968년에 전기가 들어오게 되면서 우물 펌프와 전동 탈곡기를 구입하였고, 1972년에는 트랙터를 구입한다. 말은 한 마리만 있었는데, 1982년에 처분할 때까지 보유하고 있었다.

흥미로운 것은 도미니크가 1972년에 구시트에프 마을의 농촌상업조합에 25톤의 감자를 무상으로 납품하여, 트랙터의 우선구매 보증서를 얻은 것이다. 이 보증서는 마을의 행정기구가 우수한 농가를 선정하여 할당하는 것으로, 이것이 없으면 트랙터를 구매할 수 없었다. 감자는 뇌물이었을 것으로 요시노(吉野)는 추측하고 있다.

이외에도 21헥타르 이상의 토지를 가진 농가는 1972년이 되면서 40마력

Zetor 25 (Z-25)는 Zetor가 제조 한 트랙터다. 1946년에 출시되어 1947년말에는 3406대가 생산되어 체코슬로바키아의 트랙터 시장의 60%를 점유하게 된다. 1947년 덴마크, 네덜란드, 독일과 스칸디나비아 등에 수출되기 시작한다.

트랙터를 구입하여, 말을 조금씩 줄이기 시작하고, 1980년에는 말을 완전히 처분한다. 1985년이 되면 대형인 80마력 트랙터를 구입하여, 1가구당 트랙터 두 대 체제가 된다. 또한, 트랙터가 없는 농가에서는 다른 농가에 트랙터 작업을 의뢰하고 있는 사례도 보인다.

사탕무를 재배하는 상층 농가는 트랙터를 복수 소유하는 경우가 많았는데, SKR에 수확이나 농약 살포를 의뢰하였다. 중간 규모의 농가는 가구당 1대를 소유하고 있었으며, SKR의 이용 요금이 비쌌기 때문에 다른 농가에 수확작업을 위탁하는 경우가 많았다. 폴란드 농가에는 계층차가 있어, SKR을 상황에 따라 보조적으로 이용한 것 같다.

본장 첫머리의 4-1에서도 확인한 것과 같이 동부 유럽국가 중에서도 폴란드는 트랙터 대수가 특히 많았다. 그것은 단순히 기계공업이 전통적으로 번성했을 뿐만 아니라, 트랙터의 사유화를 전제로 하고 보조적으로 공동이용이 추진되었기 때문일 것이다.

한편, 예로부터 폴란드는 '말의 왕국'으로 알려져 있다. 말의 수가 트랙터에 추월된 것은 1989년이 되어서 부터이다. 이 해에 트랙터는 150만대, 말은 100만두였다. 폴란드 근대사 연구자인 코야마 사토시에 따르면, 1986년부터 1988년까지 유학 시절 폴란드 남부의 농가에 머물렀을 때, '트랙터가 고장 나면 부품이 없어서 움직일 수 없는데, 말은 돌봐 주기만하면 언제든지 부릴 수가 있다'는 말을 들었다고 한다.

말과 트랙터를 오랜 기간 동안 공존시켜온 보기 드문 국가가 폴란드로 트랙터와 가축을 비교하는 감정이 1980년대까지 지속되었다는 것은 특기할 가치가 있다.

동독 – 트랙터 운전수의 활약

독일 민주주의공화국(동독)의 농업에 대해서는 메클렌부르크보르폼메른주의 바트 도벨란 군의 역사를 상세히 연구한 아다치 요시히로의 『동독 농촌의 사회사』(2011)가 있다.

제2차 세계대전 후 소련의 점령구가 된 동독 지역은 1945년 9월에 100헥타르의 대농장을 무상 접수하여 5~8헥타르의 농민경영이 가능하도록 분할하는 토지개혁이 단행되었다. 1949년 10월에 건국된 후 1952년 7월에 농업집단화 선언이 발표됐다. 1953년 6월 17일 민중폭동이나 1956년 가을 헝가리 사태에 따른 동요를 극복하고 1957년에 농업집단화 운동이 재개되었고 1960년 4월 25일에는 전면적인 농업집단화 완료선언이 나왔다.

동독에는 농업생산협동조합(Landwirtschaftliche Produktions Genossenschaft, LPG)과 MTS가 존재했다. MTS는 농업집단화 완료 후에 LPG로 흡수되는데, 집단농업의 침투도가 강해서 1990년의 녹일 통일 후에도 서독형 가족경영 농업으로의 이행이 원활하게 진행되지 않았다. 그 때문에 소련과 마찬가지로 LPG의 유산을 계승하려는 농업경영체가 재편되어 간다. 그것은 특히, LPG의 구 간부층을 주체로 한 농업협동조합이라는 농업법인 경영이 많았다.

토지개혁기에 개인 경영에서는 란쯔, 독일사, 하노마크 등의 22마력 이하의 트랙터가, 공공 경영에서는 란쯔의 22마력 이상의 트랙터가 사용되었다고 한다. 트랙터는 지방정부의 농촌에 대한 개입 도구로 이용되었다. 특히, 동쪽에서 피난 온 난민이 많아 경영이 어려워진 부락에서 현저했다. 이런 부락은 중앙 단위의 강한 추진에 의한 기계 스테이션이 만들이 지고 거기에 트랙터를 집중화 시켰다. 이것이 후에 MAS(기계임대소, Maschinen-Ausleih-Stationen, MAS), 그리고 1952년의 MTS설립의 기반이 된다.

또 하나 중요한 것은, MTS가 각 지역에 설치된 후의 트랙터 운전수의 활약이다. 'MTS트랙터 운전수는 단순히 전후 농촌의 단순한 일자리에 그친 것이 아니라, 신시대의 기계화 농업을 상징하는 새로운 일자리였으며, 나아가서는 대형 기계를 조작하는 것이 부모 세대와는 다른 삶의 방식으로서 농촌 청년의 자부심을 자극한 것이었다.'(『동독 농촌의 사회사』). 더구나 트랙터 운전수는 당파성이 비교적 약하고, 유동성이 높다는 것도 지적하고 싶다. 이것 때문에 당 중앙으로부터 트랙터 운전수를 '올바른 인간'으로 인도하기 위한 인간개발이 필요하다는 주장도 등장한다.

파이오니아, 모범노동자, 사환

동독의 트랙터는 특이한 애칭이 많다. 1953년부터 1956년까지, 처음으로 동독에서 제조된 『파이오니아 Pionier』(4-6)는 원래는 1935년에 설립된 파모(FAMO 자동차발동기제작소)사가 제작한 40마력의 사기통 디젤엔진을 탑재한 트랙터를 개량한 것이었다. 작센 주의 츠비카우에 있는 인민소유기업의 원동기부착차량·발동기제작소에서 생산된 후에 노르트하우젠 트랙터제작소에서 만들게 되었다.

파모사는 나치시대에 군사용 트랙터를 생산하였고, 강제수용소에서는 수용자를 노동에 사용했다. 반파시즘을 거의 유일한 국가건설의 이념적 근거로 한 동독이, 나치를 지지했던 파모의 트랙터를 사용했다는 것은 아이러니이다. 란쯔의 트랙터도 동서독 양국에서 사용되었던 것에서 알 수 있듯이, 트랙터 역사의 관점에서 보면 나치로부터 동서독에 이르는 과정에서 큰 단절은 없었다.

| 그림 4-6 | 콤바인(예취탈곡기)과 세트로 사용되는 파이오니아

또한, 1949년부터 1952년까지 브란덴부르크 트랙터 제작소에서 생산되고 있던 『액티비스트 Activist』는 V형2기통 디젤엔진의 30마력 트랙터이다. 찌그러진 형태로 운전석이 넓고, 안정성이 나쁜 트랙터였다. 동독에서는 액티비스트는 단순히 『활동가』라는 의미뿐만 아니라, 『모범노동자』라는 의미도 있는데 어쨌든 사회주의국가 다운 표현이다.

그리고 농업집단화 완료 선언 후, 1964년부터 1965년까지 『파이오니아』와 같은 노르트하우젠 트랙터 제작소에서 생산한 『팜루스』도 특이한 애칭이다. 팜루스는 라틴어로 사환 혹은 노예라는 의미이다. 결국 노동자의 '노예' 역할을 하는 트랙터라는 의미가 포함되어 있다. 2기통 디젤엔진을 탑재한 40마력 트랙터로 파이오니아 및 액티비스트와 달리 3포인트 링크가 장착되어 있다. 색깔도 앞의 두 트랙터의 진녹색에 비해 선명한 적색이다. 이 세 종류 트랙터가 MAS와 MTS 양쪽에 사용되었다.

베트남 - 젊은이의 꿈

폴란드나 동독처럼 유럽의 공산권이 아닌, 아시아의 공산권 나라들에서도 트랙터는 젊은이들의 선망의 대상이었다. 베트남 전쟁 이전의 농업집단화 시기에 쓰인 구엔 딕 준의 단편소설 『어떤 아가씨』는 트랙터에 대한 동경을 묘사하고 있다.

주인공은 마을에서 제일가는 미인으로 수많은 혼담을 거절해 온 19세의 가트이다. 마음속으로 연정을 품고 있던 빈농의 아들 자아는 시범적으로 설치된 MTS 트랙터 운전수 강습소에 들어가게 되었다. 자아도 또한 활달한 성격의 가트를 짝사랑하고 있었는데, 인기가 있는 가트에게 좀처럼 고백할 수 없었다. 자아는 강습이 끝나면 가트에게 청혼을 할 예정이다. 마지막으로 마을을 떠나 강습소에 가는 전날 밤에 자아가 가트에게 마음을 털어놓는다는 단순 발랄한 청춘 순애보이다.

이 책에 묘사된 사회주의 국가 베트남의 모습을 잠시 소개하면, 농촌 젊은이들이 트랙터 운전수가 되는 것을 가장 멋 진 꿈으로 생각하고 있음을 묘사하고 있다. 가트는 계속해서 혼담을 가지고 오는 어머니를 봉건주의자 라고 비판하고 있었고, 소련이나 체고슬로바키를 동경하는 이유가 농촌에도 전기가 들어오고, MTS를 통해 농업집단화에 성공하고 트랙터 생산과 보급이 한창 이뤄지고 있기 때문이다. 베트남에서는 봄맞이를 축하하는 사원 축제가 제1차 5개년 계획의 달성을 축하하는 축제가 된 점 등 흥미 깊은 사실도 표현되어 있다.

특히 강조하고 싶은 것은, 소련처럼 트랙터가 보급되지 않은 베트남에서 트랙터로 작업한다는 것 자체가 젊은이들에게는 강렬한 동경의 대상이라고 묘사되어 있는 것이다. 자아에게서 고백을 받은 후, 소 같은 자식이라고 쏘아붙이고 집으로 돌아온 가트는 어머니에게 이렇게 말한다. '엄마, 트랙터 본적이 있어?' 가트는 침대에서 미소 짓는다. '눈을 감으면 트랙터를 운전하고 있는 청년의 모습이 떠오른다. 트랙터에는 큰 콤바인이 연결되어 있고, 지평선까지 펼쳐져 있는 넓고 넓은 밭에서 청년은 유유히 운전하고 있었다.' (오쿠보 테루오)라는 문장으로 이 소설은 끝을 맺는다.

트랙터에 연결되어 있는 것은 아마도 콤바인이 아니라 예취기일 것인데, 사회주의 국가 농촌에 사는 청년들에게 주는 트랙터란 존재감의 크기를 가늠할 수 있는 귀중한 작품이다. 또한, FAO의 통계에 따르면, 베트남의 승용형 트랙터 대수는 1970년에 16,150대, 1980년에는 24,105대, 1990년에 25,086대로 정체되었으나, 2000년에는 162,746대까지 증가한다.

③ 철우鐵牛의 혁명
– 중국에서의 트랙터 전개

모택동의 주장 – 대규모농업으로의 전환

중국의 농촌에서는 트랙터를 어떻게 받아들였는가? 이것을 총괄적으로 파악하는 것은 어렵지만, 몇몇 회상록이나 조사로 그것을 알아볼 수가 있다.

중국에 처음으로 트랙터가 등장한 것은 청 말기인 1908년 흑룡강성에서 정덕전이라는 관료가 구입한 2대의 외국제 트랙터로 알려져 있다. 중화민국 시기에도 미국으로부터 수입했고, 만주국 건국 후에는 일본에서 이주한 만주개척단에 의해 독일 란쯔의 트랙터가 사용되고 있었다. 과거 봉천(현재 심양)에 란쯔 대리점이 진출해 있었지만, 전쟁 전에는 중국에서 트랙터 보급이 그다지 많지 않았다.

연합국구제부흥기관(UNRRA)은 1945년부터 1947년에 걸쳐, 약 2,000대의 트랙터를 중국에 보냈다. 이것은 1943년 11월에 결성된 조직으로 구축국(樞軸國)[7]에 의해 피해를 받은 나라의 부흥 지원을 목적으로 한다. 활동자금 가운데 70% 이상은 미국이 지출했다. UNRRA의 트랙터 지원은, 재래 농업을 변혁하기 위한 것이 아니라, 하남의 황하범람지대 지원을 위해 투입되었다.

이 수 백만 헥타르에 이르는 옥토는 장개석이 1937년에 일본의 공세를 늦추려고 제방을 파괴하여 황폐화된 이래 방치되고 있었다. '처음 겪은 대홍수가 물러간 후, 그 토지 일대를 뒤덮은 잡초는 농민들의 괭이로는 파낼 수 없을 정도로 단단히 뿌리를 내리고 있었다. 지원된 트랙터는 돌아오는 피난민들이 거기에서 다시 전통적인 겨울 보리와 2모작용 여름 콩을 재배할 수 있도록, 축력이나 인력을 대신하여 깊은 뿌리를 제거할 수 있는 기계임에 틀림없었다.'(힌튼 『철우』 카토 유조(加藤祐三)·아카오 오사무(赤尾修)역).

한편, 1949년 10월 1일 모택동은 중화인민공화국 수립을 선언했다. 모택동 자체는 호남 농촌 출신으로 농촌을 거점으로 운동을 전개해 온 인물이었지만 가족 중심 영농보다는 영농단위를 대규모화하는 것을 목표로 삼았다. 1955년 여름 모택동은 20~25년 내에 농업기술 개혁을 추진하여 1980년 전후에는 농업기계화의 완료를 목표로 한다고 발표했다(余敏玲 『形塑 『신인』』).

반면에 1959년 4월에는 국가 주석까지 오른 유소기(劉少奇)는 농업집단화에 신중한 자세를 보였다. 소중농이 성장한 이후에 차분히 농업의 집단화를 추진해야한다고 주장했다. 모택동은 '농업공동화의 문제에 대하여'(1955)에서 이렇게 서술하고 있다.

> *사회주의적 공업화의 가장 중요한 부문인 중공업에는 트랙터의 생산, 기타 농업기계의 생산, 화학비료의 생산, 농업에 사용되는 근대적인 수송 용구와 석유나 전력의 생산 등이 이루어지고 있는데, 이*

---

7) 역자주: 제2차세계대전시 연합국과 싸운 나라들을 지칭

런 것들은 모두 농업이 협동화 되고, 대규모 경영이 완성된 기초가 있어야 비로소, 사용의 효율화를 논할 수 있는 것이다. 우리들은 지금 사유제로부터 공유제라는 사회제도 측면의 혁명을 하는 것뿐만 아니라, 수공업생산으로부터 대규모적인 근대적 기계생산으로의 기술 측면에서의 혁명도 이루려 하는데, 이 두개의 혁명은 결부되어 있다.(『모택동 선집 제5권』)

모택동은 별도로 소련의 농업집단화 시도를 칭찬하면서, 조기에 대규모농업으로의 전환을 지속적으로 주장했다. 농업기계화는 농업의 협동화에 의해 비로소 가능하다는 것을 모택동은 지적했다. 스탈린도 소농주의자였던 네오나로드니키파를 탄압했는데, 모택동이 유소기를 문화대혁명 때에 억울한 죄를 씌워 처형한 이유 중 하나는 농업기계화를 둘러싼 견해의 차이가 있었을지도 모른다.

트랙터 기사 힌튼의 술회

새로운 중국 시대 1958년에 처음으로 중국산 트랙터가 등장했다. 그 후 풍수(豊收, 35마력 논농사용 트랙터), 공농(工農, 7마력 트랙터), 동방홍(東方紅, 54마력 트랙터) 같은 중국풍 이름의 트랙터가 생산됐다.

제2차 세계대전 후, 국민당과 공산당의 내전 중에 트랙터 기술을 가르치기 위해 중국에 온 미국인 기사의 증언으로 중국에서 외국산 트랙터가 사용되고 있던 사실을 알 수가 있다.

그 기사는 윌리엄 H. 힌튼(William Howard Hinton)인데 코넬대학 농학부 출신으로 펜실베이니아 주의 프리트우드에서 농장을 경영하고 있었다. 1937년에 중국에 처음으로 건너왔고, 1945년에 중국을 재방문하여 모택동과 재회를 한다. 1947년부터 UNRRA의 기사로서 1953년까지 중국에 체류했다.

힌튼은 모택동의 사상에 깊이 동감하여 1966년부터 10년간 지속된 문화대혁명도 지지했다. 1989년 6월의 천안문 사건으로 중국에 실망할 때까지 중국의 시도에 시종일관 기대를 품고 있었기 때문에 중국 청년들을 미화하여 묘사한 경향도 부정할 수는 없지만 트랙터 기사인 만큼 현장의 혼란에 대하여 냉정한 시선을 보내고 있다.

힌튼은 체재 중에 여러 다양한 개성의 중국인과 만나게 되는데, 장성삼이라는 중국 공산당 간부도 그중의 한사람이다. 힌튼은 마을의 집회에서 트랙터 보급을 주민들에게 설득하는 그의 모습을 극명하게 묘사하고 있다.

> *동지 여러분! 기계는 움직이며 돌아다닐 토지를 요구하고 있다. 작은 트랙터라도 하루에 50무(畝)(1무는 약 6.67a)는 경작한다. 구획이 협소하지 않은 경우에는 큰 트랙터는 150무도 가능하다. 기계에게 그 기회를 줘야 한다. 기계를 똑바로 달리게 하고 싶다. 동북에서는 오전 중에 계속 한 방향으로만 트랙터가 달린다. 거기서 점심을 먹고 오후에는 반대 방향으로 돌아온다. 그렇게 되면 능률이 아주 좋을 것이다.(『철우(鐵牛)』)*

교과서처럼 모범적인 공산주의적 인물이다. 이어서 트랙터의 열광적인 팬인 농부 한달명이 이야기하기 시작했다. "여러분, 내가 맨손으로 쟁기를 끌었던 것이 그리 먼 옛날일이 아니다. 나는 양어깨에 아직 밧줄을 끌었던 자국이 남아있다. 그 후에 일본군을 쫓아내어, 토지를 분배받고 소도 손에 넣었다. 그러나 생활은 아직 충분하지 않다. 지금은 바야흐로 철우가 네발 달린 가축을 대신하게 되었다." 이 농부는 불과 10년이라는 짧은 기간에 인류사의 경운기술의 진보를 경험하게 된다.

그런데, 이 농부가 사용하는 '철우(鐵牛)'라는 말은 중국 농민들이 트랙터에 붙인 이름이다. 전쟁기간 물자 부족과 일본군에 의한 약탈의 한가운데서, 이 농부는 스스로 양어깨에 밧줄을 매고 쟁기를 끌며, 땅을 갈았다. 밧줄은 농부의 피부를 파고들었고, 그 고통을 견디면서 경작을 계속한 것인데, 그 때의 육체적 고통으로부터의 해방 욕구가 일본군으로부터 해방된 기쁨과 함께 철우에 미래를 거는 원동력이 되고 있는 것이다.

덧붙인다면, 이 철우라는 호칭에는 마치 소련에서 철마라는 호칭이 정착된 것처럼, 미지의 기계에 대한 농민들의 중국다운 표현방법이 나타나 있다.

당나귀처럼 다루세요

힌튼은 중국에서 트랙터 보급에 장애가 되는 것은 농민들의 무지(無知)로 보고 있다. 그러나 힌튼은 끈질기게 기계를 다루는 방법을 설명해 간다. 농민이 기술을 어느 정도 체득 하였는가에 대한 귀중한 증언이기 때문에 자세히 살펴본다.

그 무대는 하북성(河北省)의 기형(冀衡)농장, 1948년 겨울에 열린 화북(華北)인민정부농업부의 제1차농림회의에서 설립이 결정된 화북지구 최초의 국영농장이다. 같은 해에 석가장(石家莊)에서 트랙터 운전수 양성을 목적으로 한 트랙터 훈련반이 만들어져, 1949년 1월부터 신설 농장에서 훈련반의 수업이 시작되었다. 7월에 UNRRA의 화북사무소는 전선이 남으로 내려간 공산당 지배하의 하북성 남부에 힌튼을 파견하기로 결정했다. 거기에는 20대의 트랙터가 있었는데 운전을 가르칠 교사가 없었다.

그런데, 1947년 가을, UNRRA는 세계각지에서 활동을 중지하게 된다. 뇌물이나 물품 횡령이 있어 비판을 받은 데다, 미국이 사회주의 국가로의 원조에 반대한 것이 주요 원인이었다. 힌튼은 『트랙터를 움직이는 가솔린은 떨어진지가 오래 되었고, 기계류는 모두 산악지대로 옮겨져 황토동굴에 보관되었다』고 말한다.

힌튼은 공산당계의 북방대학(1948년에 화북대학, 현재는 중화인민대학의 전신)의 영어강사가 되고, 거기서, 토지개혁 공작조의 옵서버로 참여한다. 1949년부터 트랙터의 연료가 다시 들어오게 되고 황무지 개간사업이 재개되어, 힌튼도 교직에서 트랙터 사업으로 복귀한다.

여기에서 힌튼은 우선, 부품 명칭 통일을 시도한다. 중국에서는 지역에 따라 실린더, 크랭크 샤프트, 피스톤 등의 부품명이 달랐기 때문이다.

또, 힌튼은 중국의 젊은이들이 기계에 대한 배려심이 결여되었다는 것에 착안하여 가축에 비유하여 설명했다. 당나귀를 기를 때 마구간의 온도, 사료의 품질, 식욕 등을 일일이 체크하면서 관심을 가지는데 왜 트랙터에게는 좀 더 주의를 기울이지 않는가라는 질문을 청년들에게 했다. '당나귀는 혹사하면 누워서 움직이려고 하지 않습니다. 그러나 트랙터는 혹사해도 아무런 저항을 하지 않습니다.'라는 대답을 듣고, 여기서 힌튼은 트랙터가 자신의 기계 상태를 나타내는 말을 알아듣는 비책을 가르쳤다.

> 트랙터도 자신의 불만을 소리로 나타낼 수 있습니다. 여러분들은 트

랙터의 말을 알아 듣지 못하면 안 됩니다. 주의해서 잘 들어 줄 필
　　요가 있습니다. 왜냐하면 기계에는 많은 소리가 있고, 더구나 전부
　　한꺼번에 말합니다. 하나씩 하나씩 구별하여 들을 필요가 있습니
　　다.(『철우(鐵牛)』)

　이 설명은 훈련생들에게 큰 호평을 받았다. '훈련생들은, 자연주의자들이 새가 우는 소리에 귀를 기울이듯이, 엔진의 소리를 구분하여 듣기 시작했다. 그들은 실린더를 하나씩 멈추어서 소리 상태의 차이를 분석하는 것을 익혔다. 막대를 가지고 자신의 귀에 대고, 진동음이나 베어링의 노크현상 소리, 기어를 변환하면 바뀌는 엔진 소리를 알아듣게 되었다'

　힌튼이 자유롭게 행동할 수 있었던 것은 트랙터 훈련소 교장의 협조가 컸다. 교장은 훈련생들에게 트랙터는 미국의 노동자가 만든 것이며, 세계 사람이 중국인민에게 선물로 준 것이기 때문에 인민을 배반해서는 안 되고, 어린애를 돌보듯이 트랙터에 신경을 쓰라고 이야기하며, 힌튼을 지원했다.

　트랙터 훈련생들에게 드디어 졸업시험 일이 다가왔다. 인민해방군이 화남으로의 대진격을 위해, 회하유역에 집결해 있던 무렵이었다. 다만, 문자를 읽지 못하는 훈련생도 있었기 때문에, 힌튼은 독해를 포함하지 않는 시험을 생각해 내느라 고심했다. 트랙터로부터 각종 부품을 분해하여 그것을 마당 한가운데 진열해 놓고, 부품 하나씩마다 번호를 붙여, 훈련생들이 걸어가면서 부품명과 그 기능을 적어냈다. 글자를 쓸 수 없는 훈련생은 자신의 해답을 구술하면 다른 사람이 받아썼다고 한다.

미국과 소련의 틈바구니에서

힌튼은 미국인이지만 중국은 당시 소련과 관계가 더 돈독했다. 힌튼의 회상으로는 미국의 트랙터와 소련의 트랙터가 같이 등장하는데, 힌튼 개인의 역사도 또한 냉전 하의 헤게모니 싸움의 상징이었다.

예를 들면, 북경의 노천시(露天市)를 방문했을 때, 그는 포드사의 새로운 트랙터용 점화코일(불꽃을 분산하기 위해 고전압을 만드는 변압기)을 팔고 있다는 사실을 알았다. 그것은 의심할 것도 없이 수년전에 UNRRA의 수원(綏遠)(역자주 : 중화민국 말기에 중국 북부에 있던 지역으로 1954년 이후에 내몽골에 편입됨)지역 공급 물자에서 도난당한 것이었다. 증여 물자였던 포드슨이 망가진 후 분해되어 그 부품이 상품으로 판매되고 있었던 것이다.

앨리스 찰머스사의 트랙터도 중국에서 움직이고 있었다. 쌍교(双橋)(역자주 : 중화인민공화국 중경시에 있던 시)에 트랙터 훈련소를 신설하는 사업에 교장과 함께 힌튼도 관여했을 때의 이야기다. 거기에 전국의 농촌에서 트랙터 운전수나 기계공이 모여들었다. 루타이에서 온 운전수는 원반쟁기가 부착된 앨리스 찰머스의 트랙터 10대를 사용해서 "가을에 땅이 얼어붙기까지 남은 몇 주간에 3만무(畝)의 밭을 갈았다. 우리는 심한 추위 속에서 1일 12시간 교대로 운전하며, 트랙터를 주야로 가동하여(중략) 봄 파종에 대비했다"라고 말했다.

또한 그들은 포드슨은 움푹 파인 땅의 깊은 뿌리를 갈기에는 힘이 부족하다고 불평을 했다. 비슷한 불만이 황하 하류지역의 박애 농장에서 온 사람에게도 있었다. 그 농장에서는 풀뿌리가 어린애 팔뚝만하여 트랙터로 갈고 나면 지면이 온통 울퉁불퉁해진다는 불만이었다.

한편으로 힌튼은 소련제 트랙터를 높이 평가하고 있다. 그는 하얼빈에 소련제 트랙터와 부속장치를 인수하러 갔을 때, 만주국 시대를 포함하여 20년간 란쯔 트랙터를 판매해 온 독일인 남자와 이야기했다. 그는 소련제 트랙터를 잡동사니 정도로 취급하고 있었다. 미국의 트랙터만을 접해 온 힌튼으로서는 소련제 트랙터는 불안요소 투성이였다. 네모져 볼품없고, 주조도 조잡하고 변속장치의 소음도 마치 악마의 합창과 같았다고 힌튼은 회상했다.

| 그림 4-7 | 발해연안의 수경지를 달리는 스탈리네츠80형

그러나 힌튼은 볼품없는 소련제의 무한궤도 트랙터(4-7)를 실제로 보고 매력을 느끼기 시작했다. 'STZ(스탈린그라드 트랙터 공장 제품의 약칭) 10대를 골라내고, 다음은 쟁기, 원형파쇄기, 자형파쇄기 (중략) 파종기, 경운기, 풍력선별기를 골라냈다. 자세히 점검해 보니, 모든 기계가 트랙터와 마찬가지 특징을 갖고 있다는 것을 알았다. 거칠고 울퉁불퉁하지만, 실리적인 구조에 단순한 디자인과 군더더기가 없어 좋았다. 커다란 이중 쟁기가 깊이 25센티의 5열 이랑을 만들어가는 모습이 너무 보고 싶어 미칠 지경이었다.'

미국과 소련, 농업의 차이가 엿 보이다

    1950년 1월 초순에 인민일보에 '소련으로부터 제1호 트랙터. 수도에 도착'이라는 기사가 실렸다. 동북지역에서 운반된 열대분의 트랙터를, 힌튼은 이렇게 술회하고 있다. "엔진의 굉음, 트럭의 배기음이나 쿵쾅거리는 소리에도 마음이 편했고, 도로에 내린 트랙터가 움직이는 것도 기분이 좋았다. 이 순간 미국제 트랙터와 미국트랙터공업의 위상이 다소 축소되어 보였다."

    실제로 소련의 트랙터를 목격한 어떤 사람은 포드슨을 도움이 안 되는 작은 풍뎅이라고 한껏 깎아내렸다.

    이와 같은 미소양국 트랙터의 차이로부터 힌튼은, 소련과 미국 농업의 차이를 분석한다. 독립 자영업이 많은 미국에서는 20마력의 포드슨으로 아쉬운 대로 쓸 수 있으나, 대규모의 집단농업으로 이행되고 있는 소련에서는 54마력의 무한궤도 트랙터가 어울린다. '소련의 콜호즈에 비하면, 미국 농업은 장난감 같다'라고까지 말한 힌튼은 마치 사회주의 농업의 신앙고백을 트랙터를 통하여 하고 있는 것 같다.

    역자 중 한사람인 가토 유조(加藤祐三)는 후기에서 이렇게 쓰고 있다. '1950년 6월 현재의 상황으로는 (중략) 국영농장이라고 이름 붙은 것은 전부 20개소, 총경지 12만무(약 8천헥타르)로 트랙터는 171대이다. 내역은 ATZ(알타이트랙터공장 제품 트랙터의 약자)52마력이 62대, STZ46마력이 10대, UTZ(우랄 전차공장 제품 트랙터의 약자)22마력이 16대, 미국의 포드슨20마력이 24대이다.'

    그러나 중국에서 본격적인 트랙터의 도입은, 인민공사가 트랙터를 보급하는 1974년까지 기다려야만 했다. 이 시기에 중국에서 국산 트랙터가 등장하여 수리도 자체적으로 가능하게 되었다. 힌튼의 시도는 그 씨를 뿌리게 되었다고 말할 수 있을 것이다. 이런 중요한 시기였기 때문에, 힌튼의 관찰기록은 트랙터와의 첫 접촉을 생생하게 묘사하고 있는 1급 역사자료이다.

『여성 트랙터부대』의 이상과 현실

중국에서 트랙터는 희망과 동경의 대상이고, 소련에 대한 동경의 상징이기도 했다. 힌튼은 이렇게 서술하고 있다. "트랙터는 농촌의 새로운 희망의 상징이다. 철우가 완전히 새로운 세상을 이끌어 갈 것이다. 빛나는 위광과 진보의 징후에 휩싸여 기계화 농업은 자석이 쇳가루를 끌어 모으듯이 젊은이들을 끌어당긴 것이다."

대만의 역사학자 유민링은 신중국의 선전을 소련과의 관계에서 논술한 저작 『새로운 인간을 준비한다』(2015)의 '남자도 여자도 동일 – 여성트랙터 운전수의 젠더관'이란 장에서 여성트랙터 운전수를 언급하고 있다. 여성도 트랙터 운전을 할 수 있다는 것을 중국공산당은 선전하고 있다(『形塑』『新人』).

아아 트랙터여, 너는 강철 군마다.
트랙터여, 너는 우리가 사랑하는 전우다.
너는 유쾌한 소리를 내며,
이제 벌써 밭을 갈 때다.
우리는 어디든지 넓은 대지를 달려간다,
신마(神馬)의 고삐를 잡고!

1950년 6월 3일, 흑룡강성 덕도현(德都縣)에서 중국 최초의 여성만으로 구성된 트랙터 부대가 등장했다. 이 시는 같은 해 7월 16일 인민일보의 '중국 최초의 여성트랙터 부대'라는 기사에 게재된 것이다. 기사에 따르면, 여성 대원들은 홍기(紅旗)를 꽂은 트랙터를 운전하며, 이 노래를 불렀다고 한다. 모택동은 중국의 여성은 귀중한 인적자원이라고 주장하고 있다.

　이 흑룡강성의 여성트랙터 부대를 결성한 운전수는 양군(梁軍 1930~)이다. 양군은 흑룡강성의 빈농 출신으로, 1947년에 사범학교에 입학, 거기에서 저 유명한 소련영화 『그녀는 조국을 지킨다』를 보고 트랙터 운전수가 되는 꿈을 품고 1948년에 흑룡강성의 트랙터 훈련반에 들어간다. 70명중 여성은 한사람뿐이었다. 각고의 노력으로 기술을 배운 끝에 훈련을 수료하고, 1950년 6월에 여성 11명으로 구성된 트랙터 부대를 결성하기에 이른다. 그녀는 중국공산당의 선전에 이용되면서, 미디어에 오르내리고, 교과서에 게재되기도 했다. 양군은 당시 진정한 중국판 안젤리나(역자주 : 미국 여배우)였다.

　그러나 유민링이 지적한 대로 실제로는 트랙터 운전수 중에서 여성이 차지하는 비율은 소련에 비해서 낮았고, 트랙터가 사회주의정권 하의 여성 해방에 공헌하는 데까지는 이르지 못했다. 또 일이 워낙 힘들어 여름에 밤늦게까지 일하며, 야간에 라이트가 고장 난 날에는 운전석으로 늑대가 몰려들거나, 부인병 등으로 몸이 아프기 쉽고, 농한기에는 남성운전자가 휴가를 가는데 비해 여성은 가사 일에 내몰린다. 운전수의 대다수는 남성으로 여성들을 경멸하여, 여성들의 트랙터를 부수거나 일부러 고물 트랙터를 배정한 적도 있었다고 한다. 여성트랙터 운전수는 남성 지상주의적인 가치관 아래서 어디까지나 상징적인 취급에 지나지 않았다. 더구나 현재는 중국이나 소련도 여성의 드랙티 운전과 같은 중노동을 금지하고 있다.

본말이 전도된 트랙터 _첸 마을의 생산대_

그러면 트랙터는 실제로 중국의 농촌에 어떤 영향을 주었을까? 『첸 마을』(1982)은 1964년부터 20년에 걸쳐, 홍콩에 인접한 광동주의 첸 마을(가명)에서 조사한 서양인 3명의 냉정한 연구보고서이다. 1964년에 모택동 사상의 후계자로 의기양양하게 첸 마을에 온 하방 청년들은 집단농장에 미래를 위탁하고 농민들에게 집단으로의 헌신을 촉구하며 부패한 간부를 철저하게 공격했다.

하방이라는 것은 '상산하향(上山下鄕)'이라고도 하며 문화대혁명기에 농민과 생활하며 농사를 체험함으로서, 스스로의 세계관을 개조하는 것을 목적으로 당이나 정치기관의 간부나 지식인을 장기간에 걸쳐 농촌에 파견하는 정책이었다. 문화혁명 후에 비판을 받아 중지하게 될 때까지 도시의 많은 청년들이 농촌으로 향했다.

그러나 마을의 경제가 정체되고 잦은 집회에 농민들이 질려버리자 점차 하방 청년들이 있기 어려운 장소가 된다. 또 등소평의 개방노선 이후 농촌도 크게 변해 간다. 『첸 마을』은 농촌의 트랙터에 대하여 이렇게 보고하고 있다.

> 첸 마을은 또한 벽돌공장 조업에서 얻은 소득의 일부를 농업 기계화에 투입했다. 1967년에 17마력의 소형 트랙터로부터 그것이 시작되었다. 트랙터는 생산대대가 관리하는 데, 이때도 그 밑에 조직인 모든 생산대가 돈을 상호 출자했다. 트랙터는 소를 이용한 쟁기보다도 깊게 갈아 흙을 잘 뒤엎을 수 있을 것으로 생각했다.
>
> 그러나 트랙터는 겨울에 굳어진 땅을 갈아엎을 때는 자꾸 고장이 났다. 궁여지책으로 생산대대는 화물수레에 트랙터를 걸어 벽돌이나 곡물의 운반에 사용했다. 그 대신에 대대는 4년 전에 순번대기 했

던 동방홍인의 40마력 트랙터를 1973년에 가까스로 구매했다. 새로운 대형 트랙터도 이전의 트랙터보다 조금 튼튼할 뿐이라는 것을 알게 되었다. 더구나 주요 예비 부품은 입수가 곤란하였다. 따라서 그것도 그만 운반용으로 전락하고 말았다. 그럼에도 불구하고, 농민은 트랙터를 좋아했다. 어깨에 메는 운반 장대로 큰 화물을 옮기는 고역이 어느 정도는 덜어졌기 때문에, 트랙터는 그다지 나쁘지 않은 지출이라고 그들은 생각했다. (『첸 마을』)

생산대대라는 것은 자연 촌락을 기반으로 설립된 농촌조직이라 국가로부터 급여를 지급받는 인민공사와는 달리 마을의 실력자가 중심이 된다. 생산대는 그 하부조직이다. 생산대대는 트랙터를 구입하고 관리하는 역할이다.

첸 마을에서 트랙터는 그 본래의 기능과 관계없이 농민들이 받아들였다. 경운이나 탈곡 등에 사용되지 않고, 사람이 타거나 운반차로 밖에 사용되지 않는데도 농민들은 만족하고 있었던 것이다. 결국 생산대는 개혁개방의 흐름 속에서, 생산수단을 각 농민에게 팔아넘기라는 지시를 받는다. 역우는 생산대가 소유하는 것이 허락되었는데, 트랙터는 경매에 붙여져 자금력이 있는 유력자가 구입했다. 그들은 그것을 대부하거나 수송업을 시작하거나 함으로서 큰돈을 벌었다고 한다. 1950년대 모택동과 유소기처럼 간부들 사이에서 농업 적정 규모를 둘러싸고 대립이 있었는데, 결국 첸 마을에 국한하여 보면, 1970년대 말부터 1980년대 초기 단계에서의 농업기계화는 시기상조였다.

중국은 인민공사가 해체된 후, 소련과는 달리 가족경영으로 되돌아가는 경우가 많았다. 그것은 농업집단화가 늦게 시작되어 젠 마을처럼 강제적으로 이행된 농업기계화가 수용될 만한 지반이 굳어지지 않았기 때문이다.

개혁개방 후에 중국의 농촌은 동북부를 중심으로 기계화가 진전되는데, 지역 간 격차가 확대된다. 연안지역은 급속한 성장을 하고 있었고, 농촌은 봉건적이라고 할 만한 지방정치가의 지배와 부패, 더구나 무거운 세금에 고통을 받는다. 이를 해소하기 위해 중앙정부도 개입을 했지만, 빈부의 격차는 심했다. 트랙터는 동경의 대상이 아니라, 채무 증가로 농약이나 화학비료를 살 돈도 없는 지역이 계속 생겨났다.(이창평(李昌平)『중국농촌붕괴』)

4 개발 중인 트랙터
- 이탈리아, 가나, 이란

람보르기니의 트랙터

다음은 이탈리아로 눈을 돌려보자. 페르초 람보르기니의 본가는 농가였는데 볼로냐에서 기계공학을 공부했다. 제2차 세계대전 때, 군용차량의 수리를 하면서 기술을 연마한 후 1948년에 군에서 불하받은 기계와 부품을 바탕으로 농업용 트랙터를 생산하는 람보르기니 트랙코리를 설립했다. 처음에는 전후 쓸모없게 된 군의 엔진을 사용하였고, 그 후에 배기열로 경유를 기화하는 시스템을 개발하여 전후의 식량 증산정책에 공헌하게 된다.

람보르기니가 고급차 메이커로 변모한 것은 트랙터에서 부를 축적하여 고급차 수집가가 되면서 부터이다. '순조롭게 사업이 착착 진행될 무렵, 그는 페라리를 구입했는데 도저히 수행 성능에 만족할 수가 없었다. 드랙디 공장 내에서 차를 분해해보니 자사의 트랙터와 같은 부품이 사용되어 있고, 더구나 부품에는 몇 배의 가격이 붙여져 있었다. 납득이 가지 않았기 때문에 엔조 페라리를 직접 면담하고 싶었지만, 아예 상대조차 해주지 않았다. 이에 적개심이 불타올라 1963년에 모데나와 볼로냐 사이에 위치하는 작은 마을에서 현재의 본사·공장이 있는 산타가타 볼로네제에 람보르기니자동차를 설립했다'(마츠모토 아츠노리(松本敦則)『전후경제와 제3의 이탈리아』).

람보르기니의 트랙터 부문은 그 후 1973년에 자메 도이츠 파르의 산하에 들어간다. 원래 이 회사는 이탈리아 자메와 독일의 도이츠, 파르 이렇게 3개 업체가 합쳐진 회사다. 자메는 1942년에 이탈리아 북부 롬바르디아 주의 로렌빌리오에서 창업한 농기구메이커이다. 독일에서 트랙터 개발의 선두를 끊은 도이츠사와 파르사가 합병하여 생긴 도이츠 파르사를 한 번 더 합병하였으며, 이탈리아에서는 란디니사나 피아트사와 함께 고성능 트랙터를 생산하는 회사로 이름을 날리고 있다.

현재까지도 자메 도이츠 파르의 산하에서 람보르기니의 트랙터가 생산, 판매되고 있는데, 실버색의 몸체와 디자인은 미래지향적이다.

| 그림 4-8 | 람보르기니의 트랙터 〈출처-pxhere.com〉

피아트의 『라 피콜라』

이탈리아의 트랙터 역사의 중심은 람보르기니가 아니라 피아트이다. '프랑스는 르노를 가지고 있는데, 피아트는 이탈리아를 가지고 있다'라고 말할 정도로 전시나 평시에도 육·해·공군의 자동차 보급을 담당해 왔다. 현재는 다수의 회사를 흡수하여, 세계적인 대기업이 되었다. 트랙터 부문도 그 하나였다.

1899년에 피에몬테 주의 트리노에서 창업한 자동차기업인 피아트사는 1919년 최초의 트랙터702형의 개발에 성공하여 판매를 하게 된다. 때마침 포드슨의 대량 생산이 시작 된지 얼마 지나지 않은 시기였다. 피아트702형은 30마력 4기통 엔진을 탑재하고 무게는 2.9톤이었다. 1932년에 처음으로 무한궤도트랙터를 제작하고, 동시에 보행형 트랙터도 개발하여 판매했다. 트랙터 메이커로서는 폭넓으면서도 요점을 공략하는 전개였다.

1949년에는 고무타이어부착 트랙터도 생산하기 시작한다. 그리고 무엇보다 피아트의 트랙터를 세상에 알린 것은 1956년에 발표된 '라 피콜라'라는 애칭을 가진 211R형이다.

라 피콜라는 2기통의 디젤엔진을 탑재하고 있고, 19마력에 불과하다. 작은 회전도 잘 되는 차 구조는 대단히 인기가 있어서, 3년간 2만대나 판매되었다고 한다. 라 피콜라로 대표되는 피아트의 트랙터는 선명한 만다린 오렌지색의 몸체가 특징이며 지금도 이탈리아 농촌에서 볼 수가 있다.

그 후, 이탈리아의 농촌 인구의 감소와 경지의 확대 추세에 맞추어 마력이 큰 트랙터의 개발을 추진한다. 1984년에는 농업기계부문을 피아트 애그리로 분사화 하였고, 1991년에는 포드 뉴 홀란드를 매수해 뉴 홀란드 지오테크로 개칭한다. 더 나아가 1999년에는 미국의 케이스IH를 사들여 CHN글로벌로 이름을 바꿨다. 말할 것도 없이 케이스IH는 케이스와 IH가 합병한 회사로 미국의 2

대 트랙터 회사 중 1개가 피아트 산하로 들어오게 된 것을 의미한다.

한편, 디어&컴퍼니는 어디에도 매수되지 않고, 트랙터 대형화에 뒤늦게 대응했지만 현재 세계 1위의 점유율을 자랑하고 있다는 것은 특별히 언급하고 싶다. CHN그로벌은 현재 그 뒤를 이어 2위에 자리매김하고 있다.

국영기업에 의한 대규모 농업 가나의 사례

20세기 후반, 서구의 식민지였던 아프리카 제국은 속속 독립한다. 취약한 경제기반에서 식량의 안정적인 공급을 정비하는 것은 국가건설 측면에서 필수였다. 그래서 경우에 따라서는 강제적으로 트랙터를 중심으로 농업기계의 도입에 적극적으로 관여하기도 했지만 순탄하게 진행되지는 않았다.

가나의 사례를 보자. 20세기 초까지 영국령 골드코스트로서 공식적으로 영국의 통치하에 있었던 가나는 1957년 3월에 사하라 이남에서 최초로 독립을 달성한다. 가나 독립의 전후 과정에 트랙터를 중심으로 하는 농업의 기계화가 적극적으로 추진되었다.

1940년대 말엽에 시작된 북부의 다몽고를 거점으로 한 '다몽고 계획'은 1만2,410헥타르의 토지에 농민들을 이주시켜, 트랙터를 이용한 대규모 기계화 농업을 추진했다. 그러나 기계화에 의한 생산은 진척이 되지 않아 계획은 좌절됐다(미조베 야스오, 『탈식민지화에서의 농업정책구상』).

그 후, 독립 지도자로서 활약한 쿠와메 응크루마도 공업화와 식량자급을 위해 트랙터를 중심으로 하는 농업기계화를 국가 주도로 추진하려 한 인물이었다. 공업국에 카카오나 광물자원의 수출에만 의존하는 식민지형 경제로부터의 탈출은 불가능하다고 생각했기 때문이다.

1964년 3월 16일에 의회에서 승인된 '국가재건과 개발을 위한 7개년계획'으로 복수의 국영농장을 건설하고, 거기에 트랙터를 도입하여, 대규모 기계화 농업을 추진하게 되었다. '재래의 소농생산은 발전의 장해로 간주되어, 소농에 대한 기술보급 등은 뒷전이었다.'(다카네 츠토무, 『독립가나의 희망과 현실』).

그런데, 국가주도의 대규모 농업도 국영농장의 비효율적인 운영, 더 나아가 운영주체인 가나농민협동조합평의회의 간부 임명에 얽힌 부정과 부패 등, 문제가 분출되어 실패한다.

토양침식을 수출한 것인가?

가나 농업 연구자인 토모마츠 유카에 따르면, 트랙터는 1957년 독립 때까지는 영국과 미국에서 주로 수입하였고, 그 외에는 캐나다, 프랑스, 서독, 남미 등으로부터도 수입하고 있었다. 1957년부터, 기록을 확인할 수 있는 1974년까지는 앞에 언급한 나라에 더하여, 이탈리아, 일본, 스페인, 네덜란드, 덴마크 등 서구제국으로부터 트랙터의 수입이 있었다고 한다. 다만, 웅쿠르마 정권이 동구제국에 가까워진 후인 1963년도부터 1966년 실각하기까지는 체코로부터도 대량으로 수입이 있었고 또한, 유고슬라비아나 소련으로부터의 수입도 확인할 수 있다(『사바나의 젠더』).

마침 이 시기에 7개년 계획이 시작했는데, 미조베(溝辺)의 논문에도 1963년 3월 6일자 가나의 주요 일간지 기사에서 240대의 체코산 트랙터가 수입되었다는 것이 사진과 함께 보도되었다고 쓰여 있다. 이 트랙터는 대부분 제토(Zetor)에서 생산되었을 것이다. 또, 토모마츠(友松)의 청취조사에 따르면 유고슬라비아에 공무원이 훈련생으로 파견되어 트랙터의 유지관리 기술을 배웠다고 한다. 4-1에서 보는 것처럼 유고슬라비아는 1985년에 세계8위의 트랙터 보유국이고, 1,000헥타르 당 대수는 세계5위에 위치하는 트랙터 선진국이었다.

그리고 서구제국과의 관계가 다시 악화된 1972년부터 기록을 확인할 수 있는 1974년까지의 이그나티우스 아참퐁 정권 아래에서는 폴란드, 루마니아, 체코로부터도 수입이 다시 증가하고 있다. 정권이 동구제국에 가까워진 시기라도, 소련이나 동구제국 외에도, 앞에서 말한 서구제국으로부터 트랙터가 일부 수입되고 있었다.

다만, FAO의 통계에 의하면 1964년 223대를 정점으로 대수가 늘어나지는 않는다. 2005년에도 1,807대, 1,000헥타르 당 0.1대에 불과해, 숫자로 보면 트랙터가 많이 보급되지 않은 것으로 판단된다.

또 가나뿐만 아니라, 반건조 기후대에 트랙터를 도입할 때 주의해야 할 지점이 트랙터 경운이 초래하는 토양침식의 위험성이다. 예를 들면 카메룬과 나이지리아의 농학자가 서아프리카 반건조 기후대에서 불경기농법(不耕起農法)의 효용에 대하여 조사한 논문이 1999년에 발표되었다.(Hulugalle & Mauya, Tillage Systems for the West African Semi-Arid Tropics). 1960년대부터 시작된 트랙터의 경운작업이 농기구로 땅을 일구는 것보다도 보다 현저하게 생산량을 증가시키는 반면에 깊은 곳의 흙까지 파헤쳐지면서 토양이 건조되고 트랙터에 의해 토양이 압축되면서 토양으로 물이 스며들지 못해 토양침식이 일어났기 때문이다. 이 논문에서는 불경기(不耕起)로 토양의 침식은 막았지만, 건조지역에서는 생산량이 저하되었다고 보고하고 있다.

결국 전후의 서아프리카는 1930년대 미국의 더스트 보울과 같은 형태의 문제가 발생되고 있었다. 트랙터 수출은 토양침식의 수출이라고 말해도 될 정도이다. 일반적으로 열대지역에서는 토양이 얇아 필요이상의 깊은 경작은 토양을 건조시켜 버리고, 그것은 보다 심각한 양상이 된다. 물론 그것이 어디에서나 발생하는 것은 아니다. 온도, 습도, 강수량, 지형에 따라서 상황이 전혀 다르다는 것을 첨언하고 싶다.

이란의 일본산 보행형 트랙터

중동에서도 트랙터의 존재를 빼 놓을 수 없다. 쿄토대학의 이란·아프가니스탄·파키스탄 학술조사단은 1959년부터 1964년에 5회에 걸친 조사를 한다. 마침 이시기는 미국의 존·F·케네디 대통령에 의한 자유주의적 경제개혁의 압력 하에 풍부한 석유자원의 재정적인 뒷받침도 있어서 사회의 근대화가 급속하게 진행되고 있었다. 1916년 제2대 이란 국왕 모하마드 레자 팔레비는 백색혁명을 주장하며, 농지개혁과 농업근대화를 추진했다.

당시 쿄토대학의 조사는 목제 농기구와 토지소유의 관계 등이 중심이었다. 이란 북부, 카스피해 연안의 습지대인 고루간 지방에서 사용된 트랙터에 대해 언급하고 있는데 농업근대화가 서서히 지방에서 시작했기 때문일 것이다.

보고서에 따르면, 고르간 지방은 조사지역 중에서도 가장 많이 트랙터를 사용하고 있었으며, 논은 소로 밭은 트랙터로 경운하는 경우가 많았고 트랙터는 대형 트랙터 외에도 일본산 보행형 트랙터도 사용되고 있었나고 한다. 흥미로운 것은 경운 후 쇄토작업 때 트랙터를 사용할 때 써레를 쓰는데 소가 작업할 때는 생략된다고 한다. 보수(保水)의 수단으로서 쇄토는 습지대에서 필요성이

작기 때문으로 분석된다.

　중요한 것은 1960년 전후에 이미 일본의 보행형 트랙터가 이란에서 사용되고 있다는 점이다. 제5장에서 다룰 것이지만, 일본의 보행형 트랙터의 개발은 유럽, 미국과 거의 같은 시기에 시작되었고 기술 수준이 높아 논에 잘 적응했다. 따라서 1960년대에 이란에서 일본산 보행형 트랙터가 사용된 것 자체가 전혀 신기한 일은 아니다.

　둘째로 이란은 완전히 가축을 배제하지 않고 논과 밭에서 구분하여 이용하고 있다는 점이다. 미국처럼 농기계 도입이 곧바로 가축의 퇴출로 이어지지 않은 것이다. 한 마리씩 없애거나, 양쪽 모두를 이용하면서 시행착오를 반복한다. 이것이 '트랙터 세계사'에서 통상 나타나는 대응현상이다. 그 반면에 소련과 같은 강제적인 집단화에서는 트랙터의 투입을 예상해서 가축의 도살이 진행된 곳도 있다. 소련의 농업공업화의 초초함과 권력의 강압 양면이 나타났다고 말할 수 있다.

　이란은 1979년 2월에 루홀라 호메이니를 중심으로 한 이란 혁명으로, 반미를 표방하는 이슬람공화국이 탄생한다. 1980년부터 1988년에 걸쳐 이라크와 전쟁상태였음에도 불구하고, 그 기간의 트랙터 대수는 서서히 증가했다. FAO 통계에 의하면, 1961년에는 8,000대, 1979년에는 7만942대, 1989년에는 20만5,000대, 최근 자료인 2003년에는 25만8,000대로 신장하고 있다.

제5장
일본의 트랙터

후진국에서 선진국으로

1 여명
- 개별 농장에서 도입과 국산화 요구

외국제품의 계속된 도입

이 장에서는 20세기의 트랙터사의 사례연구로서 일본을 다루고 싶다.

일본은 20세기 전반에는 트랙터 후진국이었으나, 20세기 후반에는 트랙터 선진국으로 극적인 변모를 이루었다. 미국의 트랙터를 우러러보고 있던 일본이 물이 있는 논으로 인한 농업환경의 제약을 극복하며 미국시장까지 잠식하고, 농지면적 당 대수도 세계1위로 도약했다(4장, 4-1참조).

5-1은 일본의 트랙터 대수와 총 농가수의 추이를 나타낸 것이다. 보행형 트랙터는 1947년부터 1973년 사이에 431배, 승용형 트랙터는 1966년부터 1990년 사이에 55배 증가했다.

| 그림 5-1 | 일본의 보행형·승용형 트랙터의 대수와 총 농가수의 추이

연차	보행형	승용형	총농가수
1931	88		5,633,800
1935	211		5,610,607
1947	7,680		5,909,227
1951	16,420	70	-
1955	88,840	1,036	6,042,945
1961	1,019,590	-	6,056,630
1966	2,725,430	38,510	5,664,763
1973	3,313,290	292,750	-
1975	3,279,747	647,616	4,953,071
1980	2,751,000	1,472,000	4,661,384
1985	2,579,197	1,853,599	4,228,738
1990	2,185,400	2,142,210	3,834,732
1995	1,717,627	2,123,000	3,443,550
2000	1,047,789	2,027,674	3,120,215
2005	-	1,910,724	2,848,166

주: 1961, 1966년의 총농가수만 각1년전 수치
출처: 藤井『국산경운기의 탄생』, p.12.FAOSTAT각년 데이터, 『농업기계연감』 각년

농림업 센서스 각년

반면 농가는 1947년부터 1990년 사이에 35%나 감소했다. 농업기계화와 이농이 상승효과를 일으켜 농업구조를 바꾼 것이다. 급격한 변화의 흔적을 제4

장에서 다루고자 한다.

일본에서 농업용 트랙터의 도입은 1909년에 이와테현(岩手縣) 시주쿠이시쵸의 코이와이 농장이 도입한 증기트랙터와 1911년에 홋카이도의 오호츠쿠해에 접한 샤리마치쵸의 미츠이 농장에 도입된 아메리카 홀트의 반장궤형 트랙터가 각각 최초로 알려져 있다. 샤리쵸는 미츠이물산주식회사가 홋카이도 도청으로부터 불하받은 3,600헥타르 농지에 홀트의 무한궤도 트랙터를 도입했다.

1919년에는 삿포로군 시노로무라(현 삿포로시) 타니쿠치 농장이 케이스사의 트랙터를 도입하였다. 다음해, 오카야마현(岡山縣) 코지마(兒都)만(灣)의 후지타(藤田)농장이 미국의 크렉트락社의 20마력 트랙터를 구입했다. 1톤 트랙터라고 불린 이 트랙터는 유연 토양인 논에는 적합하지 않아 실용되지 못했다.(후쿠타 미노루(福田稔)·호소카와 히로미(細川弘美)『아카야마현 남부에서의 농업기계화의 전개과정』)

대규모 농장이 잇달아 트랙터를 수입하면서, 일본정부도 트랙터에 관심을 갖기 시작한다. 1919년 6월에는 농상무성이 포드슨을 3대 구입하여, 카나가와, 지바, 야마가타 각 현에 공급한다. 대수에 큰 차이는 있으나, 영국 정부가 5,000대의 포드슨을 구입한지 불과 2년 후의 일이다. 트랙터의 보급이 글로벌 규모로 진행된 동시대성을 상징하는 사건이다. 같은 해 12월에 미국의 슈베스트 트랙터사로부터 3대를 구입하여, 이것을 시즈오카현에 공급했다. 일본 육군도 제1차 세계대전 후, 군사연구를 위해 홀트사로 부터 무한궤도 트랙터를 구입한다(타가하시 노보루(高橋昇)『군용자동차입문』).

1920년경부터 보행형 트랙터도 미국과 스위스로부터 수입이 시작되었다. 전부 200대 정도였다. 그 중에서도 시멀사의 영향이 강했다. 1921년 경 코우베(神戶) 주재 스위스 영사는 세토마치(瀬戶町) 토우비(東備)농기구주식회사와 함께 대리점을 설치하고, 시멀사의 보행형 트랙터의 실연(實演) 판매를 실시하여, 오카야마현 남부의 농기구업자를 자극하였다(미나미 토모(南智)『농업기계의 선구자들』).

그러나 수입한 보행형 트랙터의 도입은 실패한다. 봄에는 논이 밭에 비해 굳어져 부하에 견디지 못했기 때문이다. 1시간 이상 연속 운전하면, 연료 소비량이 급격히 증가하고, 마력은 급감한다. 수전경운(水田耕耘)의 부하 변동에 견딜 수 있게 설계되지 않는 이상, 일본 농업 환경에 맞는 개량이 요구되었다.

혁명 러시아의 실험의 상징

1920년대에 트랙터의 영향은 미국뿐만 아니었다.

사회주의자인 아라하타 칸손(荒畑寒村)(1887~1981)은 1923년 5월 1일 모스크바의 노동절에 참가하여, 붉은 광장에서 붉은 군대 주최의 야외 무언극을 관람하고, 그 감상을 저서 『러시아 입국』(1924)에 적고 있다.

> 광장의 한쪽에서 화물자동차에 공장제품을 적재하거나, 트랙터에 타고, 공장제품 노동자의 한 무리가 온다. 그 반대 방향에서는 짐마차에 밀가루 자루를 실은 남녀 농부들이 왁자지껄 떠들며 온다. 그들이 가운데서 만나면, 대표자는 상호 인사를 교환하고 나서, 이런저런 숙의 끝에 쌍방의 생산물, 이와 함께 구식 짐마차와 신식 회물차나 트랙터를 교환하고 나면, 다시 왔던 길을 돌아간다는 줄거리였다.

전원과 공장의 조화와 농촌의 개발이라는 소비에트 정부의 정책을 소박하게 표현하고 있다고, 저자가 분석하고 있는 대로 공장에서 온 트랙터와 농촌에서 온 농작물과의 등가교환이 그려지고 있다. 물론 실제로는 트랙터가 결코 곡물과 등가교환 하는 데에 이용되는 기계는 아니며, 농촌 과잉인구의 정리와, 농촌으로부터 곡물징발의 도구로 변해간다는 것은 이미 언급한 대로이다.

마찬가지로 작가인 츄조 유리코(中條百合子)도 1930년 10월 27일, 모스크바에서 일본에 돌아오는 도중 시베리아 철도의 차창너머로 우랄산맥의 셸드로프스키 트랙터 공장을 보았고, 그 이튿날은 '콜호즈(집단농장)가 얼마나 큰지를 목격했다. 트랙터가 일하고 난 후의 산더미 같은 건초'라고 묘사하고 있다 (『새로운 시베리아를 횡단하다』).

다만, 두 작가는 실제로 소련 농촌에서 움직이고 있는 트랙터를 관찰한 것은 아니다. 두 사람에게 트랙터는, 어디까지나 『혁명러시아』의 실험의 상징으로 비치는 것에 지나지 않는다.

씨름왕 소년의 동경

오제키(역자주 : 大關, 구일본의 씨름 최고 등급) 마츠 사부로(松三郞)(1926~1944)도 트랙터에 매료된 한사람이다. 그는 전전(戰前)에 시작된 『생활기록운동』[8]이 한창일 때 태어난 농촌 소년시인으로 유명하며, 소학교 교과서에도 작품이 실렸다. 1939년 그는 『우리들 마을』이라는 시를 썼다.

---

8) 역자주 : 1950년 전후에 일본에서 실시한 실천교육으로 어린이, 청년, 성인들이 생활의 일상사를 기록하게 하여 국민들의 문학적 소양을 높인 운동

나는 트랙터를 탄다

스위치를 넣으면

엔진이 걸린다

내 몸이 부릉 부릉 흔들리고

트랙터 뒤로는 흙이 파도처럼 넘실댄다

아주 저편까지

건너편 포도밭까지 똑바로

네줄, 다섯줄 이랑을 만들며 간다

저쪽에서도 트랙터가 온다

한가로운 콧노래가 들린다

[중략]

마을 모두 같이 일하니까

돈은 전부 마을의 것

가난한 집 따위 아무도 없지

[중략]

모두가 정답게 손잡으면 되네

모두가 일하면 되네

넓고 넓은 봄 농장을

너와 나 트랙터와 돌아보자

이 시는 『시집 야마이모(山芋)』에 게재되어 있다. 씨름왕이 다니던 사이타마(新潟)의 소학교 교사로 생활기록운동의 모범직인 교사로 알려진 시기와 미치오(寒川道夫)가 편집했다. 그런데, 타로 라신(太郎良信)의 『야마이모(山芋)의 진실』은 게재된 시가 마츠 사부로(松三郎)가 쓴 것이 아니라 사가와(寒川)

가 전후에 고쳐 썼던 것이거나, 아니면 개작한 것이라고 주장한다. 이 시를 와카나이(稚內)에 있는 소학교에서 듣고 강렬한 인상을 받았던 카와무라 미나토(川村湊)도 1941년 5월 11일의 마츠 사부로(松三郎) 일기에 있는 '대낮부터 바로 경작기가 밭을 가는 것을 보러갔다. 구경꾼이 몰려왔다. 이런 것은 처음 봤다.'라는 대목으로부터 문장력을 추정 비교해 볼 때, 타로 라신(太郞良信)의 견해를 대강 인정하기는 해도 '교사와 제자 사이의 영혼의 교류에 의한 합작품'이라는 관대한 결론을 내리고 있다.

여기서는 이 시의 작자가 씨름왕인 마츠(松)냐 사가와(寒川)냐는 논란에 휩싸이고 싶지 않다. 다만, 승용형 트랙터에 반한 씨름왕 마츠(松)나 사가와(寒川)가 그것과는 전혀 다른 최첨단의 기계, 보행형 트랙터를 '처음으로 본다'는 것이 있을 수 있는 일이며 두 사람이 품었던 트랙터에 대한 막연한 동경은 아마도 소련의 농업집단화를 보던 아라하타 칸손(荒畑寒村)이나 츄조 유리코(中條百合子)와 동질의 것이라고 생각한다. 사유재산 제도를 없애고, 공동으로 생활하며 공동으로 일하는 사회주의 상징으로서, 사회주의자들을 매료시킨 트랙터는, 사회주의 혁명이 일어나지 않은 일본에서도 현실적으로 등장하기 시작한다. 트랙터가 가지고온 것은 혁명이 아니라 전쟁이었다. 전쟁으로 일손 부족이 심각한 가운데 정부가 트랙터로 눈길을 돌렸다. 이러한 동향에 가장 민감했던 것은 입만 살아있는 사회주의 혁명가들이 아니라, 코마츠(小松)제작소였다.

코마츠제작소 - 농림성으로부터의 국산화 요청

코마츠제작소는 원래는 농업기계 메이커가 아니었다. 1921년 5월에 타케우치 메이타로(竹內明太郎)가 창업한 주철·기계 메이커였다. 타케우치는 국산 최초의 자동차 닷산(DATSON)의 제작에도 관여했는데 다트(DAT)의 T가 타케우치 메이타로(竹內明太郎)의 성씨의 두문자라는 것은 유명한 이야기[9]라 명명했다. 후원자 이름의 두문자와 "도망치는 토끼(脫兎, 일본어 발음은 '닷토'이다)는 빠르다"라는 의미의 '닷토'에서 따온 것으로 알려져 있다)이다. 이시카와(石川)현 노미(能美)군 쿠니후무라(國付村, 현재의 코마츠市)를 거점으로 창업했다.

코마츠제작소는 국가와 연결고리가 대단히 강한 기업이었다. 농림성은 타이쇼(역자주 : 大正, 일본 원호의 하나로 明治와 昭和 사이의 기간, 1912~1926) 시대부터 농업생산에 기계력을 도입하기 위해, 즉 개간용이나 저수지의 제방 공사에 사용하기 위해 트랙터와 부속농구 일체를 미국에서 수입하여 사이타마(埼玉)현 카와쿠치(川口)시에 있는 농림성 농용기계관리소에 보관하고, 이것을 각 부현(府縣)이나 민간단체에 대여하고 있었다. 쇼와(昭和) 초기에는 국제수지 개선대책을 위한 기계류의 수입을 억제하는 방침 때문에 트랙터의 국산화가 요구되었다.

코츠마제작소는 농용기계관리소의 수입 트랙터나 농구의 수리를 위탁받은 관계로 농림성으로부터 농업용 트랙터의 국산화를 요청받았다. 트랙터는 코츠마제작소의 전문분야였던 주철을 많이 사용하기 때문에 요청을 받아들여, 개발에 착수했다. 주철이란 것은 마모에 강한 철의 한 종류로 강철보다는 인성이 떨어지지만 단단하기 때문에 범용성이 높아 다양한 제품에 사용된다.

코츠마제작소는 1930년 여름부터 미국의 캐터필러 가솔린엔진 2톤 트랙터의 연구를 시작했다. 이 연구를 기본으로 1931년 10월에 시제품 제1호를 제

---

[9] 역자주 : 1914년 현재 닛산자동차의 전신인 쾌속사가 완성한 자동차를 脫兎(DAT CAR)

작하여 국산 제1호를 완성시켰다. 코마츠제작소는 엔진제작 경험이 없어 이시카와지마(石川島)자동차(현재 이스즈자동차)의 1.5톤 트랙터용 엔진을 사용했다. 그러나 사이타마현의 히자오리(膝折)골프장에서의 실용 테스트에서 엔진이 과열을 일으켜 실패했다. 그 다음에는 엔진을 자사에서 설계하여 시제품 제2호를 제작했는데, 이것이 잘 되어서 코마츠G25형 트랙터(5-2)로 육군군마보충부(陸軍軍馬補充部)와 미야기(宮城)현청에 납품했다.

1932년부터 1943년까지 총 238대를 생산한다. 더구나 G40형(50마력)도 완성하여, 개간용으로 육군군마보충부에서 왕성하게 사용되었고, 호쿠리쿠(北陸)지방의 제설작업에 이용되거나, 카라후토(樺太)(역자주 : 현재 북사할린)의 입목발근용(立木拔根用)으로 활용되었다.

| 그림 5-2 | 1937년 만주의 실동협의회에 참가한 코마츠G25형(좌)과 G40형(우)

트랙터에서 불도저로

전쟁에도 트랙터가 이용되었다. 육군은 종래의 군마견인방식에서 특수차

견인방식으로 교체되는 추세에 있어서, 코마츠제작소에 특수견인차를 주문한다. 코마츠제작소는 G40형을 노상견인에 적합하게 개량하여 1936년부터 1945년까지 421대를 생산한다.

전쟁이 끝난 후에 코마츠제작소는 대부분의 종업원을 해고한 뒤 GHQ(연합국 최고사령관 총사령부)의 명령에 따라 호쿠리쿠(北陸)지방에 남아있던 병기류를 회수해 녹이는 작업을 하고 있었다.

전후의 식량부족을 해소하기 위해 개척 5개년 계획을 실시한다는 방침을 세우면서 농림성은 코마츠제작소에 개간용 트랙터 생산을 요청한다. 1945년 12월 해고자들 중에서 재고용을 하여 농기구메이커로서 재출발한다.

농림성은 왜 코마츠제작소에게 트랙터 제조를 요청했을까? 당시 농림성 차관인 카와이 요시나리(河合良成)가 얽혀있었다고 코마츠제작소의 사사(社史)에 기록되어 있다. 토야마현 후쿠미츠町(현재 난토(南礪)市) 출신인 카와이는, 농상무성의 관료시대에 그 지역에서 쌀 소동이 일어나서 테라우치 마사타케(寺内正毅)내각 총사퇴와 함께 관료에서 견책성 시임을 했다. 카와이(河合)는 만주국의 고문이었을 무렵부터 코마츠제작소의 사장 나카무라 미츠구(中村税)와 막역한 사이여서 그 인연으로 궁지에 몰린 코마츠제작소를 구하려고 트랙터 생산을 요청한 것이다.

1951년 4월에는 종업원이 4,269명으로 늘어났는데, 1952년 7월에 GHQ가 가솔린 공급정지 명령을 내렸기 때문에 농림성이 개척계획을 폐기하고 트랙터 발주를 전면 취소한다. 코마츠제작소는 트랙터 생산 중단사태에 몰리게 되었다. 그 이후, 코마츠제작소는 농업용 트랙터의 제조로 터득한 기술을 살려 불도저를 비롯한 건설기계 메이커로서 면모를 히게 된다.

2 만주국의 봄 꿈

코마츠의 D35

1932년 3월 1일 현재의 중국 동북부에 만주국이 탄생하였다. 청나라 최후의 황제 푸이(溥儀)를 황제로 옹립하여, 일본의 관동군 주도로 건설된 괴뢰국가는 이 지역의 자원 확보가 큰 목적이었기 때문에 농업개발 역시 중요했다.

만주국 건국 이전부터 이미 남만주철도주식회사(滿鐵)가 만주개발을 진행해 왔는데, 그것과 병행하여 철도주변의 농장으로 일본인 이민도 이루어졌다. 당시, 관동군에 의해 고향을 쫓겨난 농민들이 포함된 도적떼가 일본인 마을을 습격하는 경우가 많아 이민자들도 무기를 휴대하고 개척에 종사했다. 이것을 무장이민이라고 한다.

그러나 무장이민에 의한 농지의 개척은 큰 성과를 거둘 수가 없었고, 대신에 동경제국대학과 쿄토제국대학의 농학부와 농림성의 주도 하에 1920년대부터 추진된 만주이민운동이 대대적으로 전개된다. 1936년의 2·26사건[10]으로 이민 반대파인 타카하시 코레키요(高橋是淸)가 암살된 것이 계기가 되어 결국 '만주이민 백만호 계획'이 정부의 공식일정에 올랐다. 당시 불황과 흉작으로 고통 받던 일본의 농촌에서 농가들을 만주로 이민 보내, 1농가 당 경영 면적을 확대한다는 분촌 계획을 포함한 것이다. 1937년 7월 7일 바로 중일전쟁의 발화점이 되는 노구교사건[11]이 일어난 날에 제1차 파견단이 바다를 건넌다.

만철(滿鐵)은 만주국을 일본이나 식민지에서는 거의 불가능했던 기계화농업의 실험장으로 삼으려 했다. 1920년에 조선중부의 강원도에서 제1차 세계대전 때에 포로가 된 나고야수용소에서 생활하고 있던 독일인들이 아이치산업주식회사와 함께 란코구(蘭谷)기계농장을 건설하고, 거기서 독일제 증기쟁기를 사용했다는 사례에서도 볼 수 있다(미우라 요코(三浦洋子)『북부조선·식민지시대의 독일식 대규모농장운영』). 두 대의 증기기관을 이용하여 케이블로 쟁기를 견인한 방식이다.

한편, 대만에도 트랙터가 도입되고 있었다. 카와노 시게토우(川野茂任)는 이렇게 적고 있다. '대만을 여행했던 사람은 누구나 수 천 갑(역자주 : 甲, 대만의 전통적인 면적단위로 1甲(갑)은 약 1헥타르에 해당)에 이르는 사탕수수의 물결과 수백만 마력의 스팀 쟁기, 수십 마력의 트랙터가 대농장을 종횡으로 질주하는 장관과 함께, 부지런히 비료를 운반하며 사탕수수를 수확하는 한 무리의 사람들을 쉽게 떠올릴 수 있을 것이다. 그것은 대만에서만 볼 수 있는 장관, 특히 대만의 설탕자본만이 과시할 수 있는 농업자본주의의 장관인 것이다'(『대만미곡경제론』). 다만, 어느 사례나 석탄을 연료로 하는 증기기관을 사용하고 있어, 내연기관 트랙터의 도입까지는 이르지 못했다. 오히려 트랙터의 시험은 만주국에서 추진된 것이다.

10] 역자주 : 천황파에 영향을 받은 청년 장교들이 1,483명의 하사관병을 이끌고 일으킨 쿠데타 미수사건
11] 역자주 : 북경 서남방향의 노구교에서 일어난 일본군과 중국국민혁명군제29군과의 충돌사건으로 중국에서는 일반적으로 77사변이라 부른다.

1937년 5월 공쯔링(公主嶺)(역자주 : 중국 길림성에 있는 도시)에 있는 만철 농사시험장에서 트랙터의 실제 가동 경연회가 개최되었다. 일본에서는 코마츠제작소 만이 초청되고, 그 외에 미국의 캐터필러를 비롯하여 스웨덴, 독일, 영국, 소련 등이 참가하고 있었다.

코마츠제작소의 회사연혁에 따르면 "당사의 G40의 성능, 소요시간, 마무리, 조작 등은 발군의 성과를 보였다"고 기록했다. G40은 중유를 사용했기 때문에 디젤엔진을 탑재한 캐터필러의 트랙터에 비해 연비가 나빠 만주국의 트랙터는 모두 디젤엔진을 사용하기로 결정했다고 한다. 코마츠는 이에 자극을 받아, 개척지의 요망에 부응한 코마츠35형을 완성하는데, 이것이 일본 최초의 디젤엔진 트랙터가 되었다.

코마츠제작소는 주문이 늘 것으로 예상하여, 이시카와현의 아와즈(粟津)에 공장을 건설하고 1938년 6월에 조업을 개시했다. 그런데, 만주국의 만주개척계획이 허점투성이어서 결국 7대의 트랙터를 보내는 것에 그쳤다. D35형은 국내 판매까지 합쳐 47대로 생산을 끝냈다. 군수물자 생산에 내몰려, 아와즈공장도 탄환가공 등을 담당하게 되어, 트랙터를 생산할 여유가 없게 되었기 때문이다.

새로운 땅의 G25

덧붙여, 나치 독일과 일본과의 합작영화 '새로운 땅'(독일어판 제목은 『사무라이의 딸』로 1937년에 개봉)에서는 코마츠제작소의 트랙터가 등장한다. 감독은 아놀트 판크와 이타미 만사쿠(伊丹万作)였다.

독일에서 농업기술을 배우고 일본에 돌아온 주인공은 일본의 낡은 문화에 적응하지 못하고, 정혼한 여성에게 차가운 태도를 보인다. 실망한 여성은 화산에 몸을 던지기로 결심한다. 한편, 주인공은 일본 문화와 풍경의 아름다움을 새삼 깨닫게 되고 아직까지도 축력을 이용해 농사를 짓다 보니 농지가 협소하고 이로 인해 기계화가 불가능한 일본의 농업을 바꾸고 싶다는 자각을 하면서 발상의 전환을 하게 된다. 화산이 폭발하는 와중에 그녀를 구한 주인공은 결국 정혼자와 결혼하게 된다고 하는 내용이다.

중요한 것은 라스트 신이다. 좁은 논에서 모내기처녀들이 모를 심는 장면에서, 갑자기 만주로 무대가 바뀐다. 코스기 이사무(小杉勇)가 연기한 주인공이 만주에서 코마츠제작소의 G25트랙터를 운전하고 있다(포드슨과 유사한 또 하나의 바퀴형 트랙터도 등장하는데, 메이커는 불분명하다). 하라 세츠코(原節子)가 연기한 아내가 주인공에게 젖먹이를 건네고, 그는 만주의 대지에 아이를 살며시 내려놓는다. 그것을 옆에서 지켜보고 있던, 만몽개척 청소년의용군의 일원으로 생각되는 청년의 얼굴 표정이 무느러워섰나가 다시 긴장하는 장면으로 영화는 끝난다. 트랙터는 지금까지 본 대로, 예술작품 특히 시와 영화에 자주 취급되었는데, 만주도 예외는 아니었다. 만주국의 트랙터는 사진잡지에도 가끔 게재되었다.

예를 들면 '대륙에 노래한다-우리는 농업기계화부대'가 제목인 『아사히클럽』1939년 11월 22일호의 기사는 상징적이다.

'펑펑펑 맑은 북만주 창공에 상쾌한 엔진소리가 울린다. / 끝없는 들판에 개간의 쟁기를 꽂고, 10리 사방 연맥 밭에 바인더를 끄는 트랙터의 숨결이다. / 핸들을 잡은 손, 우리들의 젊은 전사, 민몽개칙 청소년의용군.'

이와 같은 기자의 소개 아래, 실제 사진과 시인 시로토리 세이고(白鳥省吾, 1890~1973)의 다음과 같은 시가 게재되었다.

『개간』

밭을 갈자 깊고도 넓게

검은 대지에 빛나는 태양

햇빛 머금고 커지는 봄의 꿈

소리 내며 전진하는 트랙터

    만주국에서는 확실히, 농업기계화가 진행되었다. 만철은 안동현에 150헥타르 규모에서 트랙터를 사용해 농장을 운영했다. 캘리포니아에서 벼농사를 경영을 했던 인물에게 3,400엔의 연봉을 지불하고, 파종과 예초 이외에는 전부 기계를 도입한다. 파종의 반은 직파, 반은 모내기이며, 전기 모터펌프로 양수를 하고, 농장 내에 MTS 같은 철공소의 설치 및 기술자를 배치하여, 부품의 교체나 수리를 하도록 했다. 조수입 16만엔, 순이익 4만엔의 성과를 냈다는 보고가 있다.(요시오카 카네이치(吉岡金市)『일본의 농업』).

    그러나 봄의 꿈은 역시 꿈으로 끝난다. 만주국에는 트랙터가 총 700대 정도밖에 보급이 안 되었고, 오로지 만주국 사람들을 현혹하기 위한 선전 도구로 이용되었다고 말하는 편이 좋을 것이다. 농작업의 동력으로서 가축이나 현지 농민들의 노동력이 주로 이용되어 승용형 트랙터의 보급은 진척되지 않았다.

3 보행형 트랙터 개발과 계속된 진보

오카야마(岡山)에서의 도전

지금까지 전쟁 전의 일본과 식민지 등에서 경운작업의 기계화가 신척되지 않았다고 말했는데, 그것은 승용형 트랙터에 국한된 것이다. 보행형 트랙터는 이미 상당한 진보를 이루어, 그 나름대로 보급을 하고 있었기 때문이다. 오카야마(岡山)의 농민, 니시자키 히로시(西崎浩)는 시멀의 보행형 트랙터를 실제 사용해보고 나서 자극을 받아 연구를 시작해 주위로부터 미친 사람이라는 말을 들으면서까지 몰입한 결과 1925년 최초로 국산 경운기를 완성했다. '마루(丸)2식 경운기'라고 명명되어 1928년 1월 7일에 실용신안을 등록했다.

니시자키가 오카야마 출신이었던 것은 우연이 아니다. 전쟁 직전 일본 농업기계화의 중심은 북해도가 아니라, 오카야마었기 때문이다. 그것을 상징하는 인물이 후지이 야스히로(藤井康弘)이다. 그는 자서전 『마음의 기둥』을 통해서 그의 기계에 대한 시도를 더듬어 보고자 한다.

제5장 **일본의 트랙터** 185

후지이는 오카야마현 코지마(鹿島)군 코우죠무라(興除村, 현재 오카야마市)의 자작농 출신이다. 1920년 6월 2일, 불황이 닥쳐오는 와중에, 형인 신타로(新太郞)가 세노오(妹尾)역 앞에 후지이철공소를 설립했는데, 거기에서, 그림에 소질이 있던 후지이는 기계에 들어가는 마크를 그리는 아르바이트에 최선을 다한다.

코우죠무라(興除村)는 간척지 마을이다. 1884년 정치상인 후지타 덴자부로(藤田傳三郞)가 정부에 코지마만(兒島)의 500정보에 간

| 그림 5-3 | 후지이 야스히로(藤井康弘, 1907~77)
보행형 트랙터의 개발자. 오카야마현 코우죠무 출신. 1926년 공예학교 졸업 후, 형 신타로의 후지타철공소에 입사. 1933년 후지이야스히로 상회, 1950년 (주)후지이제작소를 설립. 1972년 제25회 베로나 농업기계박람회에서 금메달을 수상

척사업을 허가받았다. 후지타는 야마쿠치현 하기시(萩市)의 양조장 집안 출신으로, 원래 기병대[12] 무사였다. 후에 칸사이(關西)를 대표하는 재벌이 되었는데 그의 도쿄 별장은 친잔소(椿山莊)[13]로, 교토 별장은 후지타(藤田)호텔로 각각 이용하게 된다. 타이쇼(大正) 시기부터 후지타의 지도로 농업기계화가 진행되고 있었다.

몇 개의 농업기계가 투입되었는데, 버티컬 펌프(적은 에너지로 대량으로 물을 끌어 올리는 펌프)는 특히 도움이 되었다. 넓은 평지였기 때문에 밭에 물을 끊임없이 공급해야 했기 때문이다. 정농민(역자주 : 精農民, 농업에 대한 연

---

12) 역자주 : 奇兵隊, 에도시대 말기에 결성된 번외 무사들의 혼성부대로 奇兵은 정규병의 반대 개념이다
13) 역자주 : 동경 文京區에 위치하여 광대한 정원, 호텔설비를 구비하고 있는 연회시설

구개발로 생산성 향상 등 업적을 달성한 선도적 농민)이었던 형은 농업기계화에 열심이어서 이웃 농가에 가서 펌프를 무상으로 수리를 해주기도 했는데 날이 갈수록 바빠져서 자신의 농사일조차 제대로 못할 지경이었다. 그래서 부친의 허락을 얻어 농구전문 수리제작공장을 세웠다.

　1926년 후지이 야스히로는 공예(工藝)고교를 졸업하고, 형이 경영하는 후지이철공소에 입사한다. 이시기의 후지이철공소는 종업원이 80명이나 되는 오카야마 내 굴지의 철공소였다.

　후지이는 이 철공소에서 근무하며 석유 발동기를 설계한 후에, 국산 보행형 트랙터(그는 일관되게 '경운기'라고 불렀다)의 제작을 꿈꾸게 된다. 코지마만(児島) 간척지는 벼와 골풀을 2모작하는 농가가 많았다. 골풀을 베고 난 밭은 질긴 뿌리가 땅에 남아있다. 더구나 간척지의 중점토질(中粘土質)의 토양을 갈아엎는 일은 중노동이었다. 후지이는 기계의 힘으로 농민들을 중노동에서 해방시키고 싶다는 생각에 사로잡혔다.

　후지이는 형이나 동료의 반대를 물리치고, 보행형 트랙터 연구를 시작했다. 당시 스위스의 시멀社의 보행형 트랙터는 1대 1,000엔이나 하는 고가여서, 농가는 구입할 수 없었다. 형은 직원이 일하는 중에는 연구를 금지했기 때문에, 후지이는 일과가 끝난 후, 남몰래 보행형 트랙터의 개발에 매달렸다.

　먼저 오사카(大阪)에서 구입한 중고 시멀사의 보행형 트랙터를 분해하는 것으로부터 시작했다. 이것은 1923년경부터 후지타(藤田)농장에서도 사용되고 있었는데, 유럽의 토양과 다르기 때문에 운전이 잘 안되었다. 철의 재료만 해도, 주철, 연철강, 반경강(半硬鋼), 특수강을 사용하고 있어서 분류하는 데에도 상당한 노력이 들었다. 그래서 후시이는 현재 농가가 기지고 있는 석유발동기를 몸체에 부착시키는 구조를 생각하기 시작했다.

행운기 幸運機 에서 조부호 大夫號 의 탄생으로

오카야마에서 농업기계화가 진행된 이유가 몇 개 있는데 쿠라시키(倉敷)방적의 오하라마고 사부로(大原孫三郎)와 같은 첨단기술에 관심이 있는 자산가들이 주위에 있었다는 점과 간척지 농업은 수로를 이용한 운반이 이루어져, 가축을 그다지 사용하지 않는다는 것 외에도 타타라 제철[14]의 전통이 살아 있었던 것도 중요한 이유였다.

후지이 야스히로는 완성된 보행형 트랙터의 설계도를 품에 넣고, 오카야마현 기비(吉備)군 아조무라(阿曽村, 현재 소자(總社)市)를 방문한다. 트랙터 제작에는 꼭 필요한 주철을 얻기 위해서이다. 옛날 아조무라 주변에는 '양질의 사철 생산지여서 큰 타타라장이 있었고, 중세에는 제철업이 번성한 지역'이었다. 아조무라(阿曽村)의 솜씨 좋은 주물사는 설계도를 한번 보고, 쉰 목소리로 '하겠습니다. 맡겨주십시오'라고 말했다. 후지이는 고마운 마음에 깊이 고개를 숙이며 감사를 표하고 돌아왔다고 한다.

아조무라(阿曽村)의 주물사의 도움도 있고 해서, 1927년 11월에 경운기가 완성된다. 그러나 잘 작동되지 않아서 실패로 끝났다. 이듬해 3월에 2호기가 완성되었으나 이것도 무참하게 실패했다. 주위의 농민들의 시선이 차가웠다. 젊은 사원으로 후에 후지이 회사의 오른팔이 된 사토 시게타로(佐藤繁太郎)도, 처음에는 '경운기는 서양인들의 사기다'라고 말했을 정도였다.

당시에 보행형 트랙터 명칭이 가지가지여서 주위에서는 '밭가는 기계', '기계우(牛) 쟁기' 등으로 불렸는데, 금방 망가지는 후지이의 트랙터를 보고 누더기 트랙터라고 비웃음을 받은 적도 있다고 회상했다.

14] 역자주 : 고로에 공기를 주입하는 풀무인 타타라를 이용하여 비교적 저온에서 철을 녹여 순도를 높이는 일본의 전통적인 제철기법

악몽은 계속됐다. 1928년 여름, 후지이철공소는 때마침 불어 닥친 불황으로 도산했다. 형 신타로는 조선으로 건너가 전라남도의 영산포에서 농기구 판매점을 열었다. 후지이는 잠시 설계를 단념하지만 일가는 이미 이산가족이 되었다.

그러나 후지이는 포기하지 않았다. 근근이 연구를 계속하고 있는 사이에, 이지리 츠야타(井尻艶太)라는 오카야마의 보행형 트랙터 연구가가, 이지리(井尻)식 트랙터 50대를 연구재료로서 후지이에게 양도하고 싶다는 제안을 받아들여 40엔이라는 파격적인 가격으로 구매한다.

코지마 간척지에는 많은 대장장이들이 살고 있어 각각 농업기계의 연구를 계속해 왔다. 그 무명의 장인들이 축적한 노하우들이 후지이 기술혁신의 원동력이 되었다.

이번에는 행운이 계속된다. 코죠무라(興除村)의 자산가인 츠치야(土谷)라는 인물로부터 예금통장과 인감을 받고, 필요한 만큼 쓰라는 지원 제안이 있었기 때문이다. 또 오사카의 미즈타(水田)철공소에서 발동기 연구를 하는 것을 허락했고, 숙소도 마련해 준다고 하였다. 이사하기 전인 1932년 1월에 결혼하고, 그는 오사카에서 제작에 전념하게 된다.

1932년 11월 세 번째로 2.5마력 경운기를 제작했다. 이 일본 최초의 로터리식 보행형 트랙터는 성공이라고 말하기는 어렵지만, 조금씩 움직이기는 했다. 행운기라고 명명했는데 '이것은 행운기도, 기계우(機械牛)도 아니다, 파손기다'라고 비웃는 농민의 목소리를 후지이는 또렷이 기억했다.

1933년 후지이 야스히로 상회를 창설하고 본격적으로 연구 개발에 몰두하기 시작했다. 같은 해 오카야마에서 일본 최초의 경운기 경기대회가 열렸고 전국에서 15명이 참가했다. 후지이의 경운기가 1등을 차지하면서 사려는 사람이 몰려들었다. 후지이는 한층 더 개량을 거듭하여 완성된 경운기를 '조부호'(역

자주 : 大夫号, 조부는 일본어로 강건함, 견고, 튼튼함, 단단하다는 의미)라고 명명한다. 1935년 4월의 코죠(興除)村에서 열린 동력경운기 경기에서 조부호가 참가하여 상위 성적을 거두었다. 이것을 조선에 있는 형에게 보냈다. 형 산타로는 조선의 군산에서 개최된 조선 제1회 농기구전시회에 출품했고 당시 조부호에 인기가 높았다고 한다. 1939년에는 농림성의 경운기 비교심사에서 1위를 차지한다. 홋카이도(北海道) 농가들의 강한 요구로, 3마력 경운기를 제작했다. 이렇게 하여 보행형 트랙터는 식민지 조선과 북해도에서도 사용하게 되었다.

1943년 5월 후지이는 군(軍)과 현(縣)의 명령으로, 미츠비시(三菱)중공업 미즈시마(水島)공장의 감독 관리인이 된다. 전시 중에 군수산업에 참여하는 것은 트랙터 기사의 통상적인 일이었다. 그의 자서전에선 전투기의 부품을 만드는 공장의 감독을 했는데 검사에 탈락되는 부품이 적어 몇 번이나 표창을 받았다고 했다.

시마쿠라 치요코(島倉千代子)의 후지경운기

패전 후 일본에서는 다시 농업기계업계가 각광을 받았다. 1949년 4월 3마력 보행형 트랙터를 제작하는데 고품질의 트랙터로 완성도가 높았다. "조부호는 전쟁 냄새를 풍기는 남자아이 이름 같아서 왠지 거부감이 든다"고 말하는 후지이에게 사토는 '후지산처럼 일본 제일을 뜻하는 이름이 좋을 것 같은데, 그냥 후지라고 하면 어떨까'라고 제안하여 '후지경운기 을형(乙型)'이라는 이름으로 낙착되었다. 후지이는 후지호(富士號)의 광고에도 힘을 쏟았다. 후지이가 직접 작사한 후지경운기의 노래는 이런 내용이다.

이상(理想)을 품고 비젠(역자주 : 오카야마현에 있는 지명)에서

펄럭이는 깃발 아래

사랑과 열정으로 단련한

고품질 후지 경운기

광휘 가득한 산하에

울리는 폭음은

새로운 시대의 보물

고품질 후지 경운기

쭉쭉 만들고 척척

팔리는 경운기

세계에 자랑하는 정예

고품질 후지 경운기

  제1연과 제2연에서 보이는 경운기 메이커로서의 자긍심 높은 고상한 이념을 표현했지만 제3연에서는 척척 팔린다고 뜬금없이 통속적으로 표현했다. 어쨌든 1953년에 당시 스타였던 시마쿠라 치요코가 이 노래를 불러 선전할 정도로 후지이는 정상에 올랐다고 볼 수 있다.

  1949년 농림성이 주최한 경운기 비교심사회가 코지마군 후지타무라에서 열렸다. 이 모델은 속력부분 1위, 종합성적 2위를 달성히였다. 쾌속 1위라는 눈에 띄는 신문기사 제목 덕분에 일거에 구매자들이 줄을 섰다. 시즈오카현 후지市와 미시마(三島)市, 홋카이도 아사히카와(旭川)市, 후쿠오카현 쿠루메(久留米)市,

등에도 대리점을 설치했다. 그 후에도 순조롭게 일본 각지에 대리점을 증설하고 단골 거래처를 늘려갔다. 1949년 11월 부인이 파상풍으로 35세의 젊은 나이로 사망하자 잠시 우울증에 빠졌지만 그 다음 달 슬픈 와중에서도 주식회사 후지이제작소를 설립했고 오른팔이었던 사토 시게타로(佐藤繁太郎)를 부사장에 앉혔다.

쾌거는 계속되어 치치부 노미야(역자주 : 秩父宮(1902~53), 일본의 황족으로 大正천황의 제2황자)와 세츠코(勢津子) 황자비가 후지이제작소에 견학차 방문했다. 치치부 노미야는 황궁의 농장에서 후지 경운기를 1대 구입하여 친히 운전을 했다. 세츠고 비는 "이런 기계가 보급되면 농가 분들의 생활이나 마음에도 여유가 생기겠네요"라며 말을 걸었다고 한다.

맛과 향이 있는 경운기

1952년 9월 고무타이어 경운기가 완성되었다. 엔진이 5마력인 이 후지경운기P형은 고무타이어가 달린 앨리스 찰머스의 WC형처럼 획기적인 보행형 트랙터였다. 여성들도 쾌적하게 운전하기 쉽도록 자동차에서 사용하는 타이어를 부착하여 판매했으나, 구매자들로부터 미끄러진다는 불만이 터져 나와 판매가 부진했다. 그래서 후지이는 '고무타이어에 볼록한 골을 만들어서 그 골이 흙을 파고들면서 전진할 수 있도록 제작하면 미끄럼을 방지할 수 있다'고 생각하고 즉시 생산에 착수하여 무상으로 배포했다.

더 나아가 1958년부터 극비리에 실험연구를 해 온 후지경운기PH형을 1959년 1월에 발표한다. 타이어의 간격을 손가락 하나로 자유롭게 조정할 수 있는 9마력 경운기는 업계에 일대 큰 화제를 불러일으켰다.

또한, 후지이는 미국을 시찰하며 대형트랙터를 보면서 미국의 기계화에 위화감을 느꼈다. "기계는 어디까지나 사람이 사용하는 것이고, 기계에 속박되는 농업은 발전할 수가 없다. 목적과 수단을 착각해서는 안 된다는 통념은 사람과 기계의 관계에도 적용된다". 오히려 후지이는 '일본인과 일본의 풍토와 조화로운 맛과 향이 있는 경운기를 만들고 싶다'는 결의를 다진다.

마침 일본정부는 농업기계화의 법적 정비를 추진하고 있었다. 1953년에는 농업기계화촉진법, 1961년에는 농업기본법이 제정된다. 자립농업, 선택적 확대를 기본으로 한 농업구조개선사업이 추진되었다. 두 개의 법 모두 농업기계화를 유도하는 법률이었다. 1968년부터 모내기, 써레질, 수확, 탈곡, 건조 등 모든 작업을 포괄하는 소위 '벼농사 기계화 일관체계'가 구축된다. 후지이는 경운기는 만들기만 하면 무조건 팔렸다며 당시를 회고하기도 했다.

그런 중에 얀마 디젤과의 판매제휴가 시작된다. 얀마에 대해서는 뒤에 이야기하겠지만 최종적으로는 코치(高知), 시즈오카(靜岡), 후쿠오카(福岡) 각현의 농기구메이커와 함께 얀마농기(農機)로 일원화 되고, 후시이제직소기 있던 오카야마현에 얀마농기 본사가 위치하게 된다. 또한 후쿠이는 특허 795건을 취득하였고, 이탈리아의 베로나에서 개최된 국제농업기계박람회 금상을 수상하였다.

오카야마와 한국을 이어준 보행형 트랙터

후지이 야스히로상회의 소부호가 식민지기 조선에서 사용되었다는 것은 이미 언급했지만, 전쟁이 끝나자 오카야마의 보행형 트랙터는 대한민국의 부흥에 큰 역할을 수행한다.

센스이 히데카즈(泉水英計)의 연구에 따르면 트랙터와 한국의 연결 역할을 한 것은 포레스트 피츠(1924~2014)라는 미국인 지리학자였다. 콜로라도 주의 산간 농가에서 자란 그는, 제2차 세계대전 말기에 해군에 입대하여 일본어를 배웠다. 전후 세계각지의 정보를 과학자를 동원하여 수집하는 체제를 갖추었던 미국은 시카고대학의 지리학 연구실을 일본 연구의 거점으로 삼았는데, 피츠는 마침 그 연구실에 소속되어 있었다. 그 연구실은 일본 출장소를 오카야마(岡山)에 두고, 세토나이카이(역자주 : 瀨戶內海, 일본의 혼슈, 시코쿠, 큐슈 지역에 둘러싸인 해역)의 현지조사를 수행했다.

피츠가 박사논문 대상으로 한 카가와(香川)현에서도, 오카야마의 보행형 트랙터가 사용되고 있었다. 적은 강수량을 저수 시설로 극복하며, 한정된 농지에서도, 여름에는 벼를 재배하고 겨울에는 보리를 재배하는 고도의 이모작체계를 보행형 트랙터가 뒷받침하고 있었다. 또 다른 미시건 대학의 연구자도 오카야마(岡山)현의 코지마만(灣) 간척지를 연구하여 보행형 트랙터의 도입과정을 자세하게 연구했다.

피츠는 미국에 돌아와 논문을 마치고 나서, 이번에는 한국어를 공부하여 1960년 여름에 부흥부 경제개발회 고문단의 일원으로 서울을 방문했다. 농촌 지역을 순시하던 중에 로타리식 보행형 트랙터나 '원예용 미국제 회전식 경운기'를 발견하기도 하고 농업연구시설의 창고에서 일본제 보행형 트랙터를 보관하고 있는 것을 보던 중에 카가와(香川)현에서 활약하고 있던 보행형 트랙터를 한국에 도입하는 계획을 구상하게 된다.

전후 한국정부는 1957년에 보행형 트랙터를 몇 대 구입했지만, 본격적인 생산이 시작된 것은 1961년에 한국의 정치가, 관료, 농학자가 오카야마(岡山)현에 시찰 왔을 때부터이다. 피츠가 사전에 준비한 이 시찰을 통해 1963년부터 미츠비시(三菱)와 제휴한 대동공업(大同工業)과 얀마와 제휴한 신일기계공업

(新一機械工業)을 중심으로 보행형 트랙터는 양산체제에 들어가 1960년대 후반부터 급속하게 한국 농촌에 보급되기 시작한다. 박정희 전 대통령에 의해 추진된 1970년대의 새마을운동으로 보행형 트랙터는 보급이 빨라졌다.

여기서 흥미 있는 것은 센스이(泉水)의 연구에 의하면 보행형 트랙터는 경운 작용뿐만 아니라 운전면허가 필요 없는 자가용차 또는 운반용 차로서도 사용되었다는 점이다. 이것은 본서에서도 언급한 중국의 첸 마을의 경우와 흡사하다. 한편 한국의 핸드 트랙터의 아버지로 소개된 적도 있는 피즈는 한국농촌의 젊은이로부터 '한국의 한우와 농가와의 생태학적인 유대관계'가 트랙터의 도입으로 단절되었다는 비판을 받은 적도 있다고 한다.

김일성이 주창한 주체농법에 따라 소련의 원조를 받은 대형 승용형 트랙터를 사용해 MTS에 해당하는 '농기계작업소'를 거점으로 집단화를 추진한 조선민주주의인민공화국과는 달리(홍달선『조선사회주의농업론』), 한국은 일본과 마찬가지로 먼저 보행형 트랙터부터 시작했다. 이러한 한국에서의 트랙터 보급의 극적인 대조는 동아시아 냉전체제를 상징한다고 말할 수 있겠다.

시마네島根로부터의 도전

오카야마(岡山)현과 마찬가지로 타타라 제철로 유명한 시마네(島根)현 니타(仁多)군 카메다케무라(현재 오쿠이즈모쵸(奧出雲町))에서도, 보행형 트랙터에 정열을 쏟아 부은 한사람이 있다. 요네하라 키요오(米原淸男)이다. 카메다케무라는 미즈모토 세이초(松本淸張)의『모래 그릇』(역자주 : 1960년 5월 17일부터 요미우리시문 석간에 연재된 장편 추리소설로 한센병을 배경으로 하여 큰 화제가 되었다)의 무대로 유명하다. 요네하라는 농가의 장남으로, 집안에서 직접 소로 밭을 갈고 있었다. 겨울에는 사철채취장 노역을 했다. 타타라 제철의 원료인 사철을 함유하고 있는 토사를 채취하는 일이었다.

여기서는 요네하라의 전기를 토대로, 또 하나의 보행형 트랙터 탄생의 역사를 추적하여, 후지이의 사례와 함께, 보행형 트랙터 개발에 있어서 일본의 독자성과 해외와의 유사성에 대하여 알아보겠다.

| 그림 5-4 | 요네하라 키요오(米原淸男, 1899~1991)
보행형 트랙터의 개발자. 시마네현 카메다케무라 출신. 1938년 자택의 창고에서 공장설립, 트랙터 개발에 종사. 요시오카 킨이치(吉岡金市)의 지원을 받아, 1948년 다목적 보행형 트랙터를 완성.

화가 지망생이었던 요네하라(米原)는 고향을 떠나 도쿄에 나섰으나 단념하고, 귀향 한 후 농가의 장남으로서 우경(牛耕)을 했던 자신의 경험에서 기계에 의한 경운이 가능하지 않을까라는 생각에 미치자, 1919년에 개발에 착수한다. 그러나 급성 신장병으로 농사를 지을 수 없게 되어, 1921년에 니타(仁多)군 요코타무라(橫田村)에 있는 이즈모(出雲)주판주식회사에 기계부의 기술원으로 입사한다. 회사가 휴업상태가 될 때까지 4년간 일하게 된다. 여기서 그는, 기계제작에 필요한 기본적인 기술을 익히게 되는데, 이것이 후에 트랙터 개발에 큰 도움이 된다. 1925년 이후, 미츠에(松江)은행 미나리(三成)지점, 가메다케무라 신용조합에 근무하게 되는데, 1936년에 조합을 퇴직하고부터 미네하라(米原)는 일관되게 기계 이름에 '운(運)'이라는 글자가 들어있는 경운기의 개발을 목표로 한다. 운이라는 글자에는 경운기뿐만 아니라, 운반(運搬)도 가능한 제너럴 트랙터를 만들고 싶다는 미네하라의 의지가 담겨있다.

화가지망생이었다는 것과 사철로부터 철을 만드는 타타라와 가까웠다는 점은 후지이 야스히로(藤井康弘)와 비슷한 공통점이 흥미를 자아내는데, 어찌 됐든 퇴직 후 미네하라(米原)는 경운기의 연구에 매진한다.

미네하라(米原)는 전통산업인 주판제조에서 배운 기술력과 타고난 손재주를 바탕으로, 몇 번의 실패를 이겨내며, 1938년에 자택의 창고에서 공장을 설립하고, 1940년 마침내 경운기를 완성했다고 발표했다. 이것이 호평을 얻어, 시마네(島根)현 농사시험장에서도 실연을 하여 성능시험을 받았다. 1941년 4월 14일, 오카야마에서 개최된 전국 동력 경운기 실연전람회에도 참가했다.

전기(傳記)에는 다음과 같이 기록되어 있다. '구동부와 경운부가 별도의 기구로 구성되어 탈착이 자유자재한 경운기는 경운기 선진지인 오카야마현(縣)을 포함하여 전국을 통틀어 미네하라식(式)을 빼놓고 하나도 없었다.' 미네하라(米原)의 지명도는 일거에 올라가서, 오사카(大阪)의 마카지마(中島)기계제작소로부터 초청을 받기도 했고, 타가마츠 노미야(역자주 : 高松宮, 1905~1987, 일본 大正천황의 제3황자)전하로부터 발명조성금 500엔을 하사받았다. 더욱이 전쟁 와중에 노동력이 부족한 가운데, 시마네(島根)현 경제부 농무과로부터 30대의 경운기를 수주한다. 미네하라(米原)는 공장을 카메다케무라의 자택에서 니타(仁多)군의 중심에 위치하는 미나리무라(三成村)로 옮기는 시점에, 오오사카시(大阪市)의 츄오(中央)무역주식회사의 중개로 일본의 점령지 인도네시아 자바의 무역상사로부터 또 다시 50대의 경운기 주문이 들어온다. 거기서 두터운 신임을 얻게 되고, 오사카 교외의 철공소에서 부품제작을 하여 주문에 대응한다.

그런데, 1944년 4월 미네하라(米原)의 공장도 군수성의 지정 공장이 되어 비행기의 부품인 조타간(역자주 : 操舵桿, 조정 레버)의 제작을 명받았다. 미네하라(米原)는 경운기 생산을 중지할 수밖에 없었다. 군수공장에서 미네하라(米原)는 8시간 노동, 3교대제를 실시하고, 품질이 우수한 제품을 만들어 당국자를 놀라게 했다고 한다.

전후의 만능 트랙터

패전 후 2년이 지난 1947년, 잠시 동력 탈곡기의 제작을 하고 있던 미네하라(米原)에게 농림성에서 들어오라는 전보가 도착한다. 전보를 보낸 사람은 쿠라시키(倉敷)노동과학연구소에서 근무하는 농업기계 전문가인 요시오카 킨이치(吉岡金市)였다. 요시오카는 이전부터 미네하라의 경운기를 높이 평가하고 있었다. 이번에는 GHQ의 지령으로 보행형 트랙터 연구가 필요하게 되어 미네하라에게 그것을 조속히 만들어 달라는 의뢰였다.

후지이의 경운기와 달리 미네하라의 경운기는 경운, 쇄토, 정지(整地), 써레질, 중간 갈기(중경), 이랑 세우기, 양수, 운반 등 다양한 농사 작업에 대응할

| 그림 5-5 | 요시오카 킨이치(吉岡金市, 1902~1986)
오카야마현 이즈에(出部) 출신. 교토제국대학 농학부 농림경제학과졸. 쿠라시키 노동과학연구소원, 오카야마 이과대 교수, 카나자와(金澤) 경제대 학장 등을 역임. 직파에 의한 벼농사 기계화, 공동작업, 공동취사의 지도에 관여. 이타이이타이병의 원인 규명에도 진력.

수 있는 트랙터였다. 1948년 7월 제2호기를 완성했다. 쿠라시키의 요시오카 앞에서 실연하여 요시오카로부터 증명서를 받았다.

요네하라의 경운기를 처음으로 세상에 소개한 것도 요시오카이다. 요시오카는 1949년에 무엇에나 이용할 수 있는 소형만능 트랙터(『젊은 농업』 2월호)라는 기사를 집필했다.

> 만약 땅을 가는 것을 기계로 할 수 있다면, 얼마나 편할 것인가. 그것은 일본의 일하는 농민들의 간절한 희망임과 동시에 슬픈 체념이기도 한데, 드디어 일본에서도 기계로 경작하는 것이 가능하게 된 것이다. [중략] 일본에서도 자동경운기는 이미 1930년경부터 오카야마현에서 실용화되기 시작하였고, 전쟁 중에는 사람의 노동력과 축력(畜力)의 부족으로 급속히 발전하여, 1941년에는 전국적으로 약 1만대 정도 보급되었으나, 그것은 단지 경운과 정지(整地)만 기계로 할뿐으로, 파종에서 중경(中耕), 제초(除草)를 거쳐 수확까지를 일관하여 기계로 하는 것은 아니었다. [중략] 이번에 완성된 요네하라 키요오(米原淸男)씨가 발명 고안한 소형자동경운기는 몸체의 폭이 불과 1척(尺)3촌(寸)으로, 1척5촌의 이랑 사이를 자유롭게 사용할 수 있을 뿐 아니라, 원동기와 작업기를 분리할 수 있어서, 작업기를 교체하면, 파종에서 수확까지 일체의 작업을 기계로 할 수 있다. 거기다가 원동기는 탈곡 같은 정치(定置)작업에 사용할 수 있을뿐 아니라, 트레일러를 끌게 하면 운반 작업에도 이용 가능하다.

미국의 IH의 팜올을 상기해 보자. 로크로프 트랙터인 팜올도 미네하라 방식의 만능소형트랙터처럼 이랑사이에서 중경(中耕)작업이 가능한 뛰어난 기능을 갖고 있었다. 결국 미국에서는 여러 발전단계를 거쳐 온 승용형 트랙터의 기술혁신을 일본에서는 그런 과정도 없이 미네하라의 독자적인 기술개발로 미국수준의 보행형 트랙터를 따라잡게 된 셈이다.

요시오카는 미네하라를 극찬했다. '미네하라는 1924년 이래로 일본적인 소형동력경운기의 발명·고안에 정진하여, 본인이 가진 모든 것을, 심지어 건강까지도 바쳐가며, 경운기의 완성을 위해 최선을 다했고, 결국은 유례없이 뛰어난 일본적인 만능 트랙터를 완성했다'

그러나 미네하라는 1954년에 가메다케무라의 촌장에 임명돼 트랙터의 연구개발에서 멀어지게 된다. 그의 손자인 미네하라 히로노리(米原博德)는 요네하라 키요오(米原淸男)가 자신이 만든 트랙터를 사용하고 있던 광경을 기억하고 있다.

| 그림 5-6 | 미네하라 키요오(米原淸男)의 제네럴 트랙터(1949년)

히로노리(博德)의 이야기에 따르면, 할아버지는 술도 안마시고 조용하며 겸손한 성격으로 주위 사람들로부터 신망도 두터웠다고 한다. 트랙터의 개발에 대해 주변에서 아무리 칭찬해도, 본인은 지극히 냉정했다.

후지이 야스히로와 미네하라 키요오, 이 두 사람은 농가 출신으로 실패에 좌절하지 않는 강한 정신력, 화가 지망, 타타라 제철이 번성한 지역의 출신 등 몇 개의 공통점이 있다. 그들의 역사는 지금까지 언급한 세계의 트랙터 개발자들과도 공통점이 많다. 농촌출신으로 농사의 어려움을 알았고, 전쟁 때에는 군수산업에 참여했고, 전통적인 기술을 소홀히 하지 않는다는 것이다. 이것은 트랙터의 세계사에서 발견되는 보편적 공통점이다.

여성 경제학자의 체험

지방 발명가들이 만든 보행형 트랙터는 많은 여성들의 마음을 사로잡았다. 시베리아 철도에서 우랄 산맥의 트랙터 공장을 목격한 츄조 유리코(中條百合子)는 1934년 미야모토 켄지(宮本顯治)와 결혼하여, 미야모토 유리코로 개명했는데, 중일 전쟁 이후, 노동력 부족이 심각화 되는 일본에서 보행형 트랙터의 보급을 호소했다.

그녀는 이렇게 쓰고 있다. 중일전쟁 이후, 일손부족으로 노인, 여성, 어린이가 중요한 노동력이 되고 있다. '농촌의 내일의 희망은 영세한 경지 정리 및 자재 문제의 해결과 함께 경작이 점점 기계화되지 않으면 안 된다는 것이다. 일본형 트랙터의 능률은 말 경작의 2배, 사람 경작의 21배이며, 더구나 1단보(역자주: 段步, 일본의 전통 토지면적 단위로 1단보는 약 10아르)당 비용은, 사람이 경작할 시의 4엔53전에 비해 1엔95전에 불과하다.' 여기서 영세한 경지 정리라는 것은 소련과 같은 농업의 집단화를 함축하는 의미를 가지고 있다.

산페이 코우코(三瓶孝子)는 일본 여성으로서는 최초로 경제사(經濟史)를 저술한 후쿠지마(福島)현 출신의 경제학자이다. 산페이는 1940년말부터 1945년까지 토치기(栃木)현 북부의 농촌에서 체험한 견문록인 『농촌기(農村記)』(1943)를 출판했는데, 여기에 보행형 트랙터가 등장한다. 전쟁 전의 기록으로서는 매우 희귀하다. 산페이가 취재했던 마을은 아시오(足尾) 광독사건으로 환경문제가 되었던 구리 독소가 광범위하게 오염된 지역으로, 산업은 농업과 직물업이 중심이었다. 전쟁으로 성인 남자가 농촌을 떠나 노동력이 부족해지면서 여성들을 중심으로 식량증산을 시도했다. 노동력을 절감하기 위해 공동작업이나 공동취사를 병행하면서 트랙터를 도입했다. 직물 짜는 전담이 여성들이어서 마을 내에서는 여성의 목소리가 강한 것이 특징이다. 산페이는 다음과 같이 기록했다.

벼를 베고 난 후에는 소맥을 심기 위해 땅을 갈지 않으면 안 된다. 흙을 갈아엎거나 부수거나 하는 것은 사람 손을 사용하지 않고 이런 작업을 한꺼번에 하는 히로세(廣瀨)식 자동경운기(보통

| 그림 5-7 | 토치기현(縣)의 보행형 트랙터(1941년경)

트랙터라고 한다. 경운기가 트랙터에 연결되어 있다)라는 기계를 도입했다. 석유발동기 2.5마력으로 한번 움직이면, 폭 2척5촌, 깊이 5촌정도, 113미터의 길이를 6,7분 내에 운전수 한사람이 경운한다. 이것은 기계라고는 해도 소형이었고, 내가 직접 운전해 보니, 발동기 엔진의 진동이 온몸에 전달되어, 뺨의 근육까지 털털거렸다. 운전하는 것도 쉬운 일은 아닌 것 같다.

이런 기계를 농민들이 이전에는 본적이 없기 때문에 구경꾼이 북적대었다. 길옆에 앉아 "오 다르긴 하네", "도대체 이 기계는 얼마나 하지?"하며 놀라서 바라보거나 쇄토된 흙을 손으로 만져보고 감탄하는 부인들도 있었다.

남자가 트랙터를 조작하며 걸어가는 있는 사진도 첨부했다(5-7). 흥미로운 것은 산페이가, 미국의 애트리가 승용형 트랙터인 포드슨에 탔을 때와 마찬가지로 뺨의 근육이 떨릴 정도로 강한 엔진의 진동을 느꼈다는 점이다.

혼다(本田)의 인기 일체형 몸체와 반값의 충격

히로세(廣瀨) 자동경운기는 이시카와(石川)현 하쿠산(白山)시 출신의 발명가 히로세 요키치(廣瀨與吉)가 개발한 보행형 트랙터이다. 히로세는 이 외에

도 탈곡기나 정미기도 발명했고 1938년에는 경운기 추진장치로 특허를 취득했다.

사실 시마네의 미네하라 키요오(米原淸男)가 1939년에 경운기를 특허 신청했을 때 히로세의 장치와 유사하다는 이유로 거절되었다. 미네하라의 보행형 트랙터는 히로세의 트랙터와는 달리 농지의 요철에 맞추어서 유연하게 땅을 갈 수 있는 구조로 되어있었기 때문에 미네하라의 대리인은 반복해서 특허국에 설명을 했지만 거절되자, 본의 아니게 최종적으로는 특허가 아닌 실용신안으로 등록했다. 히로세는 물론 이것 이외에도 유용한 농기구를 여러 개 발명하여 일본의 농업기술의 발전을 뒷받침한 사람으로 우뚝 서게 된다.

전후에도 보행형 트랙터는 일본농업에서 중요한 지위를 차지한다. 후지이제작소의 후지경운기는 그 대표 격이었다. 그런데 1959년 보행형 트랙터 업계에 충격이 왔다. 4월 18일 혼다(本田)기술공업 하마마츠(浜松)제작소에서 신형 경운기F150을 발표했기 때문이다. 이것을 농기구업계에서는 혼다 열풍이라 불렀다.

| 그림 5-8 | 혼다F150

F150의 특징은 몸체가 일체형인 것과 가격이 종래의 반값에 가까운 가격이란 점, 이 두 가지였다. 일체형은 후지이 야스히로도 미네하라 키요오도 생각하지 못한 방식이었다.

지금까지는 농업용 엔진을 경운기 본체에 탑재해서, 벨트로 동력을 전달하는 것이 통상이었다. 그런데 F150은 엔진을 기어 박스에 직접 연결한 보행형 트랙터였다. 오도바이의 기술 축적을 트랙터 개발에 살려, 철저한 합리적 생산방식에 따라, 가격을 낮춘 것이다. 엔진의 질은 말할 것도 없고, 모양도 세련돼 시장에서 높은 평가를 받아 조립식 완구 모델이 될 정도였다.

4 기계화·반기계화 논쟁

기계화 비판 일본의 독자성을 주장

일본에서도 미국이나 소련과 마찬가지로, 트랙터를 포함한 농업기계에 대한 논쟁이 있었다. 특히 농학자들의 사이에서는 논쟁이 격화되었는데 농본주의적인 감성을 가진 학자들은 기계 도입에 대하여 신중하였고 근대주의적인 학자는 농업기계 도입에 적극적이었다.

먼저, 신중파의 의견을 들어 보자.

일본적인 농학의 구축을 목표로 하여 도쿄농업대학을 창설하고 학장을 지낸 요코이 토키요시(橫井時敬)는 유작 『소농(小農)에 관한 연구』(1927) 중에서 이렇게 말한다. '기계와 인력은 그 속도의 차이 이외에도 기능에 큰 차이가 있다는 것을 인정하지 않으면 안 된다. 경운 이 외에 대해서 상황변화에 자유롭고 정교한 것은 인력의 장점이다. 이에 비해, 항상 규칙 정확한 것이 기계의 특징이다. 이런 점들을 단순히 속력측면에서 능률을 비교하는 것은 불가능하다.'(『소농에 관한 연구』).

또 교토제국대학 농학부 농림경제학과 오츠키 마사오(大槻正男)는 오카야마(岡山)현 코죠무라(興除村)를 시찰하고, '경운 기계화 과정의 문제'라는 기사를 『농업과 경제』(1939년 6월호)에 게재한다. 오츠키는 코죠무라(興除村) 주민들은 관개용 펌프에 석유발동기를 사용하고 있어서, 기계화에 익숙해져 있었는데, 트랙터의 발동기를 펌프에도 사용할 수 있도록, 탈부착이 가능하다는 것을 정확하게 간파하고 있었다.

거기다가 코죠무라(興除村)의 촌락 형태가 분산 거주형으로 거주형태가 부인들의 고립을 초래한다고 추측했다. 결국 기계화가 가능한 넓은 경지는 일본에서는 드물어 그런 경지에서 기계화를 도입하는 것은 예외적 사례에 불과하며, 더구나 그런 넓은 토지에 사는 것은 그다지 행복하지 않다고 하는, 의사상관(역자주 : 擬似相關(Spurious relationship), 두 개의 사실이 인과관계가 없는데 보이지 않는 요인에 의해 인과관계가 있다고 추측하는 하는 것)적인 논리를 전개하고 있다.

또한, 경운작업을 기계화 하는 데는 아직 기술이 미숙하고 특히 비가 많고 다습한 일본에서는 무거운 기계를 도입하는 것이 어렵다. 소를 사용하는 편이 안전하며 이랑 만들기도 소가 아니면 불가능하다고 주장하고 있다.

전후에 미네하라의 경운기가 등장은 하지만 이랑 작물에 대한 대응이 어렵고, 습지대인 토지 특성이 기계화의 진행을 방해한다는 지적은, 확실히 일본의 농업기계화 비판의 핵심부분이다. 서양과는 다르기 때문에, 일본적인 농법체계가 필요하다는 논리가 오츠키 마사오(大槻正男)의 코죠무라(興除村) 비판의 배후에 있다.

또한, 오츠키 마사오(大槻正男)의 동료인 하시모토 덴자에몽(橋本伝左衛門)도 기계화에 대하여 비판적이었는데, 그의 태도는 전후에도 크게 변함이 없었다. 리하르트크루치모스키의 『농학의 철학』을 번역한 하시모토 덴자에몽은 1954년 개정된 번역서의 후기에서 기계화 추진론자들의 이름은 거론하지 않으면서 비판을 하고 있다.

> [기계화 대농론의 주장자]
> 말하기를 봉건적 소농은 기계화 대농에 비하여 생산력이 떨어지고 노동생산성도 낮아 지주나 부농층의 착취 압박으로부터 해방되는 것이 불가능하다. 그럼에도 불구하고 이러한 혁신의 시대에 과거 군국주의 수단의 제물이 된 소농제를 장래에도 보존하려고 하는 소농론(小農論)은 여전히 봉건성의 껍질에서 벗어나지 않는 시대 역행 이론에 불과하다고 독설을 내뱉는다. 여기서는 감히 독설이라는 심한 표현까지 해본다. 어찌되었건 우리가 기계화 대규모 경영을 불가다는 이유는, 우리 일본에 주어진 환경 조건 내지는 역사적 사정 하에서는 기계화 대규모 경영을 일반화 하는 것은 기술적으로 불가능하며 적어도 국민경제 및 경영경제 모두에 불리하다고 믿기 때문으로 [중략] 일부 논자처럼 농업 공황설이나 기계화 필수론을 내걸고, 경기가 나빠져 앞날이 걱정되어 찾아온 농민들을 선동하여, 농업조직의 콜호즈화를 도모하고, 이것을 계기로 우리나라에 공산혁명의 도입을 기도하는 것에 대해서는 우리는 불가하다 생각하며, 또한 불가능하다는 것을 역설하지 않을 수 없다.

하시모토 덴자에몽은 소농 입장에서 농업기계화를 비판하지만, 심경(深耕)이라는 육체 수탈적인 농법을 주장하는 카토 칸지(加藤完治)의 농본주의적 사고방식에 동조하며 카토와 함께 만주이민운동을 이끌었다. 확실히 그들은 만주국에는 트랙터가 있다는 선전을 거의 하지 않았다. 오히려 일본인 농민의 근면함을 주장하면서 근면함을 바탕으로 다른 민족을 지도한다는 태도를 일관되게 견지한다.

[요시오카 킨이치(吉岡金市)의 기계화론]

농본주의자들의 이런 식의 독기 어린 주장에, 농업기계화론자도 침묵할 수가 없었다. 그 선봉에 나선 사람이 미네하라 키요오( )를 높이 평가했던 요시오카 킨이치(吉岡金市)였다. 요시오카는 전후(戰後), 소련 공식 미츄린농법(역자주 : 소련의 육종가인 이반 미츄린이 주창한 품종개량법으로, 일본에는 1950년대에 선진 농법으로 보급되었다)을 지지한 친소파(親蘇派) 지식인인데, 이타이이타이병(역자주 : 토야마(富山)현의 진주가와(神通川) 유역에서 발생한 광산의 미처리 폐수로 인한 카드뮴 중독을 일으킨 공해병으로 1957년에 처음 보고됨)의 원인을 규명한 연구자로도 유명하다.

요시오카는 '토지문제가 기계화를 저해하고 있다'라는 발언으로 1943년 10월에 치안유지법 위반 혐의로 특별고등경찰(역자주 : 공산주의자, 무정부주의자 등 과격한 국사범을 사찰, 내사하는 일본제국주의 때의 정치경찰)에 체포된 경험을 가지고 있다. 요시오카는 1939년에 간행된『일본 농업의 기계화』의 전후 간행판의 해제에서 반기계화론자를 통렬히 비판했다.

주지하는 것처럼 1925년 초기의 코죠무라(興除村)는 불과 100년 전에 간척된 중점토지대로, 쟁기로 깊게 갈면 큰 흙덩어리가 생겨 쇄토가 매우 곤란하게 되어, 우마로 경작하던 시대에도 얼마나 얕게 쟁기질할 것인가에 농민들은 고심을 거듭해 왔다. 그와 같은 생산농민의 고통을 모르는 학자나 기사가, 자동경운의 결점으로 천경(淺耕: 밭이나 논을 얕게 가는 것으로 심경(深耕)의 반대 개념)을 거론하는 것은 참으로 웃기는 일이다. [중략] 신성한 쟁기를 가지고 깊게 경작하라는 식의 우물 안 개구리 같은 가르침이 얼마나 어리석은 일인지 알기 때문에 그들의 천경 무시론에 조금도 놓요뇌시 않있다. 만약 그들 주장대로 심경이 그렇게도 절대적으로 필요하다면 기계의 마력만 높이면 얼마든지 심경이 가능할 것 아닌가?

요시오카는 구체적인 수치를 대며 더욱 반박을 시도한다. '기계 경작은 1단보 당 불과 1.5~2시간이 필요할 뿐이다. 하루의 실제 작업시간을 8시간으로 치면, 작업자 한사람이 할 수 있는 경운 정지 단보(역자주 : 1단보는 10무(畝), 10a, 약 300평에 해당되는 면적)는 아키타현에서 말이 경작하면 5무(畝)에 불과한데, 오카야마현의 기계경운기로는 약 4~5단보나 돼 기계경운기는 말에 비해 거의 10배의 능률을 올릴 수 있다'

요시오카가 우물 안의 개구리라고 한 하시모토(橋本)나 카토 등의 농업기계화 비판 학자들의 주장에도 불구하고, 전시 정부는 오카야마(岡山)현에서의 농업기계화에 주목하고 있었다. 1938년 7월에 기획원산업부가 『소형 자동경운기에 대하여』라는 소책자를 간행한다. 이것은 보행형 트랙터의 오카야마(岡山)현립 농사시험장 조사보고서의 복제판이지만, 권두에 '노동력 부족에 수반하여 농업의 기계화가 요구되는 이때에 시의적절한 자료라고 생각됨'이라고 쓰고 있다.

이 책자에는 후지이식을 포함한, 오카야마현 내 5대의 보행형 트랙터에 공통되는 구조, 사용법, 가격, 소모품의 단가를 조사해 수록했다. 결론적으로 이 보고서는 토질이나 작물의 종류에 따라 성적에 상당한 차이는 있다고 해도 '비교적 건조한 밭 또는 경운 쇄토 직후에 파종, 심기(예를 들면 이작(裏作)용 보리 심기 등)를 하는 지방과 밭으로 이용되는 토지에는 아주 적당하다. / 경운(耕耘) 경비도 인력에 비해 훨씬 적어 경제적 측면에서나 부족 노동력의 보완 측면에서나, 본 기계의 이용이 유리하다'라고 높은 평가를 내렸다.

트랙터와 직파를 조합한 농업을 주장하던 요시오카의 생각은, 사료상으로 보면 국가의 핵심정책에 근접했다고 볼 수 있다. 직파를 하면 논에 물을 대고 써레질을 하는 작업을 줄일 수가 있고, 트랙터의 약점인 물 댄 밭에서의 작업을 피할 수가 있기 때문에, 요시오카는 전쟁 전부터 전후에 이르기까지 줄곧 직파 농업의 실험을 반복하여 오카야마를 중심으로 보급 활동을 해왔다.

나카모토 타카코가 묘사한 요시오카 킨이치

요시오카 킨이치는 여류 소설가의 마음도 사로잡았다. 나카모토 타카코는 사회조직 활동으로 체포와 석방을 반복한 작가였다. 나카모토는 1940년에 『좋은 사람』이라는 자전적 소설을 썼다. 거기에 요시오카를 모델로 한 주인공이 등장한다. 요시오카 자신도 전후에 그것을 인정했는데, 주인공은 '사쿠라이'라는 이름의 연구자로 농촌의 지도자이다. 이 소설에서 사쿠라이는 『일본 농업노동과 기계화』라는 책을 주인공인 이토이 쇼코(糸井章子)에게 바치는데 이 책이 요시오카가 집필한 『일본농업의 기계화』라는 것은 의심할 여지가 없다.

나카모토는 사쿠라이의 외모를 이렇게 묘사하고 있다. '약간 검은색을 띤 그의 얼굴은, 농민 같은 질박함과 일본의 농업연구 분야에서 독자적인 입장을 내세우고 있는 학자 스타일의 독실함이 보인다.'

소설에서 사쿠라이는 카나가와(神奈川)현의 K부락에서 날밤을 지새며 공동작업, 공동취사에 대해 농민을 지도하고 있었다. K촌에서 사쿠라이는 노동력 부족을 극복하기 위해 트랙터를 도입해 '경지의 교환 및 분할 병합'과 공동작업을 추진한다. '새벽 먼동이 틀 무렵, 농민들보다도 한 발 빠르게 아침 이슬을 밟으며 밭에 나가, 땡볕에서 새카맣게 타도록 일하며 농민들을 지도한다. 저녁에는 별 빛을 의지하여 집에 돌아오는' 사쿠라이의 근면함에 주인공인 작가 이토이 쇼코(糸井章子)는 마음이 이끌린다.

이토이는 한번 낙태를 하여 정신적인 충격을 크게 받은 작가로 묘사된다. 농가에서 태어나서 농촌 개량에 관심을 갖고 있던 그녀는 근면한 사쿠라이를 동경하게 된다. 그러나 사쿠라이에게는 젊음과 윤기 넘치는 SK(아마도 산업조합일 것이다)의 활동가인 미시마(三島)에게 마음이 끌려 친구로부터 미시마를 빼앗고 그녀와 연애에 빠진다. 그러나 나이 차이로 고심한 끝에 결국 미시마와 사쿠라이와의 깊은 정신적 교류만 하는 것으로 결심한다. 종반에서는 농촌의 공동작업과 공동취사의 추진으로 새로운 역사의 전개를 느끼면서, 자신의 황폐한 마음을 서서히 다져간다. 거기에서 등장하는 것이 바로 트랙터이다.

이토이는 마지막 장면에서 사쿠라이가 지도한 K마을을 방문한다. 소작인에서 지주가 된 츠루와 재회한다. 츠루는 다른 사람보다 2배를 일하는 사람으로 기계를 아주 좋아하는 여성이다. 츠루는 사쿠라이의 제자인 카키무라(柿村)와 함께 이토이에게 트랙터를 보여준다.

> 트랙터는 리어카 정도의 크기로, 거기에는 2.5마력 석유발동기를 탑재하여 스스로 움직이는 기계이다. 30마력짜리 트랙터와 비교하면 장난감처럼 작았다. 그것은 농촌에 기계 경작의 바람을 불어넣는 최초의 출발점인 동시에, 여기에 역사의 큰 변화가 달려있는 것이다. 나는 그것을 떠받쳐주고 있는 이 작은 기계에 동질감 비슷한 절실한 친밀감을 느꼈다. 츠루는 눈을 반짝이며 마치 애인이라도 마주대하는 자세로, 트랙터를 애무하듯 기름으로 부드럽게 닦으면서, 사용방법을 설명하기 시작했다.

소설에서 묘사하는 트랙터는 승용형이 아니라 보행형일 것이다. 트랙터는 츠루가 조종하는 대로 생생하게 살아 움직이는 하나의 생물체가 되어 나아간다'고 나카모토 타카코는 표현하고 있다. 트랙터를 애무하듯 닦는 츠루에게 트랙터는 단순히 기계가 아니라 그 이상의 의미를 가졌을 것이다.

승용형 트랙터의 여명기에 농민들이 트랙터를 동물에 비유하여 인력에서 동력으로의 이행기에 정신적 충격을 완화한 예는 미국, 소련, 독일, 중국에서도 볼 수 있는데, 그것이 보행형 트랙터에서도 마찬가지다. 어디 그뿐인가, 트랙터에 대한 사랑은 사회적 모순뿐만 아니라, 정신적 사상적·모순까지도 치유해 준다는 것을 『좋은 사람』에서 보여주었다고 생각한다.

세계사적인 위치 매김이라는 의미에서 한마디 덧붙인다면, 여기에 등장하는 트랙터도 단순한 기계화의 진보를 의미하는 것이 아니다. 미야모토 유리코(宮本百合子)나 산페이 코우코(三甁孝子)가 느낀 것처럼, 중일전쟁(역자주 : 일본과 중국이 1937년부터 1945년까지 벌인 전쟁)으로 노동력 부족이 심각한 와중에서 추진된 공동취사나 공동작업의 시도는 소련식 농업집단화의 일본적 전개를 보고 있는 것이나 다름없다.

결전체제와 동아시아 농업, 그리고 농기계

일본식 농업집단화 전개는 요시오카 입장에서는 동아시아 전체에도 이루어져야 한다는 이론적 근거가 된다.

1944년 3월에 간행된 요시오카의 『일본의 농업-그 특질과 성력농업』에서는 '대동아 전쟁에 있어서 전선의 확대와 그 전과의 고양'이라는 대목 중에 전력증강이 요구되고 있는 지금, 농업기계화의 추진이 필수라고 주장했다. 그 이유로 요시오카는 세 가지를 들고 있다.

첫째로 노동력 부족으로 농촌여성에게 농사일이 집중되는 상황이다. 점점 전선이 확대되어 병기생산에 사람과 말이 동원되어 여성의 부담은 커지게 되었다. 여성은 출산과 육아라는 기본적인 중요한 역할이 있는데다가, 근육을 사용하는 경작이나 체력 부담이 큰 농사일을 하여 건강상태가 악화된다. 농업기계화는 그러한 농촌의 건강문제, 모성의 보호라는 의미에서도 중요하다고 주장한다.

둘째로 만주국의 토양은 건조한 성분이라 물이 충분이 미치지 못하는 곳이 있다. 예를 들면, 길림의 하쿠산시(白山子)라는 일본인개척단에서는 물이 부족해 볍씨의 직파를 시도했지만 첫 번째는 물대기가 빨라 실패했으나, 두 번째는 7월 중순에 물을 대어서 성공했다. 요시오카는 만주 현지를 시찰하고, 타이밍만 맞으면 벼의 직파재배가 만주에서도 유효하다고 강조하고 있다.

셋째로 '군대의 기계화를 농업의 기계화로 뒷받침'하지 않으면 안 되었기 때문이다. 전쟁이 점점 기계화되기 때문에, 병사의 상당부분을 차지하는 농촌 출신자에게 전선과 군수공업에서의 기계 지식이 요구되고 있다. 따라서 농업노동기술 수준을 고도화하여, 농업노동자와 공업노동자의 수준을 맞추지 않으면 안 된다. 이러한 요시오카의 주장은 나치시대 독일의 경제연구소의 경제학자가 주장한 농업기계화가 농촌 출신 신병의 국방적 유용성의 증대를 가져다 준다는 시각과 아주 똑같다.

요시오카의 농업기계화론은 군사력을 확대하고 있는 일본제국의 상황에 맞아 떨어진 것이다.

5 일본기업의 석권
- 쿠보타, 얀마, 이세키, 미츠비시농기

일제 승용형 트랙터

    농업기계화촉진법, 농업기본법을 거쳐, 농업근대화 자금지원 시스템이 정비되자 일본의 농기계업체는 승용형 트랙터의 개발을 추진했다.

    일본의 승용형 트랙터는 15마력에서 20마력이 대다수였다. 예를 들면 홋카이도의 전작지대 등에서 필요한 큰 마력 트랙터는 해외의 트랙터 메이커가 일본의 농기계업체와 제휴해 판매했다. 구보타는 이탈리아의 피아트, 얀마는 미국의 디어&컴퍼니, 이세키는 독일의 포르셰와 계약했다가 나중에는 체코슬로바키아의 제토사와 계약했다. 현재 미츠비시농기는 인도의 마힌드라&마힌드라와의 업무제휴를 하여, 마츠비시 마힌드라농기라는 이름으로 바뀌었다. IH는 자사의 판매망으로 일본에 대리점을 설치하여 판매했다.

    여기서는 트랙터의 생산의 4대 메이커인 구보타(오사카부), 얀마농기(오카야마현), 이세키(에히메현), 미츠비시농기(시마네현)의 전개를 살펴본다.

◯ 구보타

1890년 2월, 구보타 곤시로(久保田權四郎, 1870~1959)가 주물메이커 '오데주물소'를 창업했다. 콜레라 등 전염병이 유행하여 수도관 정비가 급했던 시기에 파이프 수요급증의 파도를 타고 주철관을 생산한다. 이것이 구보타철공소의 전신이다. 1920년대부터는 석유발동기를 제조하고, 1947년에는 '경운기'라는 이름을 붙인 보행형 트랙터를 개발했다.

1960년 일본 최초의 밭농사용 승용트랙터 T15, 1962년에는 논농사용 승용트랙터 L15R을 개발했다. 농업기본법이 발효되던 시기에 맞춰 승용형 트랙터 판매를 시작했다. 1961년에는 세계 최초의 수냉·직렬 2기통 디젤엔진을 탑재한 사륜구동이 가능한 소형 승용형 트랙터 부루토라 시리즈를 발매한다. 이것이 구보타철공소의 베스트셀러 상품이 된다.

| 그림 5-9 | 쿠보타의 『꿈의 트랙터』

구보타철공소의 트랙터사에서 특기할 것은 1970년 3월부터 오사카 스이타에서 개최된 일본만국박람회에서 구보타관을 설치하고, 여기에『꿈의 트랙터』를 전시했다(5-9). 승용차와 같은 디자인을 한 트랙터는, 운전석의 안락함과 쾌적성이 특징으로, 아주 흥미롭다.

○ 얀마 : 야마오카 마고키치(山岡孫吉)의 소형 디젤기관

얀마의 창업자 야마오카 마고키치(山岡孫吉)는 사가현 빈농의 아들이었다. 야마오카가 모친이 판 쌀 한가마 값인 3엔60전을 손에 쥐고 일자리를 찾기 위해 오사카로 나온 이야기는 유명하다.

오사카에서 가스모터 중개 사업을 하고 있던 동안에 실제로 모터를 제조하고 싶어 1912년 3월에 야마오카 발동기공작소를 창업한 후 코지마 간척지의 농장에서 버티컬 펌프의 엔진을 보고 힌트를 얻어 농업용 소형 석유엔진의 제작을 시작했다. 이때 상표를 '얀마'로 한 것이다.

코지마 나오키가 쓴『엔진 1대-야마오카 마고키치』열전에 따르면 옛날 농민이었던 부친이 '잠자리가 많이 날면 반드시 풍년이지…'하며 잠자리 숫자로 풍흉을 예측하던 것을 생각해 내고 '잠자리 표식'으로 신문에 광고를 냈다. 그런데 시즈오카현의 간장제조기기 업체가 같은 상표를 등록하고 있어 상표침해로 분쟁이 일어나자 부하직원 중 한명이 고대 일본의 별칭인 '아키츠시마(秋津島)'를 아키츠시마(蜻蛉州)(역자주 : 蜻蛉은 한자로 잠자리를 뜻한다)로도 표기했던 옛이야기를 인용하면서 차라리 잠자리의 왕초격인 '얀마(蜻蜓, 왕잠자리)'를 사용하면 어떻겠는가라는 제안을 했다. 듣고 보니 발음하기도 쉬워, 어미(語尾)를 길게 발음하는 '얀마-'로 채택했다고 한다.

야마오카는 독일에서 디젤기관을 처음 접했고 일본에 돌아와 사원들과 디젤기관의 소형화를 추진했다. 같은 내연기관이라도 디젤엔진은 가솔린엔진보다도 연비가 좋기 때문에 대형기계에 적합하다. 소형 디젤기관이 아직 개발되지 않은 상황에서 야마오카는 1933년 12월에 세계 최초로 소형 범용 고속디젤엔진의 제작에 성공했다. 이것을 'HB형' 디젤 엔진이라 불렀다.

소형인 만큼 가격도 싸서 소규모 농업인들도 이용이 가능하게 되었다. 대형 디젤기관을 사용한 트랙터는 이미 코마츠제작소에 의해 제작되고 있었지만, 일본열도의 좁은 지형에 알 맞는 소형 승용형 트랙터는 거의 생산되지 않았다. 야마오카의 시도는 1960년대에 일본을 석권하는 소형 디젤 트랙터의 기반을 다진 셈이다.

또 야마오카는 루돌프 디젤을 깊이 존경했다. 디젤이 독일에서 높은 평가를 받지 않는 것에 불만을 품고 있던 야마오카는 1957년 10월 6일 디젤의 출생지인 아우구스부르크에 그의 업적을 기리기 위해 건축가인 사카쿠라 쥰조가 설계한 카레산스이(역자주 : 물을 사용하지 않고 모래로 물의 흐름과 산을 표현하는 일본의 정통 정원 양식)인 '디젤 기념 정원'과 키쿠지 이치오가 조각한 디젤의 부조를 헌정했다. 이 정원의 중앙 비석에는 '디젤 박사, 당신은 지금도 일본의 구석구석 어디에나 살아있습니다'라는 야마오카의 헌사가 독일어로 새겨져 있다.

불타는 남자의 붉은 트랙터

얀마는 광고 선전에도 뛰어났다. 1959년 6월에 '얀보 마보 일기예보' [15] 방송이 시작된다. 같은 해 2월에 완성한 얀보 마보의 노래와 함께 저녁시간 전국의 가정에 방송되어 얀마의 이미지를 제고하는 데 공헌했다. 이 노래의 작사는 얀마 홍보과의 노세 히데오로, 작곡은 『사과 노래』, 『365보 행진곡』으로 유명한 요네야마 마사오가 맡았다.

동일 작사자·작곡가 콤비를 통해 얀마는 또 하나의 인상 깊은 노래를 남긴다. 1979년에 발표되어 코바야시 아키라가 노래한 '붉은 트랙터'이다.

> 바람을 거스르는 나의 기분을
> 알고 있는가 붉은 트랙터
> 불타는 사나이의 붉은 트랙터
> 그것이 바로 너다 언제나 친구
> 자~ 가자 자~ 가자
> 지평선에 서있네
> 우리 두 사람
>
> 잊어버렸지 남들의
> 달콤했던 도시의 지난 일은
> 불타는 사나이의 붉은 트랙터
> 그것이 바로 너다 언제나 친구
> 대지의 품속에서
> 찾아보자 둘만의 꽃을
>
> 풀 향기가 나는 좋다네

---

15) 주로 민영방송국의 저녁시간대에 방송되던 얀마가 제공한 기상정보 프로그램으로 2014년까지 55년간 방송되었다. 얀보의 캐릭터인 얀보와 마보가 오프닝 애니메이션에 등장하여 주제곡을 부른다)

짓밟히며 굳세게 살아간다
불타는 사나이의 붉은 트랙터
그것이 바로 너다 언제나 친구
일이란 끝이 없네
사나이 운명

트랙터의 세계사 중에서 엘비스 프레슬리에 버금가는 가수는 일본에서는 코바야시 아키라 이외에는 없다. 다이너마이트 사나이라 불리며, 일세를 풍미한 코바야시 아키라의 고음을 타고 얀마 트랙터는 일본 전역으로 팔려나갔다.

노래가사는 여성을 배제한 채 남성과 트랙터의 뜨거운 관계를 표현했다. 한편으로는 당시 동북지방에서는 흔했던 농가의 외지 돈벌이나, 줄지어 계속

| 그림 5-10 | 얀마가 1974 출시한 YM1500D 일본 최초의 4WD 트랙터로 벼농사에 적합한 견인 능력과 기동성이 강화된 기종이다. (얀마홈페이지 https://www.yanmar.com)

되는 이농이라는 역사적 배경도 떠올리게 한다.

이 얀마 그룹에 2009년에 합병된 얀마농기의 원류의 하나가 후지이제작소이며, 얀마농기의 본사가 오카야마에 있는 것은, 이러한 역사에서 유래된다.

얀마는 현재 태국, 말레이시아, 인도네시아, 미국, 브라질, 중국 등 해외에도 적극적으로 진출하고 있다.

이세키

이세키는 1926년 8월 에히메현 마츠야마시에서 이세키 쿠니사부로(井關邦三郎)가 창업한 '이세키농구상회'가 그 시작이다. 이세키 쿠니사부로는 마츠야마시의 오노상점의 중농제초기를 특약 판매하는 곳에서 농기구에 관심을 가지게 되었고, 특히 탈곡기의 판매를 추진했다. 에히메현의 발명가들이 개발한 농기구를 개량하면서, 서서히 규모를 확대하여 동양농기구주식회사를 설립했으나 곧 해산하고, 1936년 3월 이세키농기구주식회사를 설립하고 도정기를 주 품목으로 판매하기 시작했다. 또한 자동이송탈곡기의 개발에도 착수하여, 이세키의 마크가 일본에 선보이게 되었다.

중일전쟁 후의 보행형 트랙터의 열기 속에서 이세키농기도 그 개발에 착수하게 되는데, 잘 진척되지 않았고, 전시 중에는 다른 농기구 메이커와 마찬가지로 식민지나 만주국에 농기구를 판매하거나 이세키항공병기제작소』를 설치하여 군수산업으로 일부 전환하기도 했다.

패전 후 도정기나 자동탈곡기의 양산체제를 갖추고, 1949년에 미츠비시중공업 쿠마모토기계세작소의 공장을 시들였다.

이세키농기는 다른 농기계업체에 비해 늦게 경운기 제작을 시작했다. 원래 도정기와 탈곡기 회사로서 유명했던 이세키농기가 경운기, 즉 보행형 경운기

분야에 참여하는 것은 사장인 이세키 쿠니사부로의 꿈이었고 회사에서 3일 밤낮으로 격론을 했다고 전해진다. 이세키 쿠니사부로는 '일본 제일의 농기계 제작업체, 일본의 IH가 되는 것'이 꿈이었다고 했다. IH는 말할 것도 없이 미국의 유명한 트랙터 회사이다.

이세키는 일본농업에서 필연적으로 사용하게 될 보행형 트랙터의 개발을 추진하겠다고 열변을 토했다. 주위의 신중론을 물리치고, 1951년 6월에 보행형 트랙터의 연구에 착수한다. 이미 후지이의 후지경운기가 일본을 석권하고 있을 무렵이었다.

이세키농기는 2년간의 연구 끝에 1953년 KA1형을 완성한다. 고장이 잘 나지 않는 유능한 보행형 트랙터로 치열한 경운기 경쟁 대열에 참여하게 된 것이다. 혼다기연공업주식회사의 히트제품인 경운기 F150과의 경쟁도 거치며, 상자형 몸체인 보행형 트랙터도 생산하였고, 농업기본법 이후는 승용형 트랙터의 개발도 시작한다.

1963년에는 포르쉐와 업무제휴를 하여 대형 트랙터는 포르쉐의 제품 판매 대리 계약을 했다. 다만, 포르쉐가 트랙터 생산을 중단하여 1966년에는 계약을 해약하게 된다. 회사 연혁에 따르면, 이세키(井關)는 그 후에도 포르쉐의 설계 이념을 자사의 트랙터 제품에 반영했다고 한다. 같은 해 8월에는 체코슬로바키아의 제토사와 계약하고, TZ3011(49.5마력), TZ50S(54.5마력), 1967년부터는 TZ6711(68마력), TZ8011(85마력) 등 일본의 메이커가 골치아파했던 대형 트랙터를 수입하여, 홋카이도를 중심으로 판매하기 시작했다.

이세키의 이름이 널리 알려지게 된 것은 TB20형이다. 1966년 9월에 이키타현 하치로가타 간척지에서 실시된 트랙터 성능시험에서의 일이다. 간척지의 물렁한 지반에서 연달아 빠지는 외국제 트랙터를 옆으로 지켜보며, 포르쉐의 기술을 살린 20마력 2기통 디젤엔진을 탑재한 TB20형은 무한궤도를 장착해

빠지지 않고 정상적으로 나아갔다. 또 다음해 8월에는 사사키 이사오가 이끄는 교토대학 농학부 트랙터연구회가 '고지에서의 엔진 성능', '경사각과 주행성의 관계'를 연구하기 위해, TB20형을 가지고 후지산 등정에 도전해 멋지게 성공했다. 이 과정은 텔레비전에서도 방송되어 이세키의 이미지가 한층 높아졌다.

해외에서도 높은 평가를 얻어 대만에서 생산된 K20형 트랙터는 식량증산에 공헌했다는 공적으로 중화민국58년(1969년) 기념주화에 도안으로 그려지기까지 했다. 이외에도 브라질, 인도네시아, 말레시아, 인도, 중국, 파키스탄, 벨기에, 미국 등에도 진출해 어느 정도 위치를 차지하게 된다.

◉ 미츠비시 농기

1914년 6월, 시마네(현재 마츠에시)의 사토 츄지로는 회전식 도급기(稻扱機, 탈곡기)를 개발한다. 자전거에 타고 가다가 벼이삭이 익어가는 논에 굴러 넘어졌을 때, 빙빙 도는 자전거 바퀴에 벼이삭이 감기는 것을 보고 생각한 아이디어였다.

1917년에는 중경제초기를 만들어 성공을 거두면서 1945년 사토조기를 창업한다. 사토라는 애칭으로 친근한 보행형 트랙터도 생산했다.

1980년에 미츠비시기기판매주식회사와 합병하여 미츠비시농기가 된다. 2015년 5월에는 인도 최대의 자동차산업과 트랙터 메이커인 마힌드라&마힌드라가 미츠비시농기의 주식을 33.3% 취득하면서 명칭도 미츠비시 마힌드라로 변경했다. 본사는 미츠에시에 있다. 현재는 태국, 말레시아, 캄보디아, 포르투갈, 미국, 한국 등에 진출하고 있다.

이들 4대 기업이 일본의 농촌에 뿌리를 내릴 때 판매원과 영업소가 중요한 역할을 하였다. 아시다 유스케의 오카야마현 쇼보쿠지방의 청취조사에 의하면 고장이 나면 바로 수리하러 달려오거나, 영농상담을 해주는 판매원의 사후관리가 농민들이 기업을 신뢰하느냐 아니냐의 시금석이 되었다.

트랙터의 역사에서 사후관리는 미국에서도 판매점이 담당하고, 소련이나 동독 등에서는 MTS가 담당하고 있었는데 각각 성격이 다르다는 것은 이미 설명한 대로이다. 일본의 영업사원은 보다 농가와 친밀한 관계를 유지하며 촌락의 유력자를 판매 협력자로 삼아 대화를 하거나 농가의 불만을 수집·정리하여 개발에 반영했다. 그들은 특별한 일이 없어도 농가를 방문하여 대화를 하고 여러 정보를 얻어 영업에 반영하기도 했다. 따라서 일본의 농업기계화에서 가끔 비판받는 과잉투자나 기계화 빈곤이라는 측면은 단순히 기업 쪽의 문제뿐만 아니라, 개인, 촌락, 행정 등이 복잡하게 얽힌 결과물이라는 아시다 유스케의 주장은 경청할 가치가 있다.

위험한 트랙터 사고

일본의 트랙터 역사를 마무리 하면서, 트랙터의 사고에 대해서도 언급해 두고 싶다.

트랙터는 처음 개발 당시부터 세계 각지에서 사고를 유발했다. 현재도 변함없이 사고는 발생하고 있다. 농업기계화협회가 발행한 『트랙터의 기능과 기본조작』은 승용형 트랙터의 사고가 다소 변동은 있지만 전체적으로 증가하고 있으며 1997년에는 160건을 넘고 있는 일본의 현상을 알려주고 있다. 이 책자는 트랙터 사고의 비율이 유럽과 아메리카의 선진국에 비하여 일본이 높은 이유는 전복사고 등 넘어지는 것 외에도 사고 방지장치 설치가 미흡했기 때문이라고 지적하고 있다. 일본 산간지역의 좁은 농지와 협소한 밭두둑도 원인 중의 하나이다.

트랙터는 소수 농기계회사가 과점 시장을 형성하고 있어 가격이 비싸게 설정돼 있었다. 비용절감이 우선시 됐고 개발 단계에서 안전대책에 자금이 투입되기 어려웠다. 농기계는 도로의 아스팔트를 다지는 아스팔트 피니셔나 진동 롤러와 같은 토목기계와 더불어 가장 위험한 기계 중 하나다.

그런데 중요한 것은 사고다발의 간접적인 요인으로서 집중력의 저하 등 작업자의 심리적, 사회적 요소도 들 수 있다는 점이다. 이 문제에 정면에서 도전하고 있는 연구가 있다. 농업기계공학의 전문가인 사바노 야스노리는 근대 농작업은 육체노동에서 심한 소음환경의 정신노동으로 옮겨간다는 문제의식에서 『농업기계·시설의 소음이 작업자의 작업능률·정확도에 미치는 영향』(1993)이라는 연구보고서를 썼다.

경운기가 내는 소음을 카세트테이프에 녹음하여 같은 소리를 내는 환경에서 피체험자에게 스탬프 날인 작업을 시켰다. 그 작업능률과 정확도·피로도를 작업 성적과 심박 수의 변화를 조사한 것으로 수치화한 결과를 시바노는 다음과 같이 정리했다.

경운기의 종류보다도 오히려 소리의 크기에 따라서 작업자의 능률·정확도 모두 확실히 저하되고 있다. 더구나 피로도에 대해서는, 피체험자의 개인차는 있지만, 피체험자 모두 소음의 크기가 증가함에 따라서 그 피로도가 증가하고 있다는 것을 확인했다고 주장했다.

시바노는 진동에 대해서는 언급하고 있지 않은데, 소음에 진동이 더해지면, 피체험자의 피로도는 더욱 증대할 것이라는 것은 상상하기 어렵지 않을 것이다. 지금까지 본서에서 다루어 온 트랙터 언급 내용 중에서 진동과 소음을 다론 내용이 상당히 많다는 것이 그 증거다.

여기서 앞의 결과와 함께 시바노의 정신노동이라는 말에 주목하고 싶다. 시바노는 농업기계를 조작하는 것을 정신활동으로 규정했다. 일단 트랙터에 승차하게 되면 운전조작에 익숙하면 익숙할수록 그만큼 더 소음과 진동으로부터 벗어날 수 없게 된다고 주장했다. 농민은 단기간에 트랙터 조작에 몰두하는 동안에는 기계를 제어하고 있다고 생각하기 쉬운데 그런 중에서는 신체에 미치는 반복적인 피해를 인지하지 못한다.

소음과 진동으로 인한 피해를 인지하지 못하는 상태에서 피로가 체내에 축적되면서 운전수의 집중력이 낮아져 최악의 경우에 죽음에까지 이른다는 것이다.

물론 진동과 소음이 피로의 최대의 원인은 아니다. 휴식을 취하지 않거나, 24시간 사방팔방 신경을 쓰는 것에 비하면, 진동이나 소음은 피로의 원인을 증폭시키는 한 요인에 지나지 않는다. 그래도 전자는 운전자의 훈련에 의해 어느 정도 제어할 수 있는 것에 비하여, 진동과 소음은 아무리 훈련해도 피할 수가 없다.

트랙터 사고에서 눈에 띄는 것은 홋카이도이다. 이토 노리카츠 '트랙터 사고에 대한 농민의 의식'(『日農医誌』39권2호)에 따르면, 1988년에 트랙터 승차 중 사망사고가 40건 있었다고 한다. 농업재해의 53.3%가 트랙터 사고이며, 트랙터 조작자 설문조사에서도 '아찔 운전' 경험이 있다고 대답한 사람이 66.07%, '운전 중에 졸음을 느낀 적이 있다'고 대답한 사람이 89.67%라고 한다.

사고 원인으로 수면부족, 빈번한 고장과 함께 교육이나 강습을 받지 않고 운전을 하는 것도 지적되고 있다. 트랙터는 농장 내에서 운전하는 한 운전면허증은 필요하지 않다. 그러나 승용차보다도 무겁고 또한 넘어지기 쉽기 때문에, 원칙적으로 힌톤이 중국에서 시도한 것처럼 기초지식의 습득과 훈련이 필요하다. 거기다가 트랙터는 속도가 자동차 보다 늦어 졸음 대책으로서 수면을 확실히 취하거나, 껌을 씹거나 커피를 마시는 이외에 큰 소리로 노래를 부르는 것을 권하고 있다. 필자는 트랙터의 소음이 노동요를 몰아낸 과정에 대하여 논의한 적이 있는데(『경작하는 육체의 리듬과 소음』), 트랙터에도 노동요가 필요하다고 하는 보기 드문 주장으로 흥미를 끈다.

트랙터는 현재도 세계 각지에서 사고가 일어난다. 포장도로가 아닌 요철이 있는 경지가 주된 작업현장인 이상, 고장이나 넘어지기 쉬운 것은 사실이다.

마치면서

기계가 바꾼 역사의 토양

트랙터란 무엇이었던가?

트랙터의 발자취를 따라가며 바라본 세계사는, 고등학교에서 배운 세계사와 얼마나 다른 내용을 보여주었을까?

독자 마다 판단이 다르겠지만 적어도 트랙터의 탄생 배경에 증기기관 농기구의 발달이 있었고, 제1차 세계대전 중에 중전차의 등장 배경에 무한궤도 트랙터의 개발이 있었다. 독일과 소련전투에서는 트랙터 공장에서 만들어진 전차가 활약하였으며, 전쟁 전 일본의 오카야마에서의 보행형 트랙터 개발 배경에는 소련의 농업집단화에 대한 동경이 있었다. 트랙터 탄생의 충격은 당시 세계 정치 지도자였던 히틀러, 레닌, 스탈린, 모택동에게도 영향을 미쳤다. 결국 자본주의 진영과 공산주의 진영의 벽은 트랙터의 역사에서 조망해보면 그다지 높지도 두텁지도 않았다는 사실을 트랙터는 가르쳐준다.

또 트랙터라는 기계의 역사는 경제사나 기술사라는 테두리를 넘어, 문화 영역에 녹아들었다는 것도 본서에서는 명확히 하려고 노력했다. 에이젠슈틴의 영화 『전선(全線)』, 브리쉐의 영화 『트랙터 운전수들』, 봅 애트리의 만화, 스타인벡의 소설 『분노의 포도』, 아놀드 판크와 이타미 만사쿠(伊丹万作)의 영화 『새로운 땅』, 나카모토(中本) 타카코의 소설 『좋은 사람』, 산페이 코우코(三瓶孝子)의 르포르타주 『농촌기』, 레비츠카의 소설 『우크라이나어판 트랙터 소사』, 그리고 오제키 마츠사부로(大關松三郞)와 사가와 미치오(寒川道夫)의 합작 시 『우리들 마을』, 시로토리 세이고(白鳥省吾)의 시 『개간』, 후지이 야스히로(藤井康弘)의 『후지(富士)경운기의 노래』, 노세 히데오(能勢英男)의 『붉은 트랙터』로부터, 신중국에서 여성트랙터 운전수가 불렀던 것까지, 많은 작품이나 노래에 트랙터가 등장하여 마치 살아있는 생명체처럼 생생하게 그려진다.

이들 작품 안에서 트랙터라는 단어는 미래를 나타냈다. 그뿐만 아니라 문화표현의 상상력을 경작하며, 미래사회상을 견인하는 역할을 보여주고 있다. 물질과 정신, 트랙터는 이 두 개를 융합시킴으로서 존재감이 있었다.

여기서는 이상의 내용을 바탕으로 다음의 네 가지 문제에 대하여 생각하며 이 책을 마무리하고자 한다.

첫째로 트랙터는 증기기관의 탄생이후 꿈이었던 인간을 노동의 고역으로부터 해방시켰는가? 트랙터는 인간을 자유롭게 했다고 말할 수 있는가?

둘째로 트랙터는 20세기의 정치에 어떻게 관여했는가?

셋째로 트랙터의 개발, 사용을 위해 투입된 비용은 농업의 발전으로 충분히 지불 되었다고 할 수 있는가?

넷째로 트랙터는 앞으로 어떻게 발전을 이룰 것인가?

물론 필자의 능력 한계로 트랙터의 역사를 총망라할 수 없었고, 모든 나라의 트랙터를 다룰 수 없었으나, 본서에서 언급했던 범위 내에서 이 네 가지 문제에 도전하고 싶다.

인간을 자유롭게 했는가?

트랙터는 여러 가지 자유를 인간에게 가져다주었다.

트랙터는 가축 돌보기, 장시간의 경작 노동, 농사 작업의 피로 등으로부터 인간들을 해방시켰다. 경지를 걷는 거리도 줄고 한사람이 경작할 수 있는 면적이 증가해 농촌에 여가를 가져다주었다. 농업 생산력을 높여 사람들을 도시로 향하게 하고, 인구를 인류 역사상 유례가 없을 정도로 증가시키는데 공헌했다. 트랙터가 근대의 과실을 인류에게 가져다 준 것, 그 자체를 부정하지는 않는다.

한편, 『우크라이나어판 트랙터 소사』에서 트랙터 기사 니콜라이는 이런 메시지로 그의 '트랙터 소사'를 마무리 하고 있다. "기술자가 개발한 테크놀로지는 크게 활용되어야만 한다. 다만 겸허한 마음과 내적 반성을 결코 잊지 말아야 한다. 테크놀로지에 지배되어서는 안 되고, 테크놀로지를 정복의 수단으로 해서는 안 된다."

인간이 트랙터를 지배하는 것이 아니라, 트랙터에 지배되었던 측면, 혹은 트랙터를 통해 무언가를 지배한 측면은 어떤 것인지 세 가지 정도만 들어 보겠다.

먼저 여성에게 자유를 준다는 것이 가능한 것인가라는 의문을 갖지 않을 수 없다. 트랙터는 그 본질 면에서 볼 때 여성을 농사에서 해방시킬 수 있는 잠재력이 있었다. 그런데 R·C·윌리엄즈가 말한 것처럼 그것은 실현되지 않았다. 미국이나 일본뿐 만아니라 여성 트랙터 운전수를 칭송했던 소련에서 조차 전시중의 노동력 부족시대만 유일한 예외로 하고 트랙터는 역시 계속 남자들의 많이었다. 중국에서도 그것은 다르지 않았다. 전후의 세계에서 사실상 최고를 달린 일본의 트랙터 업계에서도 여성은 뒷전이어서 『불타는 사나이』와 『붉은 트랙터』의 『두 남자』의 세계를 읊은 노래가 코바야시 아키라의 목소리를 타고서 거실에 흘러나온 것이다. 아시다 유스케는 '젠더 관계의 재생산 장치'로 농기계를 보고 있는데, 그것은 이러한 문맥에서 찾아 볼 수 있다.

둘째로 치치부노미야 세츠코 왕비는 후지이 야스히로에게 "이런 기계가 보급되면 농민의 생활이나 마음에도 여유가 생기겠네요"라고 말했는데, 이것도 과연 그렇게 된 것일까라는 의문을 가질 수밖에 없다. 확실히 트랙터 경운은 우마 경운보다는 농민들에게 많은 여가를 가져다주었을 것이다. 마음의 여유가 생긴 것도 결코 부정할 수는 없다. 그러나 당연하지만, 농기계 구입은 금융대출을 동반하는 것은 필수였다. 근대화된 금융업의 발전으로 마력이 큰 트랙터가 농민들 손에 들어오게 되었다. 그런데, 일본식 표현인 기계화 빈곤이라는 말에 알 수 있듯이 기계 구입에 따른 채무에서 벗어날 수가 없게 된다. 채무를 갚기 위해 새로운 또는 추가로 일을 하게 되면서 여가는 사라져 버리는 악순환에 빠지게 되는 것이다.

셋째로 더스트 볼(먼지 그릇) 등 미국의 토양침식이나 토양 열화를 초래한 트랙터와 화학비료가 세트로 전후에 아프리카에 수출되었다. 아프리카 사막화의 모든 원인이 트랙터와 화학비료 탓은 아니다. 그러나 숲을 만드는데 지장을 줄 정도의 문제는 아니라도 해도 농지의 사막화를 어떻게 막을 것인가를 고려하지 않고서는 근본적인 해결에 도달하지 못한다.

국제 정치경제학을 전문으로 하는 카츠마타 마코토에 따르면, '남아프리카의 동케이프 주정부는 2002년부터 흑인 소농을 대상으로 종자, 화학비료, 농약, 경운기 대여료를 세트로 한 식량 증산 지원을 개시했다'고 한다. 이 종자에는 유전자 변형 작물도 포함되어 있어, 그 종자에만 사용이 가능한 농약을 구입하게 만들었다. 아프리카의 농업에 관한 카츠마타 마코토의 다음의 말은 경운기 등의 농업기술을 전파한 트랙터 선진국들의 중립성을 가장한 행동을 비판하고 있다.

'외부에서 도입된 새로운 테크놀로지를 대량 투입하면 일거에 증산이 기대된다는 빅뱅형 변혁은 그 성과가 나타나지 않으면 국제기관이나 원조국 측이 농민의 무지나 동기 부족 등에 책임을 전가했다. 그 결과 원래 외부로부터의 개입 방식이 지역의 실정에 적합하지 않았다는 반성은 없게 됐다.'

확실히 트랙터는 농민들에게 꿈도 자긍심도 자유도 주었지만, 그것만으로 끝난 것이 아니다. 농민들에게 새로운 속박을 주고 있다는 사실을 결코 잊어서는 안 된다.

20세기의 정치와의 관계

20세기의 정치사와 트랙터의 관계를 되돌아보면, 트랙터 자체가 정치를 움직였다기보다는 트랙터가 제시하는 농업규모화의 꿈이 정치를 움직였다고 하는 편이 훨씬 설득력이 있다.

루돌프 디젤의 아들, 오이겐 디젤이 1954년 9월에 얀마 본사에서의 강연에서 이런 발언을 했다고 한다.

> 작은 증기기관의 열 이용률은 20% 이하인데, 바꾸어 말하면 대형 증기기관보다 1마력, 1시간당 3배에서 5배 많은 석탄을 소비합니다. 따라서 대기업 또는 자본가는 중소기업인 또는 수공업자가 기계의 힘을 이용하는 경우에 비하여 20~30%의 비용으로 단위 마력

을 이용할 수 있습니다. 이런 이유로 중소기업은 대기업과 경쟁할 수 없게 되고, 수많은 귀중한 소규모 사업이 소멸하기에 이릅니다. 근대 사회주의의 기초적인 문헌이라 할 만한 『공산당 선언』은 이 시대, 즉 1947년부터 1948년 사이에 대두된 사회적 위기의 표현으로서 발표된 것입니다. 만약 소형·중형 증기기관이 대형기관과 같은 효율을 낸다고 하면, 다시 말해 각국의 소기업도 대형기업과 마찬가지로 기계력의 경제적 혜택을 입을 수 있었다면, 결코 이런 식의《공산당 선언》은 쓰여 질 수가 없었다고 저는 생각합니다.

    우리들의 식(食)과 농(農)의 세계는 현재, 기계뿐만 아니라, 종자, 비료, 농약, 유통, 소매, 등 여러 분야가 거대화 되어 소규모 기업을 짓누르고 있다. 거대함을 추구하는 사고형태는 20세기를 지배한 사고방식의 하나이다.

    트랙터는 사회진영이든 자본주의 진영이든 농장을 대규모화해서 자신의 몸집도 커지게 되었다. R·C·윌리엄즈가 미국의 트랙터사의 말미에 "트랙터는 제퍼슨의 소농주의와는 양립할 수 없다. 오히려 레닌의 생각과 어울리고 있다"고 서술했는데 그다지 과장된 표현은 아니다.

    『분노의 포도』가 극명하게 묘사하고 있듯이, 트랙터로 인한 농지 대규모화와 농촌 노동력의 감소는, 20세기의 인클로저라고도 말할 수 있는 역동감이 있다. 다만 그것은 토마스 모어가 고발한 것처럼 경지를 양의 방목지로 바꾸는 제1차 인클로저가 아니라, 영국의회 법률에 근거하여 강제적으로 권장된 노 포크 농법[16]의 보급과 곡물생산지의 정리확대를 가져온 제2차 인클로저와도 다르다.

---

16) 역자주 : 영국 동부의 노 포크지방의 경작지에서 순무→소맥→크로바→대맥의 순으로 4년 주기로 윤작하는 것으로 3포윤작법 보다 생산성이 높다.

어떤 것이든 많은 농민들을 토지로부터 이탈시킨 점에서 공통점이 있는데, 이 책에서 말하는 20세기 트랙터판 인클로저는 영국에서가 아니라 미국을 진원지로 자본주의의 고도화와 함께 각 나라의 사회주의의 급속한 추종도 가능하게 했다. 이것이야말로 공업을 통해 발생한 농업의 제3차 인클로저가 아닌가 한다.

결국 농민을 대량으로 토지에서 이탈시켜 화학산업이나 IT산업을 비롯한 20세기에 새롭게 형성된 노동시장으로 보냈을 뿐만 아니라, 농업 그 자체를 농지 밖에서 관리하는 형태로 바꾸어 인류사에서 소멸시키는 시도가 시작되었다고 보아도 과언이 아닐 것이다.

오이겐 디젤과 얀마가 합작한 소형 디젤 엔진도, 그리고 라피콜라와 앨리스 찰머스B형과 같은 소형 트랙터도 본래는 중소규모의 공장이나 농장이 대규모 경영과 대등하게 경쟁하여 살아남기 위한 도구였을 것이다. 그러나 트랙터는 결국 대형화 되었고 아직 명확하지는 않으나 중소규모의 농가를 농업에서 철수시키는 데 공헌했다.

다만 이 책에서 명확히 한 것은 기계의 대형화를 향한 '힘'은 결코 대기업의 일방적인 힘이 아니라 농민들의 꿈, 경쟁심, 애국심, 부락의 규제, 대학의 연구, 행정 지도와 구분할 수 없을 정도로 어렵게 그물망처럼 얽혀 있기 때문에 대형화 추세를 막기가 어렵다는 것이다.

무시할 수 없는 사회적 비용

경제학자인 우자와 히로후미의 저서 『자동차의 사회적 비용』(1974)에서 던진 문제는 자동차란 단어를 그대로 트랙터로 바꾸어도 딱 들어맞는 논리이다.

> 자동차가 초래하는 사회적 비용은 구체적으로는 교통사고, 범죄, 공해, 환경파괴라는 형태를 취하며 나타나는데, 어느 것이나 건강, 안전 보행 등 시민의 기본적 권리를 침해하며 더구나 사람들에게 불가역적인 손실을 주는 것이 많다. 이처럼 큰 사회적 비용의 발생에 대하여 자동차의 편익을 취하는 사람들은 그 비용을 매우 조금만 부담하고 있다.

트랙터의 사회적 비용, 즉 환경파괴, 석유의 채굴, 사고의 다발, 운전수의 건강에 대한 영향 등을 고려하면, 트랙터의 사회적 비용은 대단히 크다. 실제로 스스로 트랙터를 다루며 농업을 경영했던 R·C·윌리엄즈는 트랙터가 가져다 준 이익은 그 비용과 균형이 맞지 않는다는 결론을 내렸다.

미국의 더스트 볼에서 볼 수 있는 토양침식은 현재에도 세계 각국의 농민들을 괴롭히고 있으며 각국 정부도 토양보전을 위해 거액의 세금을 투입하고 있다. 그 원인에 대한 트랙터의 역할은 결코 가볍지 않다. 또한 트랙터 사고도 많다. PTO에 옷이 빨려 들어가거나, 좁은 농로를 운전하다가 굴러 떨어지거나, 넘어지기도 한다. 자동차 사고보다는 빈번하지 않다고는 해도 현장에서 문제가 되고 있다. 진동과 소음 문제도 상당히 장기적으로 신체적 영향을 주기 때문에 몸 상태가 좋지 않을 때에는 더욱 사고가 일어나기 쉽다.

또한 트랙터를 운전하기 쉽도록 토지를 정비하기 위해서는 구획정리 비용이 들고, 논의 수로정비도 필요하다. 따라서 지역 농민들이 그 비용을 갹출하거나, 지방자치단체나 국가도 재정 지원을 한다. 연료인 석유도 계속 조달해야 한다. 자동차와 마찬가지로, 트랙터는 산업기반의 정비와 연료의 안정적 공급이 전제되어야 비로소 효력을 발휘하는 것이다.

그리고 무엇보다도 트랙터는 전차로 이용되기도 한다. 이 기술 전용은 누구도 막을 수 없다. 막을 수 없는 이상 전쟁으로 인한 인간과 자연에 대한 무자비한 파괴도 또한 트랙터의 사회적 비용의 하나이다.

트랙터가 로봇이 되는 날

최근 들어 스마트 농업이라는 말은 자주 듣는다. 로봇기술이나 정보통신기술(ICT)을 활용한 차세대 농업을 말한다. 2013년 11월 농림수산성은 '스마트농업의 실현을 향한 연구회'를 발족시켰다. 일손이 부족한 현실에서 농업을 담당하는 기술을 혁신하자는 말들이 난무하고 있다. 특히, 무인형 트랙터의 연구 개발에는 막대한 연구자금을 들여 각국의 제조사들이 앞 다투어 GPS를 사용한 트랙터 제어 시스템을 개발하고 있다. 농업에서 점점 사람이 퇴장하기 시작하고 있다. 경운, 예초, 탈곡, 등 모든 농사 작업이 공업에 점점 가까워지고 있다. 인간의 생명을 책임지는 농업 경영이 기계로 전자동화 되는 것에 눈살을 찌푸리는 사람들도 적지 않을 것이다.

트랙터 탄생으로부터 현재까지 110년의 역사를 조망해 보면, 무인형 트랙터의 꿈은 150년 전에 증기 트랙터와 100년 전에 내연기관 트랙터에 걸었던 기대와 별로 다를 바가 없다. 1945년에 게재된 삽화에서 신문을 읽고 있던 남자는 현재 우리들의 바로 그 모습이다. 우리들은 구약성서의 아담이 평생 짊어지게 된 저주인 육체노동에서 도피하고 싶어서 농업기술을 발전시켜 왔다. 트랙터는 그 최종단계에서 등장한 기계이다. 동독의 트랙터에는 '머슴'이라는 이름이 붙어있다. 머슴처럼 주인에게 봉사하는 기계라는 의미일 것이다. 농업의 전자동화는 누군가 우리에게 준 선물이 아니라, 우리의 소망이자 움켜쥐고 있는 꿈이다.

그러나 그 꿈이 정말로 실현하고 싶은 꿈인지는 지금 다시 한 번 생각할 필요가 있다. 왜냐하면, 첫째로 인류는 이처럼 오랜 기간 동안 토지와 함께 살아온 욕망과 관습을 한 번에 버릴 수가 없기 때문이다. 흙의 세계에 파묻혀 생활해 왔던 우리들이, 농업의 전자동화로 잃어버리는 것 역시 적지 않을 것이다.

둘째로 트랙터의 세계사에는 아직 실현되지 않은 꿈이 존재하기 때문이다. 그것은 트랙터의 공유라는 꿈이다. 일본에서는 부락 영농의 형태로 기계 공유를 시도하고 있다. 국유냐 사유냐 하는 이분법적인 도식만으로 본다면 기계를 공유했던 사례는 트랙터 세계사 안에서는 찾아 볼 수 없다. 생활의 공동과 함께 기계의 공동 이용을 생각했던 산페이 코우코의 관점은 소련의 현실을 몰랐다는 점을 고려하더라도 역시 대단히 귀중하다.

진동이 심한 보행형 트랙터의 진보를 그녀는 그다지 칭찬하지는 않았다. 농업기계화는 공동취사나 공동육아와 불가분의 관계였다. 그 틈바구니에서 여러 사람이 하나의 트랙터를 공유하는 방법은 소련이나 중국처럼 강압적인 집단화도 아니고, 또 미국처럼 대규모 기계화에 노딜하는 깃도 이니다. 트랙터는 구입 직후에도 유지보수가 필요했었고, 지금도 필요하다. 그것은 수리나, 부품교환만의 문제가 아니다. 트랙터로 작업한 농지나 트랙터를 사용한 농민도, 지속적으로 다른 사람이나 자연계와 유지보수를 주고받는다는 관계망 속에서, 기계를 재배치하지 않으면 안 된다. 유지보수의 중심이 되었어야 할 MTS는 인간과 자연, 인간과 인간의 관계를 이야기하는 장소가 되지 못한 채로 20세기 역사에서 사라져갔다.

그 지방의 자연환경과 지역사회에 적절하게 어우러지는 생물과 기계의 조화 방안을 찾아 가다보면 서절로 삶을 공유히는 방향으로 나아가게 될 것이다.

맺는말

　글을 끝내며 트랙터의 역사를 세계적으로 다룬다는 것이 필자의 능력으로는 무모한 시도였다는 생각을 해본다. 역사 연구자로서 경험도 지식도 부족하다. 참고문헌을 보면 알 수 있듯이 미국사나 중국사, 소련사는 개설서를 읽는 것으로부터 시작했다. 불분명한 역사용어나 기계용어는 사전을 찾아보거나 전문가에게 문의했다.

　트랙터는 어릴 때부터 주변 가까이 있는 존재였다고는 하나, 역사적 대상으로 접한 것은 석사논문 집필 때였다. 나치시대의 농민들의 모습을 알 수 있는 자료를 뒤져보았으나, 좀처럼 찾지를 못하여 신문에 게재되어 있는 트랙터 광고를 보고 한숨을 쉰 적도 있다. 그런데, 이 광고가 역사의 증언자라는 것을 알게 되기까지 시간이 그리 걸리지는 않았다. 트랙터도 농민생활의 목격자라는 사실을 깨닫게 되자, 역사의 재미에 푹 빠져들게 되었다. 더구나 트랙터는 무어라고 말하기 어려운 매력을 풍기는 기계이다.

　그로부터 16년에 걸쳐, 독일과 일본에서 차곡차곡 트랙터에 관한 자료를 수집하고, 트랙터가 등장하는 영화를 감상하며, 농업박물관을 방문해서 희귀한 중고 트랙터를 어루만지며 사진도 찍어왔다. 고향인 시네마현 오키이즈모의 경운기 발명가, 요네하라 키요오가 살았던 곳은 아주 자랑스럽다고 느꼈고, 해리 파거슨의 장인정신에 감동 받기도 했다. 3포인트 링크의 아름다움에 한눈에 반했고, 피아트의 만도린 오렌지색에 눈이 부셨으며, 빅 버드의 압도적인 위용에 침을 삼켰다. 또한 트랙터에 관계되는 세계 여러 나라의 소설이나 연구서를 읽게 된 것은 너무나 흥미로웠다. 자료 수집을 위하여 정열과 시간을 상당히 들인 것은 틀림없다고 생각한다.

    예를 들면, 집필 마지막 1개월 동안에도 새로운 자료를 발견하는 일도 생겼다. 따라서 이 책으로 트랙터 역사의 종지부를 감히 찍자는 것은 절대 아니다. 오히려, 미숙한 본서를 발판으로 삼아 주기를 바라는 심정이다.

    부끄럽지만 트랙터를 직접 운전해본 것은 두 번 정도밖에 없다. 그런 사람이 트랙터에 대한 책을 감히 썼다는 비판은 달게 받을 생각이다. 나는 미츠비시 농기의 트랙터로 써레질을 한 적이 있는데, 회전할 때 작업기를 들고, 부드럽게 움직이는 것이 가장 어려웠다. 그래도 소음과 진동에 시달렸던 두 번의 경험은 집필 과정에서 상당히 도움이 되었다. PTO축과 3포인트 링크는 집에 돌아와서 부친에게 실제로 탈부착 방법을 배우며 겨우 이해하게 된 것도 첨언하고 싶다.

세계에는 트랙터 팬이 무수히 있다. 일본에도 있다. 오래된 엔진 소리를 듣기만 해도 행복해 하는 팬들의 영상을 쿠루메시에 있는 후쿠오카 쿠보타 오바시마츠오 농업기계역사관에서 보았다. 또 미토시 오바쵸 시마지구 농지·수자원 환경보전회 소식이라는 홈페이지에는 『토리토라』(역자주 : 제방의 제초작업의 효율성을 높이기 위해 당시 건설성이 개발한 대형 제초기계)라는 희귀한 트랙터 사진이나 자료를 모아 정리한 수준 높은 페이지도 있다. 나도 그런 트랙터 팬들 중의 한명이지만 비교적 은둔형이다.

그리고 충분하지는 않지만, 본서가 트랙터의 역사를 다룬 책으로 취급된다면, 그것은 협조해 주신 모든 분들의 덕분이다. 특히 구체적인 사례나 분석방법을 지도해 주신 분들을 순서 없이 나열하는 것으로 감사의 마음을 표하고 싶다.

아다치 요시히로(足立芳宏), 카와무라 미나토(川村湊), 코야마 사토시(小山哲), 사토 준지(佐藤淳二), 이토 준이치(伊藤順一), 토모마츠 유카(友松夕

香), 후쿠다 히로시(福田宏), 요네하라 히로노리(米原博德), 센스이 히데카즈(泉水英計), 스즈키 준(鈴木淳), 세토구치 아키히사(瀬戸口明久), 이마이 치즈루(今井千鶴), 키무라 마사미치(木村正道), 후쿠모토 타케유키(福元健之).

또한 본서에서 인용한 일부 자료의 수집에 대해서는, 연구비(과제번호 26370233)의 지원을 받았다는 것을 첨언해 둔다.

마지막으로 본서의 기획으로부터 5년간, 편집자인 시라토 나오토(白戸直人)씨를 너무 기다리게 했다. 원고를 세심하게 읽고, 적질한 충고를 해 주신 시라토씨께, 진심으로 감사를 드리고 싶다.

2017년 7월 후지하라 타츠시(藤原辰史)

주요 사진 출전 일람

1-1	클로펜부르크 야외민속박물관, 필자 촬영('15.2.5)
1-2	Fiiegen Bl tter, Nr. 19, 1845
1-3	Kuntz, Der Dampfpflug
1-4	Kuntz, Der Dampfpflug
1-5	호엔하임대학 독일농업박물관, 필자 촬영('13.5.16)
1-6	Williams, Fordson, Farmall, and Poppin's Jonny
1-7	Macmillan(ed.), The John Deere
1-8	Macmillan(ed.), The John Deere
1-9	Laffingwell, The American Farm Tractor
2-1	Williams, Fordson, Farmall, and Poppin's Jonny
2-2	Williams, Fordson, Farmall, and Poppin's Jonny
2-3	Williams, Fordson, Farmall, and Poppin's Jonny
2-4	Williams, Fordson, Farmall, and Poppin's Jonny
2-5	Glastonbury, Traktoren
2-6	Williams, Fordson, Farmall, and Poppin's Jonny
2-7	Williams, Fordson, Farmall, and Poppin's Jonny
2-8	Ertel, The American Tractor
2-9	Apps, My First Tractor
2-10	Artley, Once Upon A Farm
2-11	Monthly Weather Review, June 1936
3-2	https://stalinsmoustache.org/2015/01/28/soviet-feminism-pasha-angelina
3-3	Deuche Landwirtschaftliche Presse, 25.9.1937
3-4	Bauer, Porsche Schlepper 1937-1966
4-3	Apps, My First Tractor
4-5	http://www.williamsbigbud.com/about-us/
4-6	Suhr//Weinreich, DDR Traktoren-Klassiker
4-7	Hinton, Iron Oxen
5-2	『코마츠(小松)제작소 50년의 발자취』
5-3	후지이 야스히로(藤井康弘) 『마음의 기둥』
5-4	후지이 마사하루(藤井正治) 『국산경운기의 탄생』
5-5	요시오카 킨이치(吉岡金市) 『일본농업의 기계화』
5-6	후지이 마사하루(藤井正治) 『국산경운기의 탄생』
5-7	산페이 코우코(三甁孝子) 『농촌기』
5-8	http://www.honda.co.jp/design/colors/red/
5-9	『구보타 100년』

참고문헌

트랙터, 농업기계 일반

- 芦田祐介『농업기계의 사회학, 사물에서 생각하는 농촌사회의 재편』, 昭和堂, 2016년.
- 中村忠次郎『기술필휴 농기구綜典』朝倉書店, 1954년.
- 藤原辰史『경작하는 몸의 리듬과 소음, 노동과 신체』『먹는 것 생각하는 것』에 수록, 共和國, 2014년.
- 渡邊隆之助『견인차(트랙터)』自研社, 1943년.
- Bauer, Georg, Faszination Landtechnik:100 Jahre Landtechnik- Fabrikante im Wandel, Verlag Union Agrar, 2003.
- Glastonbury, Jim, Traktoren: Wunterwerke der Technik, Damals und Heute,(translated by Bettina Lemke, Katharina Lission, Tatjana Lission), Regacy House Publishing, 2003.
- Kautzky, Karl, Die Agrarfrage:Eine Übersicht über die Tendenzen der modernen Landwirtschaft und die Agrarpolitik der Sozialde-mokratie (2.Aufl.), Verlag von J.H.W.Dietz nachf., 1902(向坂逸郎 譯『농업문제, 근대적 농업의 제경향의 개관과 사회민주당의 농업정책(상·하)』岩波文庫, 1945)
- Paulitz, Udo, 1000 Traktoren:Geschichte-Klassiker-Technik, Naumann & Göbel, 2009.

미국

- 有賀夏紀『미국의 20세기 上(1890년~1945년), 下(1945년~2000년)』中公新書, 2009.
- Artley, Bob, Once Upon a Farm, Polican Publishing Company, 2004.
- Ertel, P.W., The American Tractor: A Century of Legendary Machines, MBI Publishing Company, 2001.
- Ford, Henry / Crowther, Samuel, My Life and Work, Garden City Publishing.Co., 1922.
- Glaser, Amy / Drengi Michael (ed.), My First Tractor: Stories of Farmers and Their First Love, Voyageur Press, 2010.
- Laffinwell, Randy, The American Farm Tractor, MBI Publishing Company, 2002.
- Macmillian, Don (ed.), The John Deere: Tractor Legacy, Japonica Press, 2003.
- Williams, Robert C., Fordson, Farmall, and Poppin' Johnny: A History of the Farm Tractor and Its Impact on America, University of Illinois Press, 1978.

러시아, 우크라이나, 폴란드

- 池田嘉郎『러시아 혁명, 파국의 8개월』岩波新書, 2017년.
- 伊藤孝之·井內敏夫·中井和夫編『폴란드·우크라이나·발트史』山川出版社, 1998년.

참고문헌

- 奧田央 『소비에트 경제정책사, 시장과 영업』 동경대학출판회, 1979년.
- 奧田央 『콜호즈의 성립과정』 岩波書店, 1990년.
- 奧田央 『볼가의 혁명, 스탈린 통치하의 농촌』 동경대학출판회, 1996년.
- 奧田央 『콜호즈』 『곡물조달』 『소프호즈』 『농업집단화』 川端香男里編
- 『신판 러시아를 아는 사전』 平凡社, 2004년.
- 奧田央編 『20세기 러시아농민사』 사회평론사, 2006년.
- 金田辰夫, 中山弘正 『농업』 川端香男里編 『신판 러시아를 아는 사전』 平凡社, 2004년.
- 콘퀘스트, 로버트 『슬픈 수확, 우크라이나 대기근, 스탈린의 농업 집단화와 기근 테러』 白石治郞譯, 惠雅堂出版, 2007년.
- 栖原學 『소련 농업집단화의 원점, 長期생산지수추계 시도』 오차노미즈 書房, 2013년
- 高尾千津子 『소련 산업집단화의 원점, 소비에트 체제와 미국 유대인』 彩流社, 2006년.
- 츄프노, 안드레이 바리시에비/마르토비치, 이반 키리로비치/보차르니코프, 유리 알렉세이비치 『콜호즈 생활 50년』 오차노미즈書房, 1975년.
- 中山弘正 『소비에트 농업사정』 일본방송출판협회, 1981년.
- 吉野悅雄 編著 『폴란드의 농업과 농민, 구시트에프촌의 연구』 木鐸社, 1993년.
- 레빈츠카, 마리너 『젖가슴과 트랙터』 集英社文庫, 2010년.
- 레닌, 니콜라이 『농업에 있어서의 자본주의』 白揚書館, 1921년.
- 워스, 니콜라이 『러시아 농민生活誌, 1917~1939』 荒田洋譯, 平凡社, 1985년.
- Miller, Robert F., One Hundred Thousand Tractor: The MTS and Development of Controls in Soviet Agriculture, Havard University Press, 1970.

일본 및 기타 식민지, 점령지

- 伊藤紀克 『북해도의 농용 트랙터에 의한 사망사고의 검토, 특히 수면과 졸음 운전과의 관계』 『日農醫誌』 35권 1호, 1986년.
- 伊藤紀克 『트랙터 사고에 대한 농민의 의식, 트랙터 오퍼레이션 앙케이트 조사로부터』 『日農醫誌』 39권 2호, 1990년.
- 大槻正男 『耕耘行程 기계화의 문제』 『농업과 경제』 제6권 제6호, 1939년.
- 井關농기주식회사 社史편집위원회 『井關농기60년사』 井關농기주식회사, 1989년.
- 寒川道夫 編著 『大關松三郞 시집 참마 증보개정판』 百合出版, 1979년.
- 小島直人 『엔진1대, 山岡孫吉伝』 集英社文庫, 1983년.
- 川村湊 『作文에 나타난 대일본제국』 岩波文庫, 2000년.
- 기획원 산업부 『소형자동 경운기에 대하여』 1938년.

- 小松제작소『小松제작소 50년의 발자취, 略史』1971년.
- 쿠보타 社史편집위원회『쿠보타 100년』1990년.
- 三瓶孝子『農村記』慶應書房, 1943년
- 泉水英計『미국인 지리학자에 의한 냉전기 동아시아의 현지조사』坂野徹編『제국주의를 조사하다, 식민지 현지조사의 과학사』勁草書房, 2016년
- 高橋昇『군용 자동차 입문』光文社NF文庫, 2000년
- 田中定『수입 농업기계와 우리나라 농업』『큐슈제국대학경제학회 경제연구소』제8권 제3호, 1938년.
- 太郎良信『『참마』의 진실, 寒川道夫의 교육실천을 재검토 한다』교육사료판출판사 1996년.
- 中條百合子『새로운 시베리아를 횡단하다』內外社, 1931년.
- 中本타카코『좋은 사람』모나스, 1940년.
- 南雲道雄『大關松三郎의 四季』현대교양문고, 1994년.
- 野間海造『농업기계화론의 분석』東晃社, 1941년
- 福田稔·細川弘美『후쿠오카현 남부의 농업기계화 전개과정』『일본농업발달사』別卷 下, 중앙공론사, 1978년(개정판).
- 藤井正治『국산 경운기의 탄생, 米原淸男의 생애』新人物往來社, 1990년
- 藤井康弘『마음의 기둥』세기사출판주식회사, 1974년.
- 三浦洋子『북부 조선·식민지 시대의 독일식 대규모농장경영』蘭谷기계농장의 도전』明石書店, 2011년.
- 南智『농업기계의 선구자들, 기계화농업왕국·오카야마의 성립과정』吉備人出版 2016년.
- 얀마 70년사 편찬위원회『燃料報國얀마 70년의 발자취』얀마디젤주식회사, 1983년.
- 和田一雄『경운기 탄생』富民협회, 1979년.
- 橫井時敏『소농에 관한 연구』丸善, 1927년.
- 吉岡金市『일본의 농업, 그 특징과 省力농법』伊藤書店, 1944년.
- 吉岡金市『무엇이나 이용할 수 있다, 소형만능 트랙터』『젊은 농업』제4권 제2호, 1949년.
- 吉岡金市『일본 농업의 기계화(1925~1955년대 농업경제 명저집17)』農山漁村문화협회, 1979년.

독일

- 足立芳宏『동독 농촌의 사회사,『사회주의』경험의 역사화를 위하여』쿄토대학 학술출판회, 2011년.
- 大島隆雄『제2차 세계대전 중의 독일 자동차공업(1)(2)』『愛知대학 경제론집』132호, 133호, 1993년.
- 永岑三千輝『독소전쟁과 홀로코스트』일본경제평론사, 2001년.
- 永岑三千輝『독일 제3제국의 소련점령정책과 민중 1941~42』同文館, 1994년.
- 伸井太一『가짜독일1≒동독제 공업품』사회평론사, 2009년.
- Bauer, Armin, Porsche Schlepper 1937-1966, 2.Aufl., Schwungrad-Verlag, 2003.

참고문헌

- Decken, Hans von der, Die Mechanisierung in der Landwirstschaft, in:Vieteljahreshefie zur Wirtschaftsforschung, 13.Jg., Heft 3,1939 Jasny, N., Der Schlepper in der Landwirtschaft: seine Wirtschsft-lichkeit und weltwirtschaftliche Bedutung, Verlagsbuchhandlung Paul Parey, 1932.
- Herrmann, Klaus, Traktoren in Deutschland 1907 bis heute:Firmen und Fabrikate, 2.Auflage, DLG Verlag, 1995.
- Kuntz, Andreas, Der Dampfpflug: Bilder und Geschichte der Mechanisierung und Industrialisierung von Ackerbau und Landleben im 19. Jahrhundert, Johas Verlag, 1979.
- Museum für Deutsche Volkskunde Berlin, Das Bild vom Bauern Vorstellung und Wirklichkeit vom 16.Jahrhundert bis zur Gehenwart, 1978.
- Radkau, Joachim, Technik in Deutschland: Vom 18. Jahrhundert bis heute, Campus, 2008.
- Suhr, Christian / Weinreich, Ralf, DDR Tracktoren-Klassiker, Motorbuch Verlag, 2006.
- Uekötter, Frank, Die Wahrheit ist auf dem Feld: Eine Wissengeschichte der deutschen Landwirtschaft, Vandenhoek & Ruprecht, 2010.
- Wagner, Kurt, Leben auf dem Lande im Wandel der Industrialisierung, Insel Verlag, 1986.

중국

- 石川禎浩『시리즈 중국근현대사③ 혁명과 내셔널리즘 1925~1945』岩波新書, 2010년.
- 久保亨『시리즈 중국현대사④ 사회주의로의 도전 1945~1971』岩波新書, 2011년.
- 챤, 아니타 / 매드슨, 리챠드 / 앵거, 조나단『첸 마을, 중국농촌의 文革과 근대화』小林弘二監譯 筑摩書房, 1989년.
- 모택동『모택동선집 제5권』外文出版社, 1977년.
- 李昌平『중국농촌붕괴, 농민이 밭을 버릴 때』吉田富夫監譯, 北村稔·周俊譯 NHK出版, 2004년.
- 余敏玲 Yu Miin Lin《形塑『신인』, 中共宣傳與蘇聯經驗》중앙연구원 근대사연구소, 2015년.
- Hinton, Williams, Iron Oxen:A Documentary of Revolution in Chaina Farming, Monthly Review Press, 1970.(일본역=힌톤, 윌리엄『鐵牛, 중국의 농업혁명의 기록』加藤祐三·赤尾修共譯, 平凡社, 1976년)

가나

- 高根務『독립 가나의 희망과 현실, 코코아와 웅크루마 정권, 1951-1966년』
- 『국립민족학 박물관연구 보고』 31권 1호, 2006년.
- 友松夕香『사바나의 젠더, 서아프리카 농촌경제의 民族誌』明石書店, 2017년.
- 溝辺泰雄『제12장 탈식민지화 중의 농업정책구상』石川直樹/小松카오리/藤本武編『食과 農의 아프리카史,

현대 基層에 육박』昭和堂, 2016년.
- Hulugalle, N.R. & Mauya P.R., Tillage Systems for the West African Semi-Arid Tropics, Soil & Tillage Research, 20, 1991.

기타

- 猪木武德『전후 세계경제사, 자유와 평등의 관점에서』中共新書, 2009년.
- 宇澤弘文『자동차의 사회적 비용』岩波新書, 1974년.
- 勝俣誠『신·현대 아프리카입문, 사람들이 돌아오는 대륙』岩波新書, 2013년.
- 그릭, 데이빗『서양 농업의 변모』山本正三, 內山幸之, 犬井正, 村山裕司 譯 농림통계협회, 1997년.
- 크루치모우스키, 리하리트『개정 농학원론』橋本伝左衛門譯, 지구출판주식회사, 1954년.
- 洪達善『조선 사회주의 농업론』梶村秀樹·鎌田隆 譯, 일본평론사, 1971년.
- 쟈크, 볼프강『자동차에로의 사랑, 20세기 희망의 역사』土合文夫·福本義憲譯 후지하라書店, 1995년.
- 芝野保證『농업기계·시설의 소음이 작업자의 작업능률·정밀도에 미치는 영향』(과학연구비 지원금 일반연구C『과제번호 02660255』), 1993년.
- 스나이더, 티모시『브래드랜드, 히틀러와 스탈린 대학살의 진상 상하』築摩書房, 2015년
- 전국 농업기계화 연수회編『트랙트의 기능과 기본 조작. 초심자로부터 프로농가까지 트랙터의 필휴서』(개정 제8판) 일본농업기계화협회, 2002년.
- 토 호아이 等『서북지방 이야기, 베트남 소설집』廣田重道, 大久保明男 譯 신일본출판사, 2017년
- 松本敦則『전후경제와 제3의 이탈리아』土肥秀行/山手昌樹『교양 이탈리아 근현대사』미네르바書房, 2017년.
- Dewey, Peter, The Supply of Tractor: Short, Brain/Witkins, Charles/Martin John(ed.), The Front Line of Freedom: British farming in the Second War, British Agriculture History Society, 2006.

통계

- 『농업기계연감』신농림사.
- 농림업센서스(http://www.maff.go.jp/j/tokei/census/afc/index.html)
- National Agriculture Statistics Service
- (http://www.nass.usda.gov/Data-and-Statistics/)
- Changes in Farm Production and Efficiency, 1978.
- FAOSTAT(http://www.fao.org/faostat/cn/#home)

트랙터 세계사 관련 연표

년도	주요 내용
1877	(독) 오토, 내연기관을 실용화
1890	(일) 오데(大出)주물소(뒤에 쿠보타철공소) 창업
1892	(미) 프로리치, 세계에서 처음으로 트랙터를 개발
	워털루 가솔린 견인 엔진사 설립
1900	(러) 레닌『농업에 있어서의 자본주의』, 카오츠키를 옹호
1902	(미) 매코 믹스사와 디어링사가 합병하여 IH사로
	(독)(미) 판츠, 디어와 면담, 제휴개시
1905	(러) 피의 일요일 사건
1907	(독) 도이츠사, 독일 최초의 트랙터를 개발
1908	(러) 러시아에서 최초로 트랙터가 수입된다
	(중) 흑룡강성에서 程德全이 외국제 트랙터를 구입
1909	(일) 이와테현의 코이와이(小岩井)농장에서 증기 트랙터를 도입
1910	(스위스) 마이엔부르크, 보행형 트랙터의 특허를 취득
1911	(일) 북해도 샤리쵸(斜里町) 미츠이(三井)농장에서 홀트製 트랙터 도입
1912	(일) 야마오카(山岡)발동기공작소(뒤에 얀마 디젤) 창업
1913	(러) 레닌 『아메리카합중국의 자본주의와 농업』
1914	제1차 세계대전 개전. (일) 佐藤忠次郎 도급기로 창업(뒤에 미츠비시농기)
1915	(영) 처칠『육상 군함』위원회를 설립
1916	(영) 솜담 전투에서 처음으로 전차(마크 I)가 등장
1917	(러) 2월혁명 (프) 홀트사 트랙터의 샤시를 이용한 전차 슈나이더CA1 등장
	(미) 대량 생산형 트랙터『포드슨』제조전문인 회사가 포드사로부터 독립
	(러) 11월 혁명
1918	(일) 북해도 삿포로군의 타니쿠치(谷口)농장에서 케이스사의 트랙터를 도입
1919	(러) 레닌, 제8회당대회에서『10만대의 제1급 트랙터를 공급』하면 공산주의가 확산될 수 있다고 연설. (미) 네브라스카대학의 트랙터 테스트 개시
	(미)(러) 러시아 소비에트연방사회주의공화국, 포드슨과 계약
	(이) 피아트가 트랙터702형을 개발
	(일) 오카야마현의 후지타(藤田)농장, 크레트락사의 트랙터를 도입

246

년도	주요 내용
1920	[호] 하워드, 보행형 트랙터의 특허를 취득
1922	[미] 조인트의 로젠이 우크라이나를 방문. [러] 소련성립
	[미] IH사, PTO의 도입. [폴란드] 울스스사, 트랙터 생산개시
1923	[프][벨기에][독] 루르 점령. [소] 荒畑寒村이 극중에서 트랙터를 보다
	[미] 디어&컴퍼니사, 존 디어D형을 개발. [미][소] 워터루 보이 소련에 도착
1924	[미][소] 애그로조인트를 설립. [미] IH사, 로크로프에 대응하기 위한 파몰을 개발
1925	[독] 포드슨의 도입 결정. [일] 西崎浩, 일본 최초의 보행형 트랙터를 완성
1926	[일] 이세키(井關)농기구상회 창업
1927	[소] 제15회당대회에서 농업집단화 선언. 스탈린, 쉐프첸코 소무호즈를 칭찬
1929	월가에서 주가 대폭락(세계공황). [소] 영화 『全線』
	[소] 앙겔리나, 소련에서 최초의 여성 트랙터 운전수로
1930	[소] 中條百合子, 시베리아 철도 차창으로 트랙터공장과 콜르호즈를 보다
1931	[일] 코즈마(小松)제작소, 일본 제1호 트랙터를 완성
1932	[중][일] 만주국 건국
1933	[독] 히틀러 총통에 취임. [일] 山岡孫吉, 소형 범용 디젤엔진 완성
	[미] 앨리스 찰머스사, 고무 타이어 부착 WC형 개발. [소] MTS에 정치부 설치
1934	[독] 나치, 생산전 개시
1935	[독] 히틀러, 재군비 선언. [일] 코죠무라(興除村)에서 동력 경운기경기회 개최
1936	[일] 2.26사건. [영] 『1937퍼거슨 브라운』 개발
1937	[만주국] 만철농사시험장에서 트랙터의 실동 경연회. [중] 盧溝橋사건
	[일][만주국] 만주이민 제1차 파견단 출발. [미] 앨리스 찰머스사, 베이비 트랙터 개발. 일독(日獨)합작영화 『새로운 땅』(코마츠의 G25가 등장). 힌톤, 처음 중국방문
1938	[일] 기획원산업부 『소형 경운기에 대하여』. [미] 포드와 퍼거슨 『악수만의 계약』
	[중] 장개석, 황하 범람 제방을 파괴시킴.
1939	[영] 농업개발법, 독일군 폴란드 침공. 제2차 세계대전 개전
	[미] 스타인벡 『분노의 포도』. [소] 무리예프 『트랙터 운전수들』
	[일] 大關松三郎 『우리들의 마을』, 吉岡金市 『일본 농업의 기계화』
1940	[영] 정부, 트랙터 수출 금지

트랙터 세계사 관련 연표

년도	주요 내용
1941	독소전쟁 개전. (일) 오카야마(岡山)에서 전국 동력경운기 실연전람회
1942	(미)(일) 진주만 기습
1943	(소) 에름레르의 영화 『그녀는 조국을 지킨다』
1945	독일군, 연합국과 휴전협정. 일본군, 연합국과 휴전협정.
	(중) 2년간 UNRRA로부터 트랙터 2천대 도착. 힌톤 중국 재방문, 모택동 재회
1946	(체코) 제톨사의 창업
1948	(일) 요네하라 키요오(米原淸男), 보행형 제너럴 트랙터 완성
1949	(일) 후지이 야스히로(藤井康弘), 보행형 트랙터『후지(富士)경운기 乙형』완성
	(동독) 동독 건국. 『액티비스트』 생산. (중) 중화인민공화국의 건국
	(일) 후지타무라(藤田村)에서 농림성 주최의 경운기비교심사회 개최
1950	(중) 인민일보, 소련으로부터 트랙터가 최초로 도착했다고 보도
	(중) 흑룡강성에서 중국 최초의 『여성 트랙터 운전부대』
1951	(일) 이세키, 경운기 제작 연구에 착수
	(일)(대만) 쿠보타, 보행형 트랙터K3B를 대만에 첫 수출
1952	(동독) 농업 집단화 선언
	(일) 일본 최초의 고무타이어 부착 보행형 트랙터인 후지경운기P형 완성
1953	(소) 스탈린 사망. (영) 퍼거슨사, 맛세이 해리스사와 합병하여 마세이 퍼거슨으로
	(동독) 『파이오니아』 생산. (일)(버마) 농업기계화촉진법
	(일) 쿠보타, 버마에 트랙터 수출. 이세키KS1형 완성
1955	(중) 모택동 『농업 공동화 문제에 대하여』
1956	(소) 흐루시초프, 스탈린 비판. 가을에 헝가리 동란
	(이) 피아트, 『라 비콜라』 생산, 대히트
	(독)(미) 란츠사, 디어&디컴퍼니사에 매수된다
1957	가나의 독립. (일)(브라질) 쿠보타, 브라질에 『마르큐 농업기계유한회사』 설립
	(독) 야마오카(山岡), 디젤기념석 정원을 아우구스부르크 市에 헌상
1958	(소) MTS의 해체를 발표. (중) 최초의 국산트랙터
1959	(일) 후지이 야스히로(藤井康弘), 후지경운기PH형 발표. (중) 劉少奇, 국가주석으로
	(일) 혼다기연, F150을 발표. 『혼다 旋風』. 얀마, 『안보 마보 일기예보』 시작

년도	주요 내용
	(체코)(폴란드) 제톨사, 울스수사와 공동으로 생산 개시
1960	(일) 쿠보타, 일본 최초의 전작용 트랙터T15를 개발
1961	(일) 농업기본법
1963	(이) 람보르기니, 트랙터 생산을 개시. (일)(독) 이세키, 포르셰와 제휴
	(한국) 대동기업과 신일기계공업을 중심으로 국산보행형 트랙터의 양산체제 확립
1964	(가나) 『국가재건과 개발을 위한 7개년계획』으로 트랙터의 도입을 주장
	(동독) 『팜루스』 생산
1965	(미) 트랙터의 보유대수가 정점에 도달
1966	(일)(체코) 이세키, 제톨사와 제휴. (중) 문화대혁명 시작
1970	(일) 일본 만국박람회에서 쿠보타 『꿈의 트랙터』
1977	(미) 빅버드사, 760마력 747형 생산
1978	(미) IH사, 대형 3388형과 3588형 생산
1979	이란 혁명. (일) 얀마의 『붉은 트랙터』
1983	(미) 판매된 절반이 외국산 트랙터
1984	(일)(미) 쿠보타, 미국에서 세 번째 트랙터 판매회사로 등극
1989	(중) 천안문 사건
1990	독일 통일
1991	(소) 고르바초프 사임, 소련 붕괴
1999	(이)(미) 피아트 애그리, 미국의 IH사를 매수하여 CNH글로벌로 개칭
	(미) 영화 『스트레이트 스토리』
2005	(영) 소설 『우크라이나어판 트랙터 小史』
2013	(일) 농림수산성, 『스마트 농업의 실현을 향한 연구회』를 발족
2015	(일) 미츠비시농기, 인도의 마인드라&마힌드라사와 전략적 협업으로 합의하고,
	미츠비시 마힌드라로

부록

농기계로 보는
한국 농업의 근대역사

글 : 김재민*

    트랙터라는 농기계를 중심으로 일본 그리고 세계농업의 변천사와 경제학 그리고 사회학적 의미를 다루는 '트랙터의 세계사'를 번역출판하면서 국내 농기계산업과 관련한 역사도 간략히 훑어보기 위해 부록으로 '한국트랙터 역사'를 준비했다.

    국내 농업과 농촌에 농기계의 보급과 새로운 농업기계 개발이 촉진된 것은 농업생산성 향상에 대한 갈망, 대한민국의 산업화, 농업구조의 변화 그리고 과학기술의 발전 등이 복합적으로 작용한 결과이다.

    1960년대까지 국내 농업 환경은 인력과 축력에 의존하는 전 근대성을 벗어나지 못했고 농업의 생산성 또한 낮을 수밖에 없었다.

    미국은 이미 1960년대에 광활한 농지를 관리하기 위해 트랙터와 같은 대형 농기계를 활용한 영농이 불가피했고, 소련을 비롯한 공산진영은 귀족 등이 소유했던 대규모 농지를 국유화 하고 집단농장으로 전환하면서 트랙터가 본격 투입되었다.

    자본주의 사회도 사회주의 사회도 농업의 집단화 규모화는 생산성 향상을 위해 필요했고 대규모 영농의 선봉장에는 트랙터로 불리는 농기계가 항상 선두에 섰다.

---

* 협동조합 농장과 식탁, jmkim@faeri.kr

미국과 소련에서 트랙터가 기계화 영농, 대규모 영농의 필수품이라면 일본은 경운기라는 보행형 소형트랙터가 그 자리를 대신했다.

영농의 규모가 크지 않았고 대형 농기계를 적용하기에는 농업기반시설이 정비되지 않았기 때문에 일본의 초기 농업의 기계화는 경운기가 앞장섰던 것이다.

일본과 비슷한 영농규모를 가지고 있었던 한국도 트랙터가 아닌 경운기가 농업

| 그림 1 | 학생과 공무원 2천여명이 모내기에 동원됐다는 동아일보 기사(1978년 6월 12일)

기계화의 첨병역할을 하였으며 지금은 트랙터와 이앙기, 콤바인, 관리기 등 전문화된 작업기가 각 상황에 따라 그 역할을 대신하고 있다.

1970년대 한국은 급격한 산업화로 농촌의 유휴인력이 도시와 공업부문으로 이탈하며 호당 경지면적이 증가하게 됐다. 더 이상 축력이나 인력에만 의존한 영농이 어렵게 된 것이다. 궁여지책으로 군인, 공무원, 학생, 교사, 일반 회사원 할 것 없이 모내기와 추수에 동원됐다.

봄과 가을에 집중된 일손부족현상을 해소하기 위해 정부는 농업기계화에 나설 수밖에 없었고 농업기계화를 촉진하기 위한 법령을 제정했다. 또 이를 지원하기 위한 각종 기관과 부서들이 만들어지게 된다. 이러한 노력에 힘입어 1970년대 축력이 동력경운기로 1990년대 다시 동력경운기를 트랙터와 같은 대형 농기계가 대체된다.

1. 수도작 중심의 농업과 농기계 변천사

국내 농업은 쌀의 자급을 목표로 미곡생산에 농정의 대부분을 집중했었다. 이러한 이유로 농기계산업 역시 수도작 중심으로 기술이 개발되고 농기계 보급이 이뤄졌다.

국내 농업이 쌀 생산을 위해 얼마나 집중했는지를 보여주는 사례는 현재 남아 있는 농업관련 조직을 통해 확인할 수 있다.

현재 농어촌공사는 농지조성과 농업용수 공급을 위한 인프라 건설과 관리를 위해 조직된 농지개량조합과 수리조합이 모태가 되어 발족된 공공기관으로 현재도 관련 업무를 지속하고 있다.

친환경인증을 비롯한 각종 농식품 인증제도, 안전성 관리, 원산지 관리, 품질검사, 농업경영체 등록, 농업용 면세유류 사후관리, 직접지불제, 농업인 확인서, 농산물품질관리 등 다양한 업무를 수행하고 있는 농산물품질관리원은 미곡 검사를 담당했던 농산물검사소에서 시작됐다.

국립종자원은 1974년 설립된 종자공급소가 전신으로 때마침 개발 보급되기 시작한 통일벼 종자 생산과 보급이 주요 역할이었다.

1961년 설립된 농공이용연구소는 농업기계화연구소를 거쳐 농업공학연구소로 개편된 이후 현재는 국립농업과학원의 농업공학부로 명맥이 유지되고 있다. 당시 농업기계화연구소는 경운기·트랙터·이앙기·파종기·콤바인·바인더·방제기·양수기·탈곡기 등을 주로 개발해 주요 농기계 제조사에 기술 이전하였는데 대부분이 쌀농사 기계화에 초점이 맞춰져 있다는 것을 알 수 있다. 현재 농촌진흥청의 농기계 연구는 스마트팜과 밭작물 기계화 등에 초점에 맞춰져 있다.

식량안보를 목표에 둔 수도작 중심의 국내 농정은 1990년대 절정을 이룬 이후 대변화를 경험한다.

우루과이라운드 협상에 따라 농산물 시장개방이 결정되었는데 쌀의 경우 시장 개방 시기를 10년 유예 받았다. 당시 농민들의 위기감은 절정에 달했고 농정 당국도 위기 돌파를 위한 대안을 제시해야만 했다.

이후 우리 정부는 쌀을 기본으로 하여 이른바 고소득 환금성작물 재배를 권장하기에 이른다.

쌀 생산량 증가를 위해 모든 농가에 집중됐던 정부의 정책은 쌀전업농 육성 정책으로 선회하고 이를 지원하기 위해 1990년대 대규모 농지기반정비사업을 추진했고 수리시설의 개보수와 함께 경지정리에 나서 트랙터 이용을 촉진하는 원인이 된다.

| 그림 2 | 농기계 보유현황

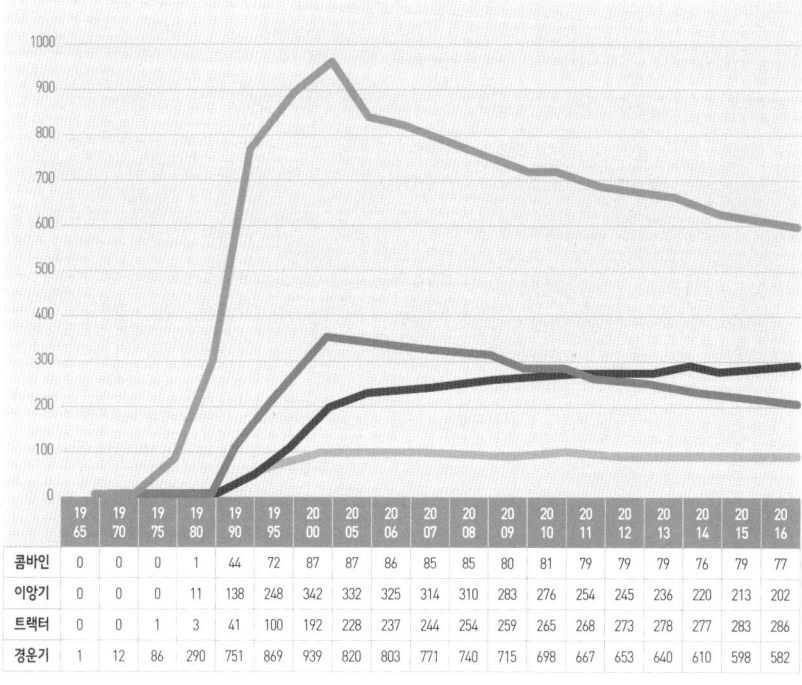

자료 : 농림축산식품부『농업기계 보유현황』(e-나라)

    쌀 전업농 육성에 따라 농기계의 수요 또한 바뀌게 되어 경운기는 농용 트랙로, 보행이앙기는 승용이앙기로, 포대형 콤바인은 커다란 곡물탱크가 부착된 산물형 콤바인으로 전환이 진행된다. 화학비료살포기와 퇴비살포기를 마지막으로 이제 쌀 생산을 위한 수도작의 기계화는 막을 내리게 되고 환금성 고소득작물 생산을 위한 농기계의 보급이 집중적으로 이뤄지게 된다.

| 표 1 | 농기계공급량

	경운기	트랙터	이앙기	관리기	콤바인	스피드 스프레이어
1970	3,581					
1975	27,970	200				
1980	61,237	562	9,033		790	
1985	62,019	2,719	11,924		3,191	
1990	40,757	14,964	37,609	27,286	15,930	1,164
1995	79,750	17,282	34,234	47,617	8,047	2,116
2000	7,808	22,716	15,920	7,325	11,767	2,526
2005	742	10,121	6,337	2,876	3,804	1,228
2010	372	12,758	4,990	1,855	3,232	1,884
2011	362	12,992	4,387	1,591	2,992	1,702
2012	287	12,246	3,921	1,253	2,490	1,787
2013	232	11,688	3,543	1,010	2,682	1,945
2014	165	10,548	3,754	645	2,761	1,940
2015	180	11,338	4,315	584	2,998	2,073
2016	86	10,662	4,308	403	2,672	1,985

자료 : 한국농기계협동조합 농업기계연감

2. 시장개방과 농업 그리고 농기계

1990년대까지 이어왔던 미곡 중심의 국내 농업구조는 1990년대 시장개방에 따라 축산과 원예분야로 품목의 다양화가 진행된다. 당시 많은 중소농들이 쌀농사 대신 신선채소와 과수 그리고 축산업에 투자를 하게 된다.

이러한 농정의 대변화는 우리 식생활에도 큰 변화로 이어졌다. 비닐하우스와 같은 온실에서 재배된 신선채소가 계절을 가리지 않고 생산돼 식탁에 오르게 됐고, 제철이 아닌 때에도 딸기, 토마토, 수박 등의 과채류가 생산되기에 이른다.

원예와 함께 고소득 환금성 작목으로 각광받은 것이 축산인데 축산관련 농기계는 주로 낙농목장에서 활용 되었다.

양돈과 양계업의 경우 배합사료만을 급여하면 되었기 때문에 대규모 시설, 장치 산업화 되었고 대부분의 기자재가 축사내부에 설치 운영되었던 것과 달리 낙농목장과 점차 규모화 되기 시작한 비육용 한우사육의 경우는 가축사육과 조사료(풀사료) 생산을 병행했기 때문에 농기계가 필요했다.

낙농가와 한우농가들은 처음에는 조사료로 볏짚을 많이 활용하였기 때문에 볏짚을 수확하거나 가공하는 농기계가 대다수를 차지했고 트랙터는 필수 작업기가 되었다.

트랙터는 다양한 작업기와 만나 여러 작업을 할 수 있었는데 땅을 깊게 가는 경운작업부터 흙을 잘게 부수는 로터리 작업은 기본이 되었고, 많은 양의 짐을 나를 수 있었다. 초기 조사료 수확기는 볏짚이 잘 마르도록 뒤집어 주는 기계, 볏짚을 모아주는 기계, 볏짚을 압축해 4각형 모양으로 결속하는 기계가 주로 보급이 되었다.

축산농가들이 벼를 재배하는 농가로부터 조사료를 확보하기 위한 방법으로 벼 재배 농가를 대신해 논에 쟁기질과 로터리작업, 써레질을 해주고 가을 수확기 볏짚을 무상으로 가져가는 암묵적인 계약이 성립되었다.

1990년대 후반부터 대규모 농지를 보유한 쌀 전업농이 육성되고 있었지만 농가 수가 많지 않아 대부분의 소규모 영농을 하는 농가들이 주류를 이뤘고 아직 농용 트랙터가 본격적으로 공급되지 못하였던 때이다. 조사료 생산과 수확을 위해 트랙터를 보유하고 있던 축산농가들이 전업화가 이뤄지지 않았던 쌀 생산 농가를 대신해 농작업을 대신해 주는 모습은 지금도 자주 관찰된다.

| 그림 3 | 한국농업의 기계화율

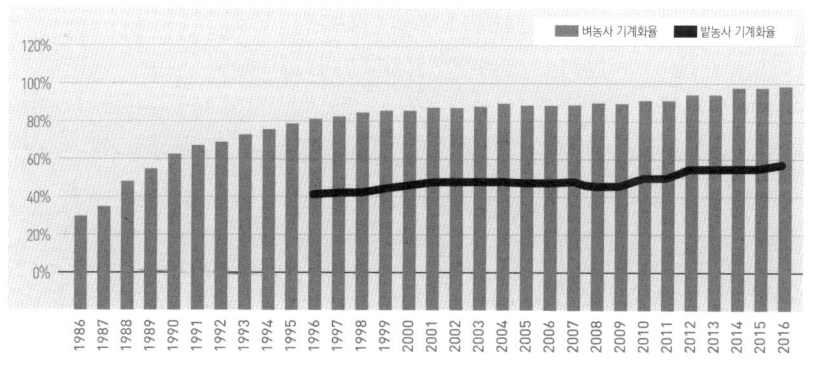

자료: 농림축산식품부『농업기계 보유현황』(e-나라지표)

낙농가들은 볏짚과 함께 옥수수를 많이 재배하였는데 옥수수는 여름철 풀사료로 많이 이용되기도 했지만 겨울철 양질의 조사료가 부족했기 때문에 옥수수로 담근먹이(발효조사료)를 제조해 주로 자급했다. 겨울에 심은 호밀 등 동계사료작물이 수확되는 4월 이전까지는 옥수수 담근먹이가 소의 주된 사료원료가 되었기 때문에 그 양은 매우 많았고 옥수수 수확용 기계가 수입·보급되었다. 초기 일일이 손으로 옥수수를 베어 이를 잘게 썰어주는 커팅기에 넣어 절단한 후 이를 땅속에 잘 묻어 혐기성 발효를 시켰는데 이후 조사료용 옥수수 수확은 베면서 잘게 썰어 적재함에 넣는 하베스트라는 기계가 이러한 공정을 대신했고, 2000년대 후반부터는 원형베일러와 래핑기가 보급되어 작업을 더욱 간소화 시켰다.

2000년대 중반부터 조사료 작업기는 정부의 조사료 자급 정책 그리고 쌀 생산조정의 필요성에 따라 좀 더 대형화 되고 농가들의 작업 편이성과 조사료 이용성을 높이는 방향으로 바뀌게 된다.

볏짚과 옥수수가 대부분이었던 조사료는 이후 호밀과 수단그라스 등 영양학적 가치가 높은 조사료 생산으로 확대됐어 특히 논에서의 이모작이 시도되면서 조사료 수확 후 이앙을 해야했기 때문에 조사료 작업의 신속성이 요구되었다.

이로 인해 조사료전문 수확기, 이를 모아주는 작업기, 조사료를 동그랗게 압축해 결속하는 작업기, 이를 비닐로 랩핑해 주는 작업기 등이 보급된다. 이들 작업기는 모두 트랙터에 부착되어 사용되며 시중에 판매되는 트랙터는 점점 대형화 되었다.

축산이 트랙터를 중심으로 다양한 조사료 작업기가 보급된 것과 달리 원예 분야에서는 원예분야에 적합한 작업기가 보급된다.

비닐하우스용 소형트랙터가 보급이 되기는 했으나 국내 채소산업은 트랙터보다는 경운기의 개량형이라 할 수 있는 관리기가 담당한다.

국내 밭 농업은 표토층의 유실을 막기 위해 비닐로 포장을 하고 정식을 하는 방식이 일반적인 형태다. 이를 위해 두둑을 만들고 복토를 하는 작업, 비닐 피복을 하는 작업이 핵심 농작업이 되었고 이들 작업을 효율화 하는 관리기 보급이 늘어났으며 경운기를 급속히 대체하게 된다.

최근에는 이식기라 하여 채소류 모종을 이식하는 작업기가 개발 보급되고 있으며, 고구마, 감자, 마늘, 양파 등 땅속작물을 수확하는 작업기가 보급되는 등 밭농업의 기계화가 속도를 내고 있다.

3. 정부의 농기계 보급사업과 농기계의 과잉 공급

국내 농업의 기계화 특히 국산 농기계 보급사업은 작은 농기계 시장규모, 농가당 경지규모 등을 종합하면 분명 한계를 가질 수밖에 없었다.

이러한 한계를 정부는 농가의 구매력 향상을 위한 보조와 융자사업을 통해 해결해 주었으나 농기계의 과잉 공급 그리고 그에 따른 농가 부채 발생이 문제점으로 대두했다.

| 표 2 | 주요 농기계 대당 작업면적

단위 : ha

항목 연도	동력경운기 Power Tiller			농용트랙터 Farm Tractor	동력이앙기 Rice Transplanter	콤바인 Combine
	계	경운	정지			
2004	0.7	0.3	0.4	13.5	3.0	11.4
2006	0.7	0.3	0.4	13.5	3.0	11.4
2008	0.9	0.4	0.5	16.2	3.6	10.2
2012	0.5	0.2	0.3	17.8	4.3	8.1
2014	0.3	0.1	0.2	13.0	5.2	11.5
2016	0.3	0.1	0.2	18.9	3.2	7.7

자료 : 농업기계연감

주요 농기계 대당 작업 면적을 살펴보면 경운기의 경우 경운과 정지작업의 경우 0.3ha에 불과하며 농업용트랙터는 18.9ha, 동력이앙기 3.2ha, 콤바인은 7.7ha에 불과한 실정이다.

경운기의 작업면적도 계속 감소하고 있으며 주된 용도였던 경운이나 정지작업 보다는 농약살포를 위한 분무기용도로 더 많이 이용되고 있는 실정이다.

농용트랙터의 경우는 경운기가 도맡아 왔던 경운과 정지작업을 대체하면서 작업면적이 늘고 있는 것으로 나타났으며 동력이앙기는 작업속도가 빠른 승용이앙기의 보급으로 작업면적이 늘어났으나 재배면적 감소와 이앙기 보급량이 늘면서 작업면적이 2014년 대비 큰 폭으로 감소했다. 이 같은 현상은 콤바인에서도 함께 나타나고 있다.

작업면적의 조정과 함께 작업일수도 감소세를 나타내고 있다. 농촌에서 가장 쓰임새가 많은 동력경운기와 트랙터는 2016년 기준 29.8일, 38.9일로 1년에 한 달 내외를 사용하고 있는 것으로 나타났다.

| 표 3 | 주요 농기계 연간 작업일수

단위 : 일

항목 연도	동력경운기 Power Tiller	농용트랙터 Farm Tractor	동력이앙기 Rice Transplanter	콤바인 Combine
2004	40	35	5	12
2006	40	35	5	12
2008	38	39	5	12
2010	38	39	6	14
2012	37	32	4	8
2014	35.5	39.8	5.1	9.5
2016	29.8	38.9	4.7	8.8

자료 : 농업기계연감

동력이앙기는 4.7일, 콤바인도 8.8일로 연간 10일도 사용하지 않고 있는 것으로 나타났다.

이앙이나 수확작업이 특정한 시기 집중적으로 이뤄지는 것을 감안하더라도 1년에 4~10일 이용하려고 농기계 구입에 투자를 하는 것은 매우 비효율적으로 보인다.

쓸모가 많은 경운기나 트랙터가 1년에 한 달 남짓 이용되고 모내기철과 수확철이라는 제한적인 기간에만 사용되는 이앙기와 콤바인은 1주일 남짓 활용될 정도로 활용도는 매우 낮은 실정이다.

하지만 정부의 농기계 반값 공급정책 등 각종 보조와 융자사업의 영향으로 농기계를 보유하려는 유인이 크게 작용했고 1년에 한 달도 사용하지 않는 이앙기와 콤바인을 너도나도 구매하는 현상이 일어났다.

정부의 보조사업 덕분에 국내 농기계 내수시장은 활황을 맞았고 국내 농기계회사들이 자본을 축적하는 계기가 되었지만 농기계의 과잉 공급은 미래시장을 당겨온 것 밖에 되지 않기 때문에 결국 시장 축소로 이어져 농기계 업체들의 경영난으로 이어졌다. 농가들 역시 농기계 구매에 따른 부채에 시달리는 원인이 되고 말았다.

| 표 4 | 적정 농기계 대수 추정

종류	기종	보유 (A)	경험 I	공급량 II	내용년수 III	평균 (B)	A-B	과잉율
트랙터	소형	75,907	49,228	55,626	35,530	46,795	29,112	
	중형	144,030	94,486	110,666	69,334	91,495	52,535	
	대형	52,961	29,180	35,515	22,213	28,969	23,992	
	계	272,898	172,893	201,807	127,076	167,259	105,639	
이앙기	보행	151,578	7,055	9,334	3,720	6,703	144,875	
	6조	92,982	78,232	127,696	50,885	85,604	7,378	
	8조	-	7,152	13,196	5,258	8,535	-8,535	
	계	244,560	92,438	150,226	59,863	100,842	143,718	
콤바인	3조	18,840	14,530	15,972	6,881	12,461	6,379	
	4조	45,013	38,779	61,095	26,320	42,065	2,948	
	5조~	15,586	15,614	25,742	11,090	17,482	-1,896	
	계	79,439	68,923	102,809	44,290	72,007	7,432	

자료 : 강창용·한혜성(2014) 한국농촌경제연구원
주) 트랙터의 경우 축산과 시설농업에서 약 103,522대 소요 추정 이를 반영하면 과잉 트랙터 숫자는 2천여대에 불과

강창용·한혜성(2014)은 전국의 50ha이상 들녘 3,398개를 중심으로 농가들이 조직화되었다 가정하고 벼 생산에 필요한 농기계 필요 대수를 추정하였다.

대상 총면적은 50만8,391ha로 전체 논 면적(966,076ha)의 52.6%로 들녘별로 나누어 주요 농기계의 적정 필요대수를 추정한 결과 트랙터는 약 11만대(60%), 이앙기는 14만대(140%), 콤바인은 7천대(10%) 정도가 과잉 공급됐다고 밝혔다.

하지만 트랙터의 경우 축산과 시설농업에서의 필요대수 10만3522대를 감안할 경우 과잉 대수는 2천여대에 불과해 적정한 규모로 추정할 수 있다.

이앙기가 상대적으로 과잉인 이유는 모를 낼 수 있는 시기가 30일 이내로 매우 짧기 때문에 공동이용을 할 경우 기상여건에 따라 적기 모내기가 안 될 수도 있기 때문에 보유하려는 유인이 발생하는 반면 콤바인의 경우 수확기에만 사용하는 시즌성은 이앙기와 같으나 고가여서 농가들이 상대적으로 적정 투자가 이뤄진다고

볼 수 있다.

필요할 때 곧바로 사용할 수 있도록 모든 농민이 경제적 여건이 된다면 모두 농기계를 보유하는 것이 편리하지만 농업도 손익을 따져야 하는 산업이기 때문에 농기계 이용 효율을 높이는 노력은 계속되어야 한다.

4. 농기계 공동 이용을 통한 효율화 노력

이러한 문제를 해결하기 위한 방편으로 정부는 농기계의 공동이용을 촉진하기 위한 대책을 계속해서 발표해왔지만 정착되지는 못했다.

공동이용 농기계에서 발생하는 고질적인 문제는 '공유지의 비극'이 반복해 일어난다는 것이다. 자기 것이 아니고 공동 이용하는 농기계이니 마구 사용하는 경향이 있고 쉽게 고장이나 방치되는 사례가 빈번히 발생했다.

| 표 5 | 농기계 공동 이용 제도

조직명	조성연도	운영주체
기계계	1972	농업인
영농기계은행	1974-1975	농조
영농기계화센터	1977-1981	농조,농협,마을
종합기계화시범단지	1977-1981	농조,농협,군청
기계화영농단	1981-1994	농업인
위탁영농회사(농업회사법인)	1991-1999	농업법인
농기계은행	1992-2002	농협
농기계임대사업	2004-현재	시군농업기술센터
농기계은행사업	2008-현재	농협
들녘별경영체육성	2009-현재	조합법인,작목반

자료 : 강창용 · 한혜성(2014) 한국농촌경제연구원

여기에 정부의 반값 농기계 보급사업과 같이 농기계 구매자에 대한 보조사업이 필요 이상으로 책정되면서 농가들이 농기계를 공동 이용하는 것보다 보유하려는 유인이 크게 작용한 것도 농기계 공동이용 사업이 힘을 받지 못한 이유였다.

지금까지 농업인이나 마을 공동체 중심의 농기계 공동이용 사업은 농기계의 관리에 있어서 허점이 있을 수밖에 없었으나 2004년 시작된 농기계임대사업은 나름 성과를 거두게 된다.

과거 농기계 공동이용사업은 농민이나 마을 자치 조직에 농기계를 구매해 주는 것으로 끝났던 방식에서 탈피해 지방정부가 농기계를 소유하고 필요 농민에게 이를 빌려주면서 공유지 비극의 문제를 말끔히 해소해 냈다.

마을 공동체에서는 불하받은 농기계를 보관하고 이를 수리하는 조직이나 인원을 꾸릴 수 없었고 막상 사용하려 하면 고장이 나서 이용하지 못하는 경우도 발생했는데 지방정부가 농업기술센터 내에 농기계임대사업소라는 조직을 만들어 지속적으로 정비하고 수리하면서 필요할 때 언제든지 사용할 수 있다는 믿음을 농민들에게 주었던 것이다.

2008년 시작된 농기계은행사업은 지역농협이 운영을 맡아 진행되고 있으며 주로 트랙터, 콤바인, 이앙기 등 벼농사에 필요한 대형 농기계를 운영하고 있다. 특히 농기계은행사업은 농기계임대사업에서 시행 중인 농기계를 빌려주는 방식에서 한발 더 나가 농작업을 대행까지 해주면서 큰 호응을 얻고 있다.

농기계임대사업과 농기계은행사업이 이전 공동 이용사업과 달리 성과를 내게 된 데는 두 가지 원인이 있다.

먼저 농기계구매 자금 중 보조사업의 폐지이다. 더 이상 농기계를 구매할 때 정부의 보조금이 없다 보니 몇 회 쓰지 않을 농기계를 구매하는 것 보다 빌려 쓰려는 수요가 발생한 것이다.

두 번째는 고령화이다. 농민들이 고령화로 은퇴시기를 앞두고 있다 보니 농협의 농기계은행사업 그 중에서도 농작업 대행은 큰 호응을 얻고 있는 것이다.

이러한 두 가지 상황이 맞물리면서 농기계 공동 이용사업은 과거와는 다르게 큰 성과를 내고 있다.

다만 농기계 회사 입장에서는 농기계 공동이용 사업은 악재가 될 수밖에 없었다. 1990년대 말 논농사 기계화가 90%대에 도달하고 외환위기를 거치면서 시작된 농기계 수요 감소 상황은 농기계임대사업의 안착으로 농기계 내수시장을 더욱 위축시키는 원인이 된 것이다.

5. 농기계 해외로 눈을 돌리다

농기계산업은 2000년대 대 전환기를 맞이한다.

농기계가 본격 보급되기 시작한 1970년대부터 농기계 구매자에게 지급되는 보조사업이 중단되고 모두 융자사업으로 바뀐 것이다. 1990년대까지 국내 농기계산업은 정부의 보조금에 의해 한해 공급 대수가 결정됐다.

농민들은 농기계를 구매를 희망하더라도 당해 연도 배정된 농기계보조금이 바닥이 났다는 이야기를 들으면 자연스럽게 내년에 구매를 해야겠다라는 쪽으로 계획을 변경하게 된다. 농기계 구매 결정에 농민의 구매욕구보다 컸던 것이 보조금을 받을 수 있는지의 여부에 있었다.

2000년 이전까지 주요 농기계를 구매할 때 농가에게 70% 정도는 보조금과 저리의 융자금으로 충당되고 농가의 자부담률이 30%였기 때문에 농기계 구매력은 사실상 정부의 예산편성에 달려있다 해도 과언이 아니었다.

그도 그럴 것이 1970년대부터 정부가 추진해온 농업기계화는 도시화와 산업화에 따른 급격한 농촌인력의 이탈로 생긴 공백을 메우기 위함이었다. 농촌부분의 기대소득보다 도시부분의 기대소득이 높았기 때문에 많은 인구가 도시와 공업부분으로 이전됐다.

문제는 수도작 중심의 국내 농업이 모내기철과 수확기에 많은 인력을 필요로 한다는 것이었다. 4개월간 농부들의 모내기와 추수를 도울 인력이 필요로 했는데 이를 충당할 길이 없어지면서 논농사의 기계화율을 높이기 위해 정부의 역량이 집중된다.

이 당시 보급된 농기계는 경운기에 이어 보행식 이앙기와 벼를 베는 작업만을 담당했던 바인더가 있었고 여전히 탈곡은 손이 많이 가는 방식을 활용했다.

이후 바인더는 포대식 콤바인으로 급속히 전환되었다. 포대식 콤바인은 볏가마를 관리해야하는 인력이 추가로 필요했기 때문에 이에 대한 개선이 필요했고, 콤바인 운전자 혼자서도 추수를 할 수 있는 알곡을 저장할 수 있는 탱크가 부착된 산물형 콤바인이 이후 본격 보급된다. 이앙기도 보행형 이앙기에서 작업자가 탑승해 모내기가 가능한 승용이앙기로 보급이 이뤄진다.

농민들의 경작규모 그리고 논농사를 지어 벌어들일 수 있는 수입 등을 감안할 때 이러한 농기계의 급속한 보급 확대는 불가능했다. 정부가 보조금과 저리로 돈을 빌려주지 않았다면 국내에서 농기계 시장은 형성될 수 없었을 것이고 여전히 인력에 의존하는 소규모 영농으로 일관하고 있었을 것이다.

　1962년부터 2016년까지 총 지급된 농기계구매자금은 16조8388억 원으로 그중 보조가 12.1%에 해당하는 2조349억 원, 융자가 87.9% 수준인 14조8039억 원이다.

| 표 6 | 농기계 구입 정책자금 지원규모

단위 : 억원, %

연도	1962~2010	2011	2012	2013	2014	2015	2016	합계	비중
보조	2조349	-	-	-	-	-	-	2조0349	12.1
융자	11조5787	5803	5256	5047	4788	5838	5519	14조8039	87.9
합계								16조8388	100

자료 : 농기계통계연감 · 농기계산업50년사(한국농기계공업협동조합)

　2000년 이후 정부는 농업부분의 각종 정부 지원 사업을 '보조+융자+자부담'에서 '융자+자부담'으로 전환하기에 이른다.

　특히 시장개방을 추신하던 김영삼 정부는 농민들의 반발을 잠재우기 위해 각종 보조사업을 확대했었고 농기계의 경우 1993년부터 5년간 시행된 '농기계 반값' 정책에 따라 막대한 보조금이 당시 지급 됐는데 2000년부터 보조 사업이 중단되면서 농기계 업계도 큰 타격을 입게 된다.

　보조 사업을 중단했던 김대중 정부가 반농업 정서가 있었던 것은 아니며 당시는 외환위기를 극복하기 위해 정부가 허리띠를 졸라매야 했던 때로 재정투입규모가 큰 보조 사업을 계속 유지하기가 쉽지 않았던 것이다.

　국내 시장 확대가 어려웠던 농기계 업계는 생존을 위해 해외시장 개척에 나서게 된다.

　국내 시장 크기는 매우 협소하고 농민의 구매력은 저하됐기 때문에 정부의 보조금이라는 거품이 꺼지자 농기계 주요 메이커들은 해외시징 개척을 생존을 위한 전략으로 생각하게 된다.

　국내 농기계의 수출은 1965년 월남으로 5대의 동력 경운기가 출발이었다.

1970년대 들어 농용 엔진, 동력 분무기 등으로 수출 기종이 확대되고 트랙터 수출은 1985년 대동공업이 미국으로 소형 트랙터를 수출하며 시작됐다.[1]

　1985년 부가가치가 높은 농용 트랙터의 수출이 시작됐지만 여전히 국내 농기계 제조회사들은 내수 시장에 집중했다.

　농기계산업의 수출 드라이브는 2000년 이후 시작됐으나 여전히 국내 내수시장 대비 그 규모는 크지 않았다. 농기계수출의 비약적인 성장은 2010년 이후로 볼 수 있는데 농기계임대사업에 이어 정부가 2008년부터 트랙터, 콤바인, 이앙기 등 대형농기계에 대한 공동 이용 사업을 강화하면서 위기감에 휩싸였기 때문으로 풀이된다.

　농기계 은행사업 초기인 2010년 4770억 원이었던 수출금액은 2013년 9188억 원으로 2배 가까이 늘어나게 된다.

　2008년 초기 농기계은행사업은 먼저 기존에 농민들이 보유하고 있던 중고농기계를 구매해 운영하였고 부족한 부분은 농협중앙회가 경쟁 입찰을 통해 대상기종을 선정하였다.

| 표 7 | 농기계 수출 실적

단위 : 억원

연도	1990	1995	2000	2005	2010	2013	2016
내수	4523	9064	1조561	6363	1조506	9252	9845
수출(A)	104	329	1698	3751	4770	9188	9115
합계(B)	4627	9393	1조2259	1조114	1조5276	1조8440	1조8960
수출비중(A/B)	2.2%	3.5%	13.9%	37.1%	31.2%	49.8%	48.1%

자료 : 농기계통계연감 / 주) 내수는 융자지원 공급분에 한함

　이렇게 확보한 농기계는 자동차 같은 장기렌탈, 단기렌탈, 농작업대행의 방식으로 보급이 이뤄졌다. 당연히 농협중앙회의 바잉파워 덕분에 농기계가격은 하락하게 됐고 자연스럽게 임대사업에 참여하지 못한 농기계업체들은 가격 책정이나 공급방식에 있어 과거와는 다른 전략적 행동이 필요했다.

　지방자치단체와 농협이 농기계유통의 한축을 담당하고 또 빅바이어로서 역할을 하면서 농기계회사들이 더 이상 국내 시장에만 안주할 수 없는 상황을 맞게 된 것이다.

1) 한국농기계공업협동조합(2012) 농기계조합50년사. 421p

6. 시사점

　국내 농기계산업 그리고 시장은 사실상 정부가 만들어 왔다.
　과거 우리 경제는 정부의 계획에 의해 투자가 진행되었고 농기계뿐만 아니라 각 산업분야에 정부의 개입에 의해 산업이 만들어지고 조정되었다. 이 때문에 정경유착이라는 말이 만들어지고 각종 특혜 시비가 불거지기도 했지만 산업화 초기 기업가들의 힘만으로는 자본과 기술을 축적할 수 없었기 때문에 정부의 강력한 개입은 불가피한 측면이 있었다.
　우리 농업분야 정부개입 사례를 살펴보면 축산분야 핵심 자재인 사료값은 1980년까지 정부가 사실상 정하여 고시했다. 유제품의 원료가 되는 목장원유도 1998년까지는 정부가 고시했다. 이뿐만 아니다. 도축비용, 화학비료 등 거의 대부분의 농업관련 자재의 가격을 정부가 정했고 어떤 품목은 생산량까지 정부가 직간접적으로 관여해 결정이 되었다.
　매일유업, 한냉, 서울우유 등과 같은 기업들은 초기에는 정부의 공기업이었고 보유하고 있는 인프라 대부분이 정부가 들여온 차관을 통해 건설된 것들이 많았다.
　다시 농기계로 돌아가 보자. 농기계의 개발과 보급 그리고 검사, 표준화 사후관리까지 정부가 대부분 관여했다. 농기계회사들의 부족한 투자금을 차관을 들여와 해결하여 주었고, 농민들에게 농기계 구매자금 대부분을 보조해주거나 빌려줌으로써 농기계가 소비될 수 있도록 하였다.
　기계화를 용이하게 할 수 있게 대규모 경지정리사업이 1980년~1990년대 집중적으로 실시되기도 했다.
　국내 농기계산업의 규모는 사실상 정부의 보조 및 융자 예산액 수준에서 정해졌고 정부가 융자와 보조금을 지급하기 위해 대상 기종을 선정하고 가격을 책정하면서 농기계업체들의 매출과 마진율이 보장되었다.
　이러한 정부 주도의 농기계 보급사업은 농가입장에서는 값비싼 농기계를 저렴하게 구매할 수 있고 농업생산성을 높이는 역할도 했지만 농가의 부채가 증가하는 원인도 되었다.
　정부 주도의 농기계산업은 농축산물 시장을 개방하면서 그에 따른 농업구조의 변화, 농기계 구매 지원방식, 농기계 공동 이용방식의 변화로 인해 내수 위주 시장에서 수출산업으로 전환하는 역할을 하게 되었다.

국내 농기계산업 역사를 한 문장으로 정리하면 유치산업으로서 정부의 강력한 지원 속에 태동해 성장했고 정부의 투융자사업을 통해 자본과 기술을 축적했고 정부의 지원이 축소되고 농기계 유통 제도가 바뀌면서 수출산업으로 변신을 하게 되었다.

농기계산업은 내수시장의 성장을 기대하기 힘들지만 수출산업으로써 전망은 밝다.

아직도 축력이나 인력에 의존해 소규모 영농을 하고 있는 개발도상국이 동남아시아와 아프리카 등지에 많이 남아 있기 때문이다.

우리나라는 소규모 영농에 적합한 농기계 개발과 운영의 역사를 가지고 있다. 농업구조변화에 맞춰 중대형 농기계 생산과 보급으로 영역을 넓힌 바 있다. 고품질의 중소형 농기계는 물론 중대형 농기계까지 다양한 제품을 보유하고 있다는 장점이 여기서 만들어진 것이다.

7. 한국의 트랙터

트랙터는 농업기계화를 위한 가장 기본적인 장비이다.

1970년대 국내에 보급이 되기 시작한 동력경운기도 보행형 트랙터로 분류할 수 있으며, 트랙터는 경운과 정지작업, 시비, 파종, 일부농작물의 수확까지 여러 부착기계를 활용해 할 수 있다.

한마디로 만능작업기가 트랙터이다.

각 나라의 농업규모에 맞게 트랙터를 발전해 왔는데 동력경운기와 같이 소형부터 전차 이상의 크기와 힘을 가진 초대형 기종까지 다양하며 각 기종에 맞는 부착기계가 개발되어 활용되고 있다.

대동공업은 1968년 국내에서 처음으로 트랙터 시제품을 제작했으며 이듬해 1969년 영국의 포드사와 기술제휴를 통해 본격적인 기술습득에 들어간다. 대동공업의 이러한 투자는 수출로도 이어져 1986년 첫 수출이라는 역사적 단추를 끼우기도 했다.

트랙터는 초기 낙농가 중심으로 보급이 이뤄지다가 1990년 이후 국내 농업이 시장개방 결정의 영향으로 규모화 그리고 품목의 다각화가 이뤄지는데 규모화에 따라 쌀 전업농에게도 본격적으로 트랙터가 보급되기 시작했고, 더불어 축산농장의 규모화와 조사료 자급률 향상을 위한 노력이 더해지면서 대형기종이 인기를 끌게 됐다.

한편, 현재 국내 트랙터 시장은 국내 5개사와 일본계 2개사가 경합 중이며 대동공업이 32.1% 1위 엘에스가 29.1% 2위에 랭크되어 있다.

| 표8 | 트랙터 시장점유율

제조사	점유율(%)
대동(Dae Dong)	32.1
엘에스(LS)	29.1
동양(Tong Yang)	12.5
국제(Kuk Je)	11.1
구보다(kuboda)	9.9
얀마(yanmar)	4.6
아세아텍(Asia)	0.5
기타	0.2

자료 : 농기계통계연감
주) 2016년 융자지원 공급분에 한함

참고문헌
- 한국농기계공업협동조합(2017) 농기계연감
- 한국농기계공업협동조합(2012) 한국농기계50년사
- 강창용·한혜성(2014) 우리나라 농업기계 공급실태와 적정농업기계 공급방안. 한국농촌경제연구원
- 통계청. 『농업기계 보유현황』(e-나라지표)
- 농림축산식품부(2016) 농기계보급현황
- 농촌진흥청(2016) 농업기계 임대사업 운영가이드. 농촌진흥청국립농업과학원
- 김경욱(2012) 세계농기계산업의 동향. 한국농촌경제연구원. 세계농업 제140호(2012년 4월)
- 김병감·김유용·신승엽·이용법(2011) 농업혁명을 이끈 농기계. RDA Interrobang(46호). 농촌진흥청
- 이창열. 빈곤해방의 기점. 동아일보 1960.08.20.

트랙터의 세계사
인류의 역사를 바꾼 철마들

지은이	후지하라 타츠시 (藤原辰史)
옮긴이	황병무
부록저자	김재민
펴낸이	하광옥
기획	연승우
편집	조혜정
제작	범아인쇄

초판 1쇄 2018년 7월 26일 펴냄

펴낸곳	팜커뮤니케이션(협동조합 농장과 식탁)
	출판등록 제 2018-000122 호(2015. 7. 3)
주소	서울특별시 서초구 서초대로64길 55 201호(서초동, 준원빌딩)
전화번호	편집부(070.5101.6741) 영업부(070.5101.6740)
팩스	070.8240.7007
이메일	farmtable5@faeri.kr

ISBN 979-11-957265-3-0 부가기호 03300

책값은 뒤표지에 있습니다.
잘못된 책은 바꾸어드립니다.

이 도서의 국립중앙도서관 출판시도서목록(CIP)은
서지정보유통지원시스템 홈페이지(http://seoji.nl.go.kr)에서 이용하실 수 있습니다.

팜커뮤니케이션은 독자여러분의 책과 관련한 아이디어와 원고투고를 열린 마음으로 기다리고 있습니다.
책 출간을 원하시는 분은 도서기획서(기획의도, 목차, 저자소개)와 샘플원고를 이메일 jmkim@faeri.kr 로 보내주세요.
도서출간 머뭇거리지 말고 도전해 주세요. 전문가들이 도와 드리겠습니다.

TRACTOR NO SEKAISHI- JINRUI NO REKISHI WO KAETA [TETSU NO UMA] TACHI by Tatsushi FUJIHARA
ⓒ Tatsushi FUJIHARA 2017, Printed in Japan
Korean translation copyright ⓒ 2018 by Farm communication
First published in Japan by CHUOKORON-SHINSHA, INC.
Korean translation rights arranged with CHUOKORON-SHINSHA, INC.
through Imprima Korea Agency.

이 책의 한국어판 저작권은 Imprima Korea Agency 를 통해 CHUOKORON-SHINSHA, INC.와의 독점계약으로 팜커뮤니케이션에 있습니다.
저작권법에 의해 한국 내에서 보호를 받는 저작물이므로 무단전재와 무단복제를 금합니다.